Die Jakobsbibel

Die Jakobsbibel

HERDER

FREIBURG · BASEL · WIEN

Die Bibeltexte sind entnommen:

Die Bibel. Die Heilige Schrift
des Alten und des Neuen Bundes.
Vollständige deutsche Ausgabe

DIE BIBEL

www.herder.de

Umschlaggestaltung: Finken & Bumiller, Stuttgart
Satz: SatzWeise, Fören
Herstellung: L.E.G.O. Olivotto S.p.A., Vicenza

Gedruckt auf umweltfreundlichem, chlorfrei gebleichtem Papier
Printed in Italy

ISBN 978-3-451-32250-1

Inhalt

Inhalt

Texte zum Jakobsweg

Meditationen

Gedichte, Gebete, Segensworte

Karten

Vorwort

Der Jakobsweg ist die Route der Sehnsucht – heute sowie vor vielen Jahren.

Bereits seit Beginn des 10. Jahrhunderts machen sich Jahr für Jahr Pilger auf, um nach Santiago de Compostela zu wandern. Ihr Ziel ist die dortige Basilika, in der der heilige Jakobus begraben liegt, der einer Legende nach in Spanien als Missionar gewirkt hat.

Für viele dieser Pilger ist dabei der Weg der Wanderschaft das eigentliche Ziel. Die Wochen, oft auch Monate dauernde Reise bis ans Ende der Welt macht es möglich, vom Alltag Abstand zu nehmen und eine intensive Auseinandersetzung mit dem eigenen Leben, dem eigenen Glauben zu wagen.

Auf diesem Weg will die Jakobsbibel Begleiter sein. Die ausgewählten Erzählungen der Bibel ermöglichen einen ersten oder wieder neuen Zugang zur befreienden und froh machenden Botschaft des christlichen Glaubens. Die aufgenommenen Legenden, Meditationen und Gebete geben Anregungen für den eigenen Weg. Sie drücken eine Sehnsucht aus, die viele Menschen bewegt – nicht nur nach Santiago.

Die Bibel

Bibeltexte in Auswahl

Unterwegs mit der Bibel – zu dieser Auswahl

Die Bibel ist nicht einfach nur ein Buch. Die Bibel ist eine kleine Bibliothek, eine Sammlung, in der Menschen Texte zusammengestellt haben, die für sie Wichtiges über Gott und die Menschen aussagen. Die Bibel besteht aus 73 Einzelschriften, Bücher genannt. Diese Bücher sind schon sehr alt, und für manchen ist die Bibel ein Buch mit sieben Siegeln. Das mag daran liegen, dass die Texte aus einer Zeit stammen, die uns geschichtlich und kulturell sehr fern ist. Die ältesten Geschichten sind im Vorderen Orient schon ca. 1000 v. Chr. entstanden, die jüngsten etwa 100 n. Chr. Die Bücher der Bibel zeigen eine große literarische Bandbreite: Es gibt lange Erzählungen, fast wie Romane, und ganz kurze Briefe; es gibt Poesie, Gebete, Stammbäume, Gesetzestexte, Ansprachen, Klagen, Liebeslieder, Klugheitsregeln und großartige Visionen. Es gibt großartige Zeugnisse von Gottes Liebe, und es gibt Texte, die von sehr irdischer Grausamkeit und Kriegslust erzählen. Beides hat seinen Platz in der Bibel, der nichts Menschliches fremd ist. Manche großen Texte sind Klassiker der Weltliteratur geworden; manches kennen wir und wissen gar nicht, dass es aus der Bibel stammt.

Auch wenn die Texte teilweise schon über 3000 Jahre alt

sind, so sind sie doch von bleibender Aktualität. Vieles ist uns fremd, und doch ranken sich die Texte um die ewig drängenden Fragen der Menschen aller Zeiten: Welchen Sinn hat das Leben, wieso gibt es Leiden, wie können wir miteinander leben, woher kommen wir, wohin gehen wir, wer ist Gott für uns? Die Texte der Bibel versuchen, diese Fragen aus der Sicht des Glaubens zu deuten, ohne fertige Antworten zu geben. Eine Grundaussage des Alten (AT) wie des Neuen Testamentes (NT) ist: Gott liebt die Menschen, wie sie sind – mit ihren Grenzen und sogar mit ihrer Schuld; er begleitet sein Volk und jeden Einzelnen durch Höhen und Tiefen, er lässt die Menschen niemals im Stich. Gott hat mit den Menschen Freundschaft geschlossen, einen Bund, eine feste Setzung – das wird im Wort Testament aufgenommen. Das Alte (oder Erste) Testament ist die Urkunde der Treue Gottes zu seinem Bund mit dem Volk Israel. Durch das Neue Testament wird dieser Bund nochmals bestätigt und nun auf alle Menschen ausgeweitet. Und mehr noch: Die Treue Gottes umfasst nicht nur das Leben, sondern reicht bis in den Tod und darüber hinaus, und darum hat nicht der Tod das letzte Wort über das Leben, sondern hat jedes Leben seinen bleibenden Sinn.

Diese „Jakobsbibel" ist für Menschen, die unterwegs sind – sei es auf dem Jakobsweg, sei es auf einer anderen Pilgerstraße oder sei es auf einem inneren Weg, den von außen niemand erkennt. Wer auf dem Weg ist, braucht leichtes Gepäck. Es ist nicht nötig, die vollständige Bibliothek der Bibel mitzunehmen. Diese Auswahl umfasst wichtige Texte, die die Grundaussagen der Bibel ausdrücken. Die Geschichten sind nicht nacherzählt, sondern dem Originaltext der Bibel (in der Herder-Übersetzung) entnommen. Die nötigen Kürzungen sind so vorgenommen, dass Anfang, Ende und wesentliche Erzählstränge der Geschichten, auch einzelner wichtiger Lebensgeschichten, erkennbar bleiben oder sogar besser erkennbar werden. Es wurde versucht, die innere Spannung der Geschichten auch in der gekürzten Version beizubehalten.

Die Texte verschaffen einen Eindruck von der Vielfalt der biblischen Textgattungen aus AT und NT. Alle Textgruppen sind mit zentralen Belegstellen vertreten: Aus dem AT die Geschichts-, Lehr- und Prophetenbücher, aus dem NT die Evangelien, die Apostelgeschichte, die Briefe des Apostels Paulus, die anderen Briefe und die Offenbarung des Johannes. Die Auswahl zeigt gemeinsame Grundstrukturen im AT und NT auf. Beide Testamente erzählen vom Gott Israels, der die Welt nicht bloß erschaffen hat, sondern das Leben der Menschen und der ganzen Schöpfung an jedem Tag trägt und hält und so den Segen des Anfangs dauerhaft aufrechterhält und immer neu zur Wirkung bringt.

Manche Texte, besonders aus dem AT, lassen das nicht auf den ersten Blick erkennen, etwa wenn von einem rachsüchtigen Gott und detailliert von kriegerischen Auseinandersetzungen erzählt wird. Sosehr viele Menschen versucht haben, Gott als siegreichen Krieger zu sehen, haben schon die frühen Propheten im AT gemahnt, dass man mit dem Namen Gottes keine Gewalttätigkeit rechtfertigen kann.

Der Gott des AT ist der Vater von Jesus Christus. Was die

Christen „Altes Testament“ nennen, war für Jesus und seine Jünger (und für die Verfasser des NT) die Heilige Schrift. Das NT zeigt am Leben und an der Lehre Jesu, was schon im AT mit „Reich Gottes“ gemeint ist: die Herrschaft Gottes, seine Kraft und sein Segen als Lebensordnung der Schöpfung. Jesus verkündete: „Das Reich Gottes ist nahe“, das heißt: Gott selbst ist nahe, und zwar durch Jesus selbst. In ihm sprach Gott zu den Menschen in einer Sprache, die sie verstehen konnten, damit sich ihr Leben auf Hoffnung hin verändern konnte. Besonders wird das in den Heilungen, im Umgang mit den Jüngern und mit ausgegrenzten Menschen deutlich. Jesus hat daran festgehalten, auch als es ihn das Leben gekostet hat. Die Auferstehungsberichte sprechen davon, dass der Weg Jesu nicht ins Leere führt, sondern zu Gott.

Eine Auswahlbibel kann ein guter Einstieg sein. Auf die Dauer kann sie eine vollständige Bibel nicht ersetzen. Aber jede Reise beginnt mit dem ersten Schritt. Und so möchte diese „repräsentative“ Textauswahl das Interesse wecken, zu gegebener Zeit (vielleicht nach einem ersten „Ankommen“) die Erzählungen in voller Länge und auch die hier nicht ausgewählten Texte zu lesen und für sich zu entdecken. Denn die gesamte Heilige Schrift zeugt davon, dass Gott den Menschen in ihrem alltäglichen Leben nahe ist und ihnen Segen verheißt – auch wenn es nicht immer auf Anhieb deutlich wird. Die ganze Bibel erzählt von Erfahrungen und Ahnungen seiner Nähe; sie weiß von Augenblicken, in denen „Leben in Fülle“ schon in der Gegenwart spürbar wurde. Darum ist die Bibel zugleich eine Einladung, sie beim Wort zu nehmen und

Gottes Gegenwart auch im eigenen Leben auf die Spur zu kommen.

Ich wünsche Ihnen gutes Vorankommen, Schritt um Schritt in dem Tempo, das für Sie stimmt. Möge der Weg überraschende Begegnungen und kleine und große Entdeckungen am Rande für Sie bereithalten. Lieber auf neuen Wegen stolpern als auf der Stelle treten. Ultreya – mutig voran.

Heike Helmchen-Menke

Altes Testament

Die Erschaffung der Welt

Im Anfang schuf Gott den Himmel und die Erde. Die Erde aber war wüst und leer. Finsternis lag über dem Abgrund und der Geist Gottes schwebte über den Wassern.

Da sprach Gott: Es werde Licht! Und es wurde Licht. Gott sah, dass das Licht gut war, und Gott schied zwischen dem Licht und der Finsternis. Gott nannte das Licht Tag und die Finsternis nannte er Nacht. Es wurde Abend und es wurde Morgen: erster Tag.

Nun sprach Gott: Es werde ein Gewölbe inmitten der Wasser und scheide zwischen Wasser und Wasser! Und es geschah so. Gott machte das Gewölbe und es schied zwischen den Wassern unterhalb des Gewölbes und den Wassern oberhalb des Gewölbes. Gott nannte das Gewölbe Himmel. Es wurde Abend und es wurde Morgen: zweiter Tag.

Nun sprach Gott: Es sammle sich das Wasser, das unter dem Himmel ist, zu einer Ansammlung und es erscheine das trockene Land! Und es geschah so. Gott nannte das trockene Land Erde und die Ansammlung des Wassers nannte er Meer. Und Gott sah, dass es gut war. Dann sprach Gott: Es lasse die Erde Grünes hervorsprießen, Pflanzen, die Samen bringen, und Bäume, die Früchte auf der Erde tragen, in denen ihr Same ist! Und es geschah so. Die Erde brachte Grünes hervor, Pflanzen, die Samen bringen nach ihrer Art, und Bäume, die Früchte tragen nach ihrer Art, in denen ihr Same ist. Und Gott sah, dass es gut war. Es wurde Abend und es wurde Morgen: dritter Tag.

Nun sprach Gott: Es sollen Leuchten werden am Gewölbe des Himmels, damit sie scheiden zwischen dem Tag und der Nacht; sie sollen als Zeichen dienen für Festzeiten, Tage und Jahre. Sie sollen Leuchten sein am Gewölbe des Himmels, um über die Erde zu leuchten. Und es geschah so. Gott machte die beiden großen Leuchten, die größere Leuchte zur Herrschaft über den Tag, die kleinere Leuchte zur Herrschaft über die Nacht, dazu die Sterne. Gott setzte sie an das Gewölbe des Himmels, damit sie über die Erde leuchten, damit sie über den Tag und über die Nacht herrschen und zwischen dem Licht und der Finsternis scheiden. Und Gott sah, dass es gut war. Es wurde Abend und es wurde Morgen: vierter Tag.

Nun sprach Gott: Es sollen die Wasser wimmeln vom Gewimmel lebendiger Wesen und Vögel sollen über die Erde am Gewölbe des Himmels hinfliegen! Und es geschah so. Gott schuf die großen Seetiere und alle lebendigen Wesen, die sich regen und von denen das Wasser wimmelt, nach ihren Arten, und alle geflügelten Vögel nach ihren Arten. Und Gott sah, dass es gut war. Gott segnete sie und sprach: Seid fruchtbar und vermehrt euch und erfüllt das Wasser in den Meeren mit Leben und die Vögel sollen sich vermehren auf der Erde. Es wurde Abend und es wurde Morgen: fünfter Tag.

Nun sprach Gott: Die Erde bringe lebendige Wesen hervor nach ihren Arten: Vieh, Kriechtiere und Wild des Feldes nach ihren Arten! Und es geschah so. Gott machte das Wild des Feldes nach seinen Arten, das Vieh nach seinen Arten und alle Kriechtiere auf dem Erdboden nach seinen Arten. Und Gott sah, dass es gut war. Nun sprach Gott: Lasst uns den

Menschen machen nach unserem Bild, uns ähnlich. Sie sollen herrschen über die Fische des Meeres und über die Vögel des Himmels, über das Vieh und über alles Wild des Feldes und über alle Kriechtiere auf dem Erdboden! Und Gott schuf den Menschen nach seinem Bild, nach dem Bild Gottes schuf er ihn, als Mann und Frau schuf er sie. Gott segnete sie und Gott sprach zu ihnen: Seid fruchtbar und vermehrt euch und bevölkert die Erde und macht sie euch untertan! Herrscht über die Fische des Meeres und über die Vögel des Himmels und über alle Tiere, die sich auf der Erde regen! Dann sprach Gott: Seht, ich übergebe euch alle Pflanzen, die Samen bringen auf der ganzen Erde, und alle Bäume mit Früchten, die Samen bringen: das sei euere Nahrung. Allen Tieren des Feldes, allen Vögeln des Himmels und allem, was sich auf der Erde regt und Leben in sich hat, gebe ich alle grünen Pflanzen zur Nahrung! Und es geschah so. Und Gott sah alles, was er gemacht hatte, und siehe, es war sehr gut. Es wurde Abend und es wurde Morgen: sechster Tag.

So wurden Himmel und Erde mit ihrem ganzen Heer vollendet. Gott vollendete am siebten Tag sein Werk, das er gemacht hatte, und ruhte am siebten Tag von seinem ganzen Werk, das er gemacht hatte. Und Gott segnete den siebten Tag und heiligte ihn, denn an ihm ruhte er von seinem ganzen Schöpfungswerk.

Dies ist die Entstehungsgeschichte des Himmels und der Erde, als sie erschaffen wurden. *Genesis 1,1–2,4a*

Der Sündenfall

Die Schlange war listiger als alle Tiere des Feldes, die Gott, der Herr, gemacht hatte. Sie sprach zu der Frau: Hat Gott wirklich gesagt: Ihr dürft nicht von allen Bäumen des Gartens essen? Die Frau antwortete der Schlange: Von den Früchten der Bäume des Gartens dürfen wir essen. Nur von den Früchten des Baumes, der mitten im Garten steht, hat Gott gesagt: Ihr sollt nicht davon essen und nicht daran rühren, damit ihr nicht sterbt. Darauf sprach die Schlange zu der Frau: Keineswegs, ihr werdet nicht sterben. Vielmehr weiß Gott, dass an dem Tag, da ihr davon esst, euch die Augen aufgehen und ihr sein werdet wie Götter, die Gutes und Böses erkennen. Die Frau sah, dass von dem Baum gut zu essen wäre, er lieblich anzusehen war und es begehrenswert wäre, Einsicht zu gewinnen. Und sie nahm von seiner Frucht und aß und gab davon auch ihrem Mann, der bei ihr war, und er aß. Nun gingen beiden die Augen auf und sie erkannten, dass sie nackt waren. Deshalb flochten sie Feigenblätter zusammen und machten sich Schurze.

Da vernahmen sie den Schritt Gottes, des Herrn, der sich beim Tageswind im Garten erging, und Adam und seine Frau verbargen sich vor Gott, dem Herrn, unter den Bäumen des Gartens. Gott, der Herr, aber rief Adam und sprach zu ihm: Wo bist du? Er antwortete: Ich hörte deinen Schritt im Garten; da fürchtete ich mich, weil ich nackt bin, und verbarg mich. Darauf sprach er: Wer hat dir gesagt, dass du nackt bist? Hast du von dem Baum gegessen, von dem zu essen ich dir verboten habe? Adam erwiderte: Die Frau, die du mir beigesellt hast, gab mir von dem Baum und ich aß. Da sprach Gott, der Herr, zu der Frau: Was hast du da getan? Die Frau antwortete: Die Schlange hat mich verführt und ich aß.

Nun sprach Gott, der Herr, zur Schlange:

Weil du das getan hast, verflucht seist du / unter allem Vieh und unter allen Tieren des Feldes. / Auf deinem Bauch sollst du kriechen und Staub fressen alle Tage deines Lebens.

Feindschaft will ich setzen zwischen dir und der Frau, / zwischen deinem Spross und ihrem Spross. / Er wird dir den Kopf zermalmen / und du wirst ihn an der Ferse treffen.

Zur Frau aber sprach er:

Überaus zahlreich werde ich die Beschwerden deiner Schwangerschaft machen. / Unter Schmerzen sollst du Kinder gebären. / Nach deinem Mann wird dein Verlangen sein, / er aber wird über dich herrschen.

Zu dem Menschen aber sagte er: Weil du auf die Stimme deiner Frau gehört und von dem Baum gegessen hast, obwohl ich dir geboten hatte: Du sollst nicht von ihm essen.

Verflucht sei der Erdboden deinetwegen. / Unter Mühsal sollst du dich von ihm ernähren alle Tage deines Lebens.

Dornen und Disteln soll er dir wachsen lassen. / Die Pflanzen des Feldes musst du essen.

Im Schweiße deines Angesichts / sollst du dein Brot essen, / bis du zum Erdboden zurückkehrst, / von dem du genommen bist. / Denn Staub bist du / und zum Staub musst du zurückkehren.

Adam gab seiner Frau den Namen Eva (Leben); denn sie wurde die Mutter aller Lebendigen. Gott, der Herr, aber machte Adam und seiner Frau Kleider aus Fellen und bekleidete sie damit. Dann sprach Gott, der Herr: Siehe, der Mensch ist geworden wie einer von uns, sodass er Gutes und Böses erkennt. Dass er nun aber nicht seine Hand ausstreckt und auch von dem Baum des Lebens nimmt und davon isst und ewig lebt! Darum entfernte Gott, der Herr, den Menschen aus dem Garten Eden, damit er den Erdboden bebaue, von dem er genommen ist. Und nachdem er den Menschen vertrieben hatte, stellte er östlich vom Garten Eden die Kerubim auf und das lodernde Flammenschwert, damit sie den Weg zum Baum des Lebens bewachen. *Genesis 3,1–24*

Kain und Abel

Adam erkannte seine Frau Eva. Sie wurde schwanger und gebar Kain. Da sprach sie: Einen Mann habe ich durch den Herrn erhalten. Und sie gebar nochmals, seinen Bruder Abel. Abel wurde ein Schafhirt, Kain aber wurde ein Ackerbauer. Nach geraumer Zeit geschah es nun, dass Kain von den Früchten des Feldes dem Herrn ein Opfer darbrachte. Auch Abel brachte ein Opfer dar von den Erstlingen seiner Herde, und zwar von den Fettstücken. Der Herr schaute gnädig auf Abel und sein Opfer. Auf Kain und sein Opfer aber schaute er nicht. Deshalb wurde Kain sehr zornig und senkte seinen Blick. Da sprach der Herr zu Kain: Warum bist du zornig und senkst deinen Blick? Wenn du recht handelst, erhebst du dann nicht das Haupt? Wenn du aber nicht recht handelst, steht dann nicht die Sünde an der Tür, ein lauerndes Tier, das nach dir verlangt und das du beherrschen sollst? Hierauf sprach Kain zu Abel, seinem Bruder: Lass uns aufs Feld gehen! Als sie aber auf dem Feld waren, erhob sich Kain gegen seinen Bruder Abel und schlug ihn tot.

Da sagte der Herr zu Kain: Wo ist dein Bruder Abel? Er antwortete: Ich weiß es nicht. Bin ich denn der Hüter meines Bruders? Darauf sprach er: Was hast du getan? Höre, das Blut deines Bruders schreit zu mir von der Erde. Und nun sollst du verflucht sein, verbannt von dem Ackerboden, der seinen Mund aufgetan hat, um das Blut deines Bruders von deiner Hand aufzunehmen. Wenn du den Boden bestellst, soll er dir künftig keinen Ertrag mehr geben. Unstet und flüchtig sollst du auf der Erde sein. Da erwiderte Kain dem Herrn: Zu groß ist meine Strafe, als dass ich sie tragen könnte. Siehe, du treibst mich heute vom Ackerboden weg und vor deinem Angesicht muss ich mich verbergen. Ich muss unstet und flüchtig auf der Erde sein und wer mich gerade findet, wird mich töten. Darauf entgegnete ihm der Herr: Keineswegs! Jeder, der Kain tötet, an dem soll man es siebenfach rächen. Und der Herr machte an Kain ein Zeichen, damit ihn niemand töte, der ihn gerade fände. Kain aber ging von dem Angesicht des Herrn hinweg und ließ sich im Land Nod östlich von Eden nieder. *Genesis 4,1–16*

Die Sintflut – die Geschichte Noachs

Noach war ein gerechter Mann, untadelig unter seinen Zeitgenossen. Er ging seinen Weg mit Gott. Noach hatte drei Söhne: Sem, Ham und Jafet. Die Erde aber war in Gottes Augen verdorben und die Erde war voller Gewalttat. Gott sah die Erde: Sie war verdorben, denn der Weg alles Fleisches auf der Erde war verdorben.

Da sprach Gott zu Noach: Das Ende alles Fleisches ist bei mir beschlossen; denn die Erde ist voller Gewalttat wegen der Menschen. Daher will ich sie von der Erde vertilgen. Bau dir eine Arche aus Zypressenholz, mache sie aus Rohrgeflecht und überzieh sie innen und außen mit Pech. So sollst du sie bauen: Dreihundert Ellen soll die Länge der Arche sein, fünfzig Ellen ihre Breite und dreißig Ellen ihre Höhe. Mache für die Arche oben ein Dach, bringe die Tür der Arche an der Seite an und lege ein unteres, mittleres und oberes Stockwerk an. Denn ich will eine Flut, Wasser, über die Erde kommen lassen, um alles Fleisch, in dem Leben ist, unter dem Himmel zu vertilgen. Alles, was auf der Erde ist, soll umkommen. Mit dir aber will ich einen Bund schließen. Du sollst in die Arche gehen, du und mit dir deine Söhne, deine Frau und die Frauen deiner Söhne. Von allen lebenden Wesen, von allem

Fleisch, sollst du zwei von allen in die Arche aufnehmen, damit sie dir am Leben bleiben, ein Männchen und ein Weibchen soll es sein. Von jeder Art der Vögel, von jeder Art des Viehs und von jeder Art der Kriechtiere am Boden sollen je zwei von allen mit dir hineingehen, damit sie am Leben bleiben. Du selbst aber sollst dir alles besorgen, was an Speise zur Ernährung dient, und es bei dir aufspeichern, damit es dir und ihnen zur Nahrung diene. Noach tat so; ganz, wie es ihm Gott befohlen hatte, tat er. *aus Genesis 6,9–22*

Die große Flut

Nun ergoss sich die Flut vierzig Tage lang über die Erde. Das Wasser schwoll an und hob die Arche empor, sodass sie über der Erde schwamm. Es wuchs das Wasser immer weiter und stieg hoch über die Erde. Die Arche aber fuhr auf dem Wasser dahin. Bis zu einer gewaltigen Höhe stieg das Wasser über die Erde, sodass alle hohen Berge unter dem ganzen Himmel bedeckt wurden. Fünfzehn Ellen hoch stand über ihnen das Wasser, so hoch waren die Berge bedeckt. Da kam alles Fleisch um, das sich auf der Erde regt, Vögel, Vieh, Wild, alles, was auf der Erde wimmelt, und alle Menschen. Alles, was Leben in sich hatte, alles, was auf dem Festland lebte, starb. So vertilgte er alles Bestehende, das auf der Erde war, vom Menschen bis zum Vieh, bis zu den Kriechtieren und bis zu den Vögeln des Himmels. Sie wurden von der Erde vertilgt. Nur

Noach blieb übrig und was mit ihm in der Arche war. Das Wasser stieg auf der Erde einhundertfünfzig Tage an.

Da dachte Gott an Noach und an alles Wild und alles Vieh, das mit ihm in der Arche war. Und Gott ließ einen Wind über die Erde wehen und das Wasser sank. Die Quellen der Tiefe und die Schleusen des Himmels hatten sich geschlossen; der Regen vom Himmel wurde zurückgehalten und das Wasser verlief sich allmählich von der Erde. Nach Ablauf der einhundertfünfzig Tage ging das Wasser zurück und im siebten Monat, am siebzehnten Tag des Monats, ruhte die Arche auf den Bergen von Ararat. Das Wasser ging immer weiter zurück bis zum zehnten Monat. Im zehnten Monat, am ersten Tag des Monats, kamen die Gipfel der Berge zum Vorschein.

Nach Ablauf von vierzig Tagen öffnete Noach das Fenster der Arche, das er angebracht hatte, und schickte einen Raben aus. Dieser flog hin und her, bis das Wasser von der Erde vertrocknet war. Dann ließ er eine Taube fliegen, um zu sehen, ob das Wasser sich von der Oberfläche der Erde verlaufen hatte. Die Taube aber fand keinen Ort, wo ihre Füße hätten ruhen können. Darum kam sie zur Arche zurück, denn das Wasser stand noch auf der ganzen Erde. Er streckte seine Hand aus, ergriff sie und holte sie zu sich in die Arche. Nun wartete er noch weitere sieben Tage und ließ abermals eine Taube aus der Arche ausfliegen. Die Taube kam am Abend zu ihm zurück und siehe, sie trug ein frisches Blatt von einem Ölbaum in ihrem Schnabel. Da erkannte Noach, dass sich das Wasser von der Erde verlaufen hatte. Er wartete nochmals sieben Tage und ließ wiederum eine Taube ausfliegen. Diese kehrte nicht mehr zu ihm zurück.

Im sechshundertundersten Lebensjahr Noachs, im ersten Monat, am ersten Tag des Monats, war das Wasser auf der Erde vertrocknet. Nun entfernte Noach das Dach der Arche und hielt Ausschau und siehe, die Oberfläche des Erdbodens war trocken. Im zweiten Monat, am siebenundzwanzigsten Tag des Monats, war die Erde trocken.

Nun sprach Gott zu Noach: Gehe aus der Arche, du und mit dir deine Frau, deine Söhne und die Frauen deiner Söhne. Alles Lebende von allen Wesen, die bei dir sind, Vögel, Vieh und alle Kriechtiere, die sich auf dem Boden regen, lass mit dir herausgehen. Sie sollen auf der Erde wimmeln, fruchtbar sein und sich vermehren. Da ging Noach hinaus und mit ihm seine Söhne, seine Frau und die Frauen seiner Söhne, alles Wild, alles Vieh, alle Vögel, alle Kriechtiere, die sich auf dem Boden regen, verließen Art um Art die Arche.

Noach baute dem Herrn einen Altar. Dann nahm er von allen reinen Tieren und von allen reinen Vögeln und brachte auf dem Altar Brandopfer dar. Als der Herr den lieblichen Duft roch, sprach er bei sich selbst: Ich will die Erde nicht wieder wegen des Menschen verfluchen, denn das Trachten des menschlichen Herzens ist böse von Jugend an. Nicht noch einmal will ich alle Lebewesen vertilgen, wie ich es getan habe. Künftig, solange die Erde besteht, soll nicht mehr aufhören Saat und Ernte, Kälte und Hitze, Sommer und Winter, Tag und Nacht. *Genesis 7,17–8,22*

Die neue Ordnung der Welt

Gott segnete Noach und seine Söhne und sprach zu ihnen: Seid fruchtbar und vermehrt euch und bevölkert die Erde! Furcht und Schrecken vor euch lege sich auf alle Tiere der Erde, auf alle Vögel des Himmels und auf alle Kriechtiere auf dem Boden und auf alle Fische des Meeres: In euere Hand sind sie gegeben. Alles, was sich regt und lebt, diene euch zur Nahrung; wie die grünen Pflanzen überlasse ich euch alles. Nur Fleisch mit seiner Seele, nämlich dem Blut, sollt ihr nicht essen. Auch euer Blut, das Blut eueres Lebens, werde ich fordern; ich werde es fordern von jedem Tier und von dem Menschen. Von einem jeden, selbst von seinem Bruder werde ich das Leben des Menschen fordern. Wer Menschenblut vergießt, durch Menschen soll sein Blut vergossen werden. Denn nach dem Bild Gottes hat er den Menschen gemacht. So werdet fruchtbar und vermehrt euch, bevölkert die Erde und herrscht über sie!

Dann sprach Gott zu Noach und zu seinen Söhnen, die bei ihm waren: Seht, ich schließe einen Bund mit euch und mit eueren Nachkommen und mit allen Lebewesen, die bei euch sind: mit den Vögeln, dem Vieh und allem Wild des Feldes bei euch, mit allem, was aus der Arche herausgegangen ist, mit allen Tieren der Erde. Ich schließe meinen Bund mit euch: Nie mehr soll alles Fleisch durch das Wasser der Flut vertilgt werden und es soll keine Flut mehr kommen, um die Erde zu verwüsten.

Und Gott sprach: Dies sei das Zeichen des Bundes, den

ich zwischen mir und euch und allen Lebewesen, die bei euch sind, für künftige Geschlechter schließe: Ich stelle meinen Bogen in die Wolken, er soll ein Zeichen des Bundes zwischen mir und der Erde sein. Wenn ich die Wolken über der Erde zusammenballe und der Bogen in den Wolken erscheint, dann will ich meines Bundes zwischen mir und euch und allen Lebewesen, allem Fleisch, gedenken: Nie mehr soll das Wasser zur Flut werden, um alles Fleisch zu vernichten. Wenn der Bogen in den Wolken erscheint, werde ich ihn ansehen, um des ewigen Bundes zwischen Gott und allen Lebewesen, allem Fleisch auf der Erde, zu gedenken. Und Gott sprach zu Noach: Dies ist das Zeichen des Bundes, den ich zwischen mir und allem Fleisch auf der Erde geschlossen habe.

Genesis 9,1–17

Der Turm von Babel

Die ganze Erde aber hatte die gleiche Sprache und die gleichen Worte. Als sie von Osten aufbrachen, fanden sie eine Ebene im Land Schinar und ließen sich dort nieder. Sie sprachen zueinander: Auf, wir wollen Ziegel formen und sie brennen! Die Ziegel dienten ihnen als Steine und das Erdpech diente ihnen als Mörtel. Dann sagten sie: Auf, wir wollen uns eine Stadt bauen und einen Turm, dessen Spitze bis zum Himmel reicht! Wir wollen uns einen Namen machen, damit wir uns nicht über die ganze Erde zerstreuen!

Da stieg der Herr herab, um die Stadt und den Turm anzusehen, den die Menschen gebaut hatten. Und der Herr sprach: Siehe, sie sind ein Volk und sprechen alle eine Sprache. Das ist erst der Anfang ihres Tuns. Künftig wird für sie nichts mehr unerreichbar sein, was immer sie sich zu tun vornehmen. Wir wollen also hinabsteigen und dort ihre Sprache verwirren, sodass keiner mehr die Sprache des anderen versteht! Da zerstreute der Herr sie von dort über die ganze Erde und sie mussten aufhören, die Stadt zu bauen. Darum nennt man sie Babel (Wirrsal). Denn dort hat der Herr die Sprache der ganzen Erde verwirrt und von dort hat sie der Herr über die ganze Erde zerstreut. *Genesis 11,1–9*

Abrahams Berufung und Wanderung nach Kanaan

Der Herr sprach zu Abram: Ziehe fort aus deinem Land, von deiner Verwandtschaft und aus deinem Vaterhaus in das Land, das ich dir zeigen werde! Ich will dich zu einem großen Volk machen. Ich will dich segnen und deinen Namen groß machen; du sollst ein Segen sein. Ich werde segnen, die dich segnen, und die dich verwünschen, werde ich verfluchen! Durch dich sollen gesegnet sein alle Generationen der Erde.

Da zog Abram fort, wie ihm der Herr befohlen hatte, und mit ihm zog Lot. Abram war fünfundsiebzig Jahre alt, als er von Haran wegzog. Und Abram nahm seine Frau Sarai, seinen Neffen Lot und alle ihre Habe, die sie besaßen, sowie alles Gesinde, das sie in Haran erworben hatten. Dann brachen sie auf, um in das Land Kanaan zu ziehen, und sie kamen in das Land Kanaan.

Abram durchzog das Land bis zur Stätte von Sichem, bis zur Orakelterebinthe. Die Kanaaniter waren damals im Land. Da erschien der Herr dem Abram und sprach: Deinen Nachkommen will ich dieses Land geben. Da baute er dort dem Herrn, der ihm erschienen war, einen Altar. Von da zog er weiter in das Gebirge östlich von Bet-El und schlug sein Zelt auf zwischen Bet-El im Westen und Ai im Osten. Da baute er dem Herrn einen Altar und rief den Namen des Herrn an. Dann wanderte Abram immer weiter dem Negeb zu.

Genesis 12,1–9

Abraham und Lot

Abram war sehr reich geworden an Herden, an Silber und Gold. Vom Negeb zog er stationsweise bis nach Bet-El, an den Ort, wo er zuerst sein Zelt aufgeschlagen hatte, zwischen Bet-El und Ai, an die Stätte des Altars, den er früher dort errichtet hatte. Hier rief Abram den Namen des Herrn an.

Auch Lot, der mit Abram zog, besaß Schafe, Rinder und Zelte. Das Land war aber zu klein, als dass sie beisammen blieben; denn ihr Besitz war zu groß geworden. Sie konnten nicht mehr beisammen bleiben. Es entstand Streit zwischen den Hirten der Herden Abrams und den Hirten der Herden

Lots; auch die Kanaaniter und Perisiter siedelten damals im Land. Da sprach Abram zu Lot: Es soll kein Streit sein zwischen mir und dir, zwischen meinen Hirten und deinen Hirten; wir sind doch Brüder. Liegt nicht das ganze Land offen vor dir? Trenne dich also von mir. Willst du nach links, so gehe ich nach rechts; willst du nach rechts, so gehe ich nach links. Da blickte Lot auf und sah, dass die ganze Ebene des Jordan bewässert war. Bevor der Herr Sodom und Gomorra zerstörte, war sie wie der Garten des Herrn, wie das Land Ägypten, bis nach Zoar hin. Lot wählte die ganze Ebene des Jordan. Lot zog weg nach Osten und sie trennten sich voneinander. Abram wohnte im Land Kanaan; Lot aber wohnte in den Orten der Ebene und schlug seine Zelte bis nach Sodom hin auf. *Genesis 13,2–12*

Gottes Verheißung an Abraham

Der Herr aber sprach zu Abram, nachdem Lot sich von ihm getrennt hatte: Blicke auf und sieh von dem Ort, wo du bist, nach Norden und Süden, nach Osten und Westen. Das ganze Land, das du siehst, gebe ich dir und deinen Nachkommen für alle Zeit. Ich will deine Nachkommen zahlreich machen wie den Staub der Erde. Könnte man den Staub der Erde zählen, nur dann könnte man auch deine Nachkommen zählen. Auf, durchziehe das Land in seiner Länge und Breite! Denn dir will ich es geben. Da zog Abram mit seinen Zelten weiter und ließ sich bei der Terebinthe von Mamre bei Hebron nieder und baute dort einen Altar für den Herrn.

Genesis 13,14–18

Gottes Bund mit Abraham

Nach diesen Ereignissen erging in einer Vision das Wort des Herrn an Abram: Fürchte dich nicht, Abram! Ich bin dein Schild und dein Lohn soll sehr groß sein. Da sprach Abram: Herr, mein Herr, was kannst du mir geben, da ich kinderlos dahingehe und Eliëser aus Damaskus Erbe meines Hauses ist? Und Abram fuhr fort: Siehe, du hast mir keinen Nachkommen gegeben; so wird nun mein leibeigener Knecht mein Erbe sein. Da erging das Wort des Herrn an ihn: Nicht dieser wird dein Erbe sein, sondern dein leiblicher Spross wird dich beerben. Und er führte ihn hinaus ins Freie und sprach: Sieh hinauf zum Himmel und zähl die Sterne, wenn du sie zählen kannst! Dann sagte er zu ihm: So wird deine Nachkommenschaft sein. Er glaubte dem Herrn und der rechnete es ihm zur Gerechtigkeit an.

Weiter sprach er zu ihm: Ich bin der Herr, der dich aus Ur in Chaldäa herausgeführt hat, um dir dieses Land zum Besitz zu geben. Er antwortete: Herr, mein Herr, woran soll ich erkennen, dass ich es besitzen werde? Da befahl er ihm: Bring mir eine dreijährige Kuh, eine dreijährige Ziege und einen dreijährigen Widder, eine Turteltaube und eine junge

Taube! Als er ihm alle diese Tiere gebracht hatte, schnitt er sie mitten durch und legte die Hälften einander gegenüber; die Vögel aber zerschnitt er nicht. Da stießen Raubvögel auf die Tierleichen herab. Abram aber verscheuchte sie.

Als die Sonne unterging, überkam Abram ein tiefer Schlaf; ein großer Schrecken überfiel ihn. Da sprach Gott zu Abram: Du sollst wissen, dass deine Nachkommen Fremde sein werden in einem Land, das ihnen nicht gehört. Sie werden ihnen dienen und jene werden sie vierhundert Jahre lang bedrücken. Aber auch das Volk, dem sie dienen müssen, werde ich richten. Dann werden sie mit reicher Habe ausziehen. Du aber wirst in Frieden zu deinen Vätern heimgehen und in hohem Alter begraben werden. Im vierten Geschlecht werden sie hierher zurückkehren, denn die Schuld der Amoriter ist noch nicht voll.

Als die Sonne untergegangen und dichte Finsternis eingetreten war, ging etwas wie ein rauchender Ofen und eine brennende Fackel zwischen den Tierleichen hindurch. An jenem Tage schloss der Herr mit Abram einen Bund, indem er sprach:

Deinen Nachkommen gebe ich dieses Land / vom Bach
Ägyptens bis zu dem großen Strom, dem Eufratfluss,

Genesis 15,1–18

Ismaels Geburt

Sarai, die Frau Abrams, hatte ihm kein Kind geschenkt; sie besaß aber eine ägyptische Magd mit Namen Hagar. Da sprach Sarai zu Abram: Siehe, der Herr hat mir Kinder versagt. Schlafe mit meiner Magd! Vielleicht werde ich durch sie zu Kindern kommen. Abram hörte auf den Vorschlag Sarais. So nahm denn Sarai, die Frau Abrams, ihre ägyptische Magd Hagar, nachdem Abram schon zehn Jahre in Kanaan gewohnt hatte, und gab sie ihrem Mann Abram zur Frau. Er schlief mit Hagar und sie wurde schwanger. Als diese aber merkte, dass sie schwanger war, sah sie ihre Herrin mit Geringschätzung an. Da sagte Sarai zu Abram: Das mir zugefügte Unrecht fällt auf dich zurück. Ich habe dir meine Magd übergeben. Nun aber, da sie merkt, dass sie schwanger ist, sieht sie mich mit Geringschätzung an. Der Herr möge Richter sein zwischen dir und mir. Darauf sagte Abram zu Sarai: Deine Magd steht unter deiner Gewalt. Tu mit ihr, was dir gefällt! Nun behandelte Sarai sie hart, sodass sie entfloh.

Der Engel des Herrn fand sie an einer Wasserquelle in der Wüste, an einer Quelle auf dem Weg nach Schur. Er sprach: Hagar, Magd Sarais, woher kommst du und wohin gehst du? Sie antwortete: Vor Sarai, meiner Herrin, bin ich auf der Flucht. Darauf erwiderte der Engel des Herrn: Kehr wieder zu deiner Herrin zurück und beuge dich unter ihre Gewalt. Und weiter sagte der Engel des Herrn: Ich will deine Nachkommen so zahlreich machen, dass man sie vor Menge nicht zählen kann. Ferner sprach der Engel des Herrn zu ihr:

Siehe, du bist schwanger und wirst einen Sohn gebären; ihn sollst du Ismael (Gott hört) nennen, denn der Herr hat auf deine Not gehört.

Hagar gebar Abram einen Sohn und Abram nannte seinen Sohn, den ihm Hagar geboren hatte, Ismael. Abram war sechsundachtzig Jahre alt, als Hagar dem Abram Ismael gebar. *aus Genesis 16,1–16*

Die Beschneidung als Bundeszeichen

Als Abram neunundneunzig Jahre alt war, erschien der Herr dem Abram und sagte zu ihm:

Ich bin Gott El-Schaddai (Gott, der Allmächtige). Wandle vor mir und sei vollkommen. Ich werde meinen Bund zwischen mir und dir aufrichten und dir eine überaus zahlreiche Nachkommenschaft geben. Da warf sich Abram auf sein Angesicht nieder und Gott sprach zu ihm: Siehe, ich errichte meinen Bund mit dir: Du sollst Stammvater einer Menge von Völkern werden. Darum sollst du nicht mehr Abram heißen, sondern Abraham (Vater der Menge) soll dein Name sein. Denn ich mache dich zum Vater einer Menge von Völkern. Ich mache dich überaus fruchtbar und lasse aus dir Völker entstehen und Könige werden aus dir hervorgehen. Ich richte einen Bund auf zwischen mir und dir und deinen Nachkommen nach dir durch alle Geschlechter als ewigen Bund, auf dass ich dir und deinen Nachkommen nach dir

Gott sein werde. Ich gebe dir und deinen Nachkommen das Land, in dem du jetzt als Fremder weilst, das ganze Land Kanaan, zum ewigen Besitz und ich werde ihnen Gott sein. Weiter sprach Gott zu Abraham: Du aber wahre meinen Bund, du und deine Nachkommen in allen ihren Geschlechtern. Dies aber ist mein Bund, den ihr wahren sollt zwischen mir und euch und deinen Nachkommen nach dir: Alles Männliche unter euch soll beschnitten werden.

Weiter sprach Gott zu Abraham: Deine Frau Sarai sollst du nicht mehr Sarai nennen, sondern Sara (Herrin) soll ihr Name sein. Ich will sie segnen und dir aus ihr einen Sohn schenken. Segnen will ich sie, sodass Völker aus ihr hervorgehen; Könige von Völkern werden von ihr abstammen. Da fiel Abraham auf sein Angesicht und lachte. Denn er dachte bei sich: Einem Hundertjährigen soll noch geboren werden? Und Sara, die Neunzigjährige, soll noch gebären? Darum sagte Abraham zu Gott: Möchte doch Ismael vor dir leben! Gott aber sprach: Nicht so! Sara, deine Frau, schenkt dir einen Sohn und du sollst ihm den Namen Isaak geben! Ich werde meinen Bund mit ihm aufrichten als einen ewigen Bund, auf dass ich ihm und seinen Nachkommen nach ihm Gott sein werde. Aber auch wegen Ismael erhöre ich dich. Fürwahr, ich segne ihn und lasse ihn fruchtbar werden und gebe ihm eine zahlreiche Nachkommenschaft. Zwölf Fürsten wird er erzeugen und ich mache ihn zu einem großen Volk. Meinen Bund aber richte ich mit Isaak auf, den dir Sara nächstes Jahr um diese Zeit gebären wird. Als Gott aufgehört hatte, mit Abraham zu reden, fuhr er vor ihm auf. *aus Genesis 17,1–22*

Derr Herr Erscheint Abraham in Mamre

Der Herr erschien Abraham bei der Terebinthe von Mamre, als er um die heiße Tageszeit am Eingang seines Zeltes saß. Er erhob seine Augen und siehe, da standen drei Männer vor ihm. Sowie er sie sah, eilte er ihnen vom Eingang des Zeltes aus entgegen, verneigte sich bis zur Erde und sagte: Mein Herr, wenn ich in deinen Augen Gnade gefunden habe, dann gehe an deinem Knecht nicht vorüber. Man bringe etwas Wasser, dann wascht euere Füße, legt euch unter den Baum. Ich hole unterdessen einen Bissen Brot, damit ihr euch stärkt; dann mögt ihr weitergehen. Denn dazu seid ihr doch bei euerem Knecht vorübergekommen. Sie sprachen: Tu, wie du gesagt hast! Nun eilte Abraham in das Zelt zu Sara und sprach: Nimm rasch drei Maß feines Mehl, knete und backe Kuchen! Darauf lief Abraham zu den Rindern, nahm ein zartes, kräftiges Kalb und übergab es dem Knecht, damit er es rasch zubereite. Dann holte er Butter und Milch und das zubereitete Kalb und setzte es ihnen vor. Während sie aßen, stand er vor ihnen unter dem Baum. Dann fragten sie ihn: Wo ist deine Frau Sara? Er antwortete: Hier im Zelt. Da sprach er: Ich werde im nächsten Jahr um diese Zeit wiederkommen, dann hat deine Frau Sara einen Sohn. Sara horchte hinter ihm am Eingang des Zeltes. Abraham und Sara aber waren alt und hochbetagt und es erging Sara nicht mehr nach Frauenart. Darum lachte Sara in sich hinein. Denn sie dachte: Nachdem ich alt geworden bin, soll ich noch Liebeslust empfinden? Mein Mann ist doch auch schon alt. Da sprach der Herr zu Abraham: Warum lacht Sara und denkt: Soll ich wirklich noch gebären, obwohl ich alt bin? Ist denn für den Herrn etwas zu wunderbar? Ich werde im nächsten Jahr um diese Zeit wieder zu dir kommen, dann hat Sara einen Sohn. Da leugnete Sara und sagte: Ich habe nicht gelacht. Denn sie fürchtete sich. Er aber erwiderte: Doch, du hast gelacht.

Nun brachen die Männer von dort auf und wandten sich Sodom zu. *aus Genesis 18,1–16*

Isaaks Geburt

Der Herr suchte Sara heim, wie er es verheißen hatte, und der Herr tat an Sara, wie er es vorausgesagt hatte. Sara wurde schwanger und gebar dem Abraham in seinem Alter einen Sohn zu der Zeit, von der Gott geredet hatte. Abraham gab seinem Sohn, den ihm Sara geboren hatte, den Namen Isaak. Abraham beschnitt seinen Sohn Isaak am achten Tag, wie ihm Gott befohlen hatte. Abraham war einhundert Jahre alt, als ihm sein Sohn Isaak geboren wurde. Da sprach Sara: Ein Lachen hat mir Gott bereitet. Jeder, der es hört, wird mit mir lachen. Und weiter sprach sie:

> Wer hätte Abraham vorausgesagt: / Sara wird noch
> Kinder stillen? / Denn ich habe ihm in seinem Alter
> einen Sohn geboren.

Der Knabe wuchs heran und wurde entwöhnt; und Abraham veranstaltete am Tag der Entwöhnung Isaaks ein großes Mahl.

Genesis 21,1–8

Das Opfer Abrahams

Nach diesen Ereignissen stellte Gott Abraham auf die Probe und sagte zu ihm: Abraham, Abraham! Er antwortete: Hier bin ich! Da sprach er: Nimm deinen Sohn, deinen einzigen, den du lieb hast, den Isaak, und gehe in das Land Morija und bringe ihn dort auf einem der Berge, den ich dir bezeichnen werde, als Brandopfer dar!

Abraham stand früh am Morgen auf, sattelte seinen Esel, nahm zwei Knechte mit sich und seinen Sohn Isaak. Nachdem er Holz für das Brandopfer gespalten hatte, brach er auf und begab sich zu dem Ort, den ihm Gott genannt hatte. Am dritten Tag erhob Abraham seine Augen und sah den Ort von ferne. Da sagte Abraham zu den Knechten: Bleibt mit dem Esel hier! Ich und der Junge wollen dorthin gehen, um anzubeten, dann kehren wir zu euch zurück.

Darauf nahm Abraham das Holz für das Brandopfer und lud es seinem Sohn Isaak auf; er aber nahm das Feuer und das Messer in seine Hand. So gingen sie beide miteinander. Da sprach Isaak zu Abraham, seinem Vater: Mein Vater! Er antwortete: Ja, mein Sohn! Isaak sagte: Siehe, da ist das Feuer und das Holz, wo ist aber das Lamm zum Brandopfer?

Abraham erwiderte: Gott wird sich das Lamm zum Brandopfer schon aussuchen, mein Sohn. So schritten sie beide zusammen weiter.

Als sie an den Ort kamen, den Gott ihnen genannt hatte, baute Abraham den Altar, schichtete das Holz auf, band seinen Sohn und legte ihn auf den Altar, oben auf das Holz. Dann streckte Abraham seine Hand aus, nahm das Messer, um seinen Sohn zu schlachten. Da rief ihm der Engel des Herrn vom Himmel her zu und sprach: Abraham, Abraham! Er antwortete: Hier bin ich! Da sprach er: Streck deine Hand nicht nach dem Jungen aus und tu ihm nichts zuleide. Denn nun weiß ich, dass du Gott fürchtest und mir deinen einzigen Sohn nicht vorenthalten hast. Als Abraham seine Augen erhob, sah er einen Widder, der sich mit seinen Hörnern im Dickicht verfangen hatte. Abraham ging hin, nahm den Widder und brachte ihn anstelle seines Sohnes zum Brandopfer dar. Abraham nannte diesen Ort Jahwe-Jire (Der Herr sieht), sodass man noch heute sagt: Auf dem Berg, wo der Herr sieht.

Darauf rief der Engel des Herrn Abraham zum zweiten Male vom Himmel her zu und sprach: Ich schwöre bei mir selbst – Spruch des Herrn –, weil du dies getan und mir deinen einzigen Sohn nicht vorenthalten hast, will ich dich reichlich segnen. Ich werde deine Nachkommenschaft zahlreich machen wie die Sterne des Himmels und wie den Sand am Meeresstrand; deine Nachkommen sollen das Tor ihrer Feinde besetzen. Durch deine Nachkommen sollen alle Völker der Erde gesegnet werden, weil du auf meine Stimme gehört hast.

Abraham kehrte zu seinen Knechten zurück. Sie brachen auf und gingen zusammen nach Beerscheba. Und Abraham blieb in Beerscheba. *Genesis 22,1–19*

Isaaks Heirat

Abraham war alt und hochbetagt und der Herr hatte Abraham in allem gesegnet. Da sprach Abraham zu seinem Knecht, dem Ältesten seines Hauses, der seinen ganzen Besitz verwaltete: Lege deine Hand unter meine Hüfte! Ich will dich bei dem Herrn, dem Gott des Himmels und dem Gott der Erde, schwören lassen, dass du für meinen Sohn keine Frau aus den Töchtern der Kanaaniter nimmst, in deren Mitte ich wohne. Begib dich vielmehr in mein Heimatland und zu meinen Verwandten und hole eine Frau für meinen Sohn Isaak! Darauf erwiderte ihm der Knecht: Vielleicht aber will die Frau mir nicht in dieses Land folgen. Soll ich deinen Sohn wieder in die Heimat zurückbringen, aus der du ausgezogen bist? Abraham antwortete: Hüte dich, meinen Sohn dorthin zurückzubringen! Der Herr, der Gott des Himmels, der mich aus dem Land meines Vaters und aus dem Land meiner Verwandtschaft hinweggeführt, der zu mir geredet und mir eidlich versprochen hat: Ich will dieses Land deiner Nachkommenschaft geben, er wird seinen Engel vor dir hersenden, dass du eine Frau für meinen Sohn dort holen kannst. Sollte aber die Frau dir nicht folgen wollen, so bist du frei von diesem Schwur.

Hierauf nahm der Knecht zehn von den Kamelen seines Herrn und führte allerlei Kostbarkeiten seines Herrn mit. Dann brach er auf und zog nach Aram Naharajim in die Stadt Nahors. Er ließ die Kamele außerhalb der Stadt an einem Brunnen lagern. Es war gegen Abend um die Zeit, da die Frauen zum Wasserschöpfen herauskommen. Dann betete er: Herr, Gott meines Herrn Abraham! Füge es heute glücklich und erweise dich gnädig gegen meinen Herrn Abraham. Siehe, ich stehe an der Quelle und die Töchter der Leute aus der Stadt kommen heraus, um Wasser zu schöpfen. Wenn das Mädchen, zu dem ich sage: Neige deinen Krug, damit ich trinke!, spricht: Trinke, auch deine Kamele will ich tränken!, so hast du es für deinen Knecht Isaak bestimmt; und daran will ich erkennen, dass du dich gnädig gegen meinen Herrn erweist.

Er hatte sein Gebet noch nicht beendet, da kam Rebekka heraus, die Betuël, dem Sohn der Milka, der Frau Nahors, des Bruders Abrahams, geboren worden war, mit einem Wasserkrug auf der Schulter. Das Mädchen war sehr anmutig anzusehen, eine Jungfrau, die noch kein Mann erkannt hatte. Sie stieg zur Quelle hinab, füllte ihren Krug und kam wieder herauf. Da lief der Knecht auf sie zu und sprach: Lass mich ein wenig Wasser aus deinem Krug trinken! Sie erwiderte: Trinke, mein Herr! Und rasch nahm sie ihren Krug herab auf ihre Hand und ließ ihn trinken. Nachdem sie ihn seinen Durst hatte stillen lassen, sprach sie: Auch für deine Kamele will ich schöpfen, bis sie sich satt getrunken haben. Und eilends goss sie den Krug in die Tränke und lief wieder zum Brunnen, um zu schöpfen. So schöpfte sie für alle seine Kamele. Der Mann beobachtete sie schweigend, um zu erkennen, ob der Herr seine Reise gelingen ließ oder nicht.

Als alle Kamele sich satt getrunken hatten, nahm der Mann einen goldenen Nasenring sowie zwei Spangen für ihre Arme. Dann fragte er: Wessen Tochter bist du? Sage es mir doch! Ist im Haus deines Vaters Raum für uns zum Übernachten? Sie antwortete ihm: Ich bin die Tochter Betuëls, des Sohnes der Milka, den sie Nahor geboren hat. Ferner sagte sie: Stroh und Futter haben wir in Menge, auch Raum zum Übernachten. Da verneigte sich der Mann, warf sich vor dem Herrn nieder und sprach: Gepriesen sei der Herr, der Gott meines Herrn Abraham, der seine Liebe und Treue meinem Herrn nicht entzogen hat! Mich hat der Herr geradewegs zum Haus des Bruders meines Herrn geführt.

Das Mädchen aber lief weg und berichtete zu Hause seiner Mutter, was sich zugetragen hatte. Rebekka hatte einen Bruder namens Laban. Laban eilte zu dem Mann hinaus an die Quelle. Als er nämlich den Nasenring und die Spangen am Arm seiner Schwester gesehen und gehört hatte, wie seine Schwester Rebekka berichtete: So hat der Mann zu mir geredet, begab er sich zu dem Mann, der noch bei den Kamelen an der Quelle stand, und sagte zu ihm: Komm, Gesegneter des Herrn! Warum stehst du draußen? Ich habe bereits das Haus aufgeräumt und auch Platz geschaffen für die Kamele.

So kam der Mann in das Haus. Jener aber sattelte die Kamele ab, gab ihnen Stroh und Futter und brachte Wasser, damit er und die Männer, die mit ihm gekommen waren, sich die Füße waschen konnten.

Als man ihm dann zu essen vorsetzte, sagte er: Ich esse nicht, bevor ich mein Anliegen vorgebracht habe. Sie sprachen: So rede. Da berichtete er: Ich bin der Knecht Abrahams. Der Herr hat meinen Herrn reich gesegnet, sodass er zu großem Wohlstand gelangt ist. Er gab ihm Schafe und Rinder, Silber und Gold, Knechte und Mägde, Kamele und Esel. Sara, die Frau meines Herrn, hat meinem Herrn in ihrem hohen Alter einen Sohn geboren, dem er seinen ganzen Besitz übergeben hat. Nun ließ mein Herr mich schwören: Du darfst für meinen Sohn keine Frau nehmen aus den Töchtern der Kanaaniter, in deren Land ich wohne. Zieh vielmehr in das Haus meines Vaters und zu meiner Verwandtschaft und hol eine Frau für meinen Sohn!

Nun denn, wollt ihr meinem Herrn Liebe und Treue erweisen, so sagt es mir; wenn nicht, so sagt mir auch dies, damit ich mich zur Rechten oder zur Linken wende.

Da antworteten Laban und Betuël und sprachen: Vom Herrn ist dies ausgegangen! Da dürfen wir weder etwas dagegen noch etwas dafür sagen. Siehe, Rebekka steht dir zur Verfügung. Nimm sie und ziehe hin! Sie soll die Frau des Sohnes deines Herrn werden, wie der Herr geredet hat. Als nun der Knecht Abrahams ihre Worte hörte, warf er sich vor dem Herrn anbetend nieder zur Erde. Dann holte der Knecht silbernes und goldenes Geschmeide und Kleider herbei und gab sie Rebekka. Auch ihrem Bruder und ihrer Mutter machte er kostbare Geschenke.

Hierauf aßen und tranken sie, er und die Männer, die ihn begleiteten, und blieben über Nacht. Als er sich am anderen Morgen erhoben hatte, sprach er: Entlasst mich zu meinem Herrn! Da antworteten ihr Bruder und ihre Mutter: Das Mädchen soll einige Zeit oder wenigstens zehn Tage noch bei uns bleiben, dann mag sie ziehen. Er aber entgegnete ihnen: Haltet mich nicht zurück! Der Herr hat meine Reise gelingen lassen. Entlasst mich darum, dass ich zu meinem Herrn ziehe! Da sagten sie: Wir wollen das Mädchen rufen und es selbst befragen. Sie riefen Rebekka herbei und sagten zu ihr: Willst du mit diesem Mann ziehen? Sie antwortete: Ich will! Nun entließen sie ihre Schwester Rebekka mit ihrer Amme und den Knecht Abrahams mit seinen Leuten. Sie segneten Rebekka.

Alsdann brach Rebekka mit ihren Dienerinnen auf. Sie bestiegen die Kamele und folgten dem Mann; der Knecht nahm Rebekka und sie reisten ab.

Isaak war um die Abendzeit in Gedanken versunken auf das freie Feld hinausgegangen. Als er seine Augen erhob, sah er Kamele daherkommen. Auch Rebekka erhob ihre Augen und erblickte Isaak. Da stieg sie rasch vom Kamel herunter und sprach zu dem Knecht: Wer ist dieser Mann dort, der uns auf dem Feld entgegenkommt? Der Knecht antwortete: Das ist unser Herr! Darauf nahm sie den Schleier und verhüllte sich.

Der Knecht erzählte Isaak alles, was sich zugetragen hatte. Isaak brachte sie in sein Zelt. Er nahm Rebekka und sie wurde seine Frau. Isaak gewann sie lieb. *aus Genesis 24,1–67*

Abrahams Tod

Dies ist die Lebensdauer Abrahams: einhundertfünfundsiebzig Jahre. Abraham starb in gesegnetem Alter, betagt und lebenssatt, und wurde zu seinen Vätern versammelt. Seine Söhne Isaak und Ismael begruben ihn in der Höhle von Machpela auf dem Grundstück des Hetiters Efron, des Sohnes Zohars, östlich von Mamre, auf dem Grundstück, das Abraham von den Hetitern käuflich erworben hatte. Dort wurden Abraham und seine Frau Sara begraben. Nach dem Tod Abrahams segnete Gott dessen Sohn Isaak. *Genesis 25,7–11*

Geburt Esaus und Jakobs

Isaak betete zum Herrn für seine Frau, weil sie kinderlos blieb. Der Herr erhörte ihn und seine Frau Rebekka wurde schwanger. Als aber die Kinder sich in ihrem Schoß stießen, sagte sie: Wenn es so steht, warum lebe ich noch? Und sie ging hin, den Herrn zu befragen. Der Herr sprach zu ihr:

> Zwei Völker trägst du in deinem Schoß, / zwei Stämme werden sich aus deinem Schoß scheiden. / Der eine

Stamm wird den anderen überwältigen / und der Ältere
wird dem Jüngeren dienen.

Als nun die Zeit gekommen war, da sie gebären sollte, waren Zwillinge in ihrem Schoß. Der erste kam hervor, rötlich, ganz mit Haaren bedeckt wie mit einem Fell. Man nannte ihn Esau. Darauf kam sein Bruder hervor. Seine Hand fasste die Ferse Esaus; darum nannte man ihn Jakob (Fersenhalter). Isaak war bei ihrer Geburt sechzig Jahre alt. *Genesis 25,21–26*

Esau verkauft sein Erstgeburtsrecht

Die Knaben wuchsen auf. Esau wurde ein tüchtiger Jäger, ein Mann der Steppe; Jakob aber war ein zurückgezogener Mann, der bei den Zelten blieb. Isaak hatte Esau lieb, weil er gern Wildbret aß; Rebekka aber liebte Jakob.

Einst kochte Jakob ein Gericht. Da kam Esau ganz erschöpft von der Steppe heim. Esau sagte zu Jakob: Gib mir doch schnell von dem Roten, dem roten (Essen) da; denn ich bin ganz erschöpft! Deshalb nannte man ihn Edom (Roter). Jakob antwortete: Verkaufe mir zuvor dein Erstgeburtsrecht! Esau erwiderte: Nun, ich muss ja doch sterben, was nützt mir da das Recht der Erstgeburt? Jakob aber sagte: Schwöre mir zuvor! Da schwor er ihm und verkaufte so sein Erstgeburtsrecht an Jakob. Darauf gab Jakob dem Esau die Speise; es war ein Linsengericht. Der aß und trank, stand auf und ging weg. So gering achtete Esau das Recht der Erstgeburt.

Genesis 25,27–34

Isaak in Gerar

Es war im Land eine Hungersnot ausgebrochen; es war eine andere Hungersnot als die frühere, die zur Zeit Abrahams geherrscht hatte. Damals begab sich Isaak zum Philisterkönig Abimelech nach Gerar. Da erschien ihm der Herr und sprach: Ziehe nicht hinunter nach Ägypten, sondern bleibe in dem Land, das ich dir bezeichne. Bleibe als Fremder in diesem Land und ich will mit dir sein und dich segnen. Denn dir und deinen Nachkommen will ich alle diese Länder geben und ich will den Eid halten, den ich deinem Vater Abraham geschworen habe. Ich mache deine Nachkommen zahlreich wie die Sterne des Himmels und ich gebe deiner Nachkommenschaft alle diese Länder und durch deine Nachkommenschaft sollen alle Völker der Erde gesegnet werden dafür, dass Abraham auf meine Stimme gehört und mein Gebot, meine Befehle und Satzungen beachtet hat.

Isaak säte nun in jenem Land und erntete im gleichen Jahr hundertfältig; denn der Herr segnete ihn. Der Mann wurde reich und immer reicher, bis er zu großem Wohlstand gelangt war. Er besaß Schafe und Rinderherden und zahlreiches Gesinde. Da wurden die Philister auf ihn neidisch.

Von da ging er nach Beerscheba hinauf.

aus Genesis 26,1–23

Jakob erlangt den Segen Isaaks durch List

Als Isaak alt geworden war und seine Augen erloschen, sodass er nicht mehr sah, rief er seinen älteren Sohn Esau und sprach zu ihm: Mein Sohn! Dieser antwortete: Hier bin ich! Da sagte er: Du siehst, ich bin alt geworden, den Tag meines Todes aber weiß ich nicht. So nimm jetzt dein Jagdgerät, deinen Köcher und deinen Bogen, geh hinaus auf das Feld und erjag mir ein Wild. Bereite es mir schmackhaft zu, wie ich es liebe. Bring es mir und ich will essen, damit ich dich segne, ehe ich sterbe. Rebekka hatte gehorcht, als Isaak mit seinem Sohn Esau redete. Esau ging auf das Feld, um ein Wild für seinen Vater zu erjagen.

Da sagte Rebekka zu ihrem Sohn Jakob: Soeben habe ich gehört, wie dein Vater zu deinem Bruder Esau sagte: Bring mir ein Wild und bereite es schmackhaft zu; dann will ich essen und dich vor dem Herrn segnen, ehe ich sterbe. Und nun, mein Sohn, hör auf das, was ich dir auftrage. Geh sofort zur Herde und hol mir von dort zwei schöne Ziegenböckchen! Ich will sie für deinen Vater schmackhaft zubereiten, wie er es liebt. Du bringst sie deinem Vater zum Essen, damit er dich segnet, bevor er stirbt. Darauf entgegnete Jakob seiner Mutter Rebekka: Aber mein Bruder Esau ist doch ein haariger Mann, ich aber bin glatt. Mein Vater könnte mich betasten. Dann wäre ich in seinen Augen wie einer, der Spott treibt, und es käme Fluch statt Segen über mich. Seine Mutter aber sprach zu ihm: Der Fluch, der dir gilt, soll mich treffen! Höre nur auf mich, geh und hol sie mir! Nun ging er hin, holte und brachte sie seiner Mutter. Seine Mutter aber bereitete sie schmackhaft zu, wie sein Vater es liebte. Hierauf nahm Rebekka die besten Kleider ihres älteren Sohnes Esau, die bei ihr im Haus waren, und zog sie ihrem jüngeren Sohn Jakob an. Die Felle der Ziegenböckchen aber legte sie ihm um die Arme und um den glatten Hals. Dann gab sie das schmackhafte Gericht, das sie bereitet hatte, ihrem Sohn Jakob in die Hand.

So ging Jakob zu seinem Vater hinein und sprach: Mein Vater! Dieser antwortete: Wer bist du, mein Sohn? Jakob erwiderte seinem Vater: Ich bin Esau, dein Erstgeborener. Ich habe getan, wie du mir aufgetragen hast. Setze dich nun auf und iss von meinem Wildbret und segne mich. Da sprach Isaak zu seinem Sohn: Wie hast du so rasch etwas finden können, mein Sohn? Er antwortete: Der Herr, dein Gott, ließ es mir über den Weg laufen. Darauf sagte Isaak zu Jakob: Tritt näher, damit ich dich betaste, mein Sohn, ob du wirklich mein Sohn Esau bist oder nicht. Jakob trat zu seinem Vater Isaak heran und dieser betastete ihn und sagte: Die Stimme ist Jakobs Stimme, die Arme aber sind Esaus Arme. Doch er erkannte ihn nicht, weil seine Arme behaart waren wie die Arme seines Bruders Esau. Darum segnete er ihn. Er fragte ihn: Du bist also wirklich mein Sohn Esau? Er erwiderte: Ich bin es. Da sagte er: So reiche es mir! Ich will von dem Wildbret meines Sohnes essen und ihn segnen. Jakob reichte es ihm und er aß; dann brachte er ihm Wein und er trank. Hierauf sprach sein Vater Isaak zu ihm: Tritt noch näher heran und küsse mich, mein Sohn! Er trat heran und küsste ihn. Als er den Duft seiner Kleider roch, segnete er ihn und sprach:

Siehe, der Duft meines Sohnes ist wie der Duft eines fruchtbaren Feldes, / das der Herr gesegnet hat.
Gott gebe dir vom Tau des Himmels / und von der Fruchtbarkeit der Erde Korn und Most im Überfluss.
Völker sollen dir dienen und Nationen sich vor dir beugen. / Du sollst der Gebieter über deine Brüder sein / und die Söhne deiner Mutter sollen sich vor dir neigen. / Verflucht sei, wer dich verflucht, / und gesegnet, wer dich segnet!

Als Isaak den Segen über Jakob vollendet hatte und Jakob eben erst von seinem Vater hinausgegangen war, kam sein Bruder Esau von der Jagd zurück. Auch er bereitete ein schmackhaftes Gericht, brachte es seinem Vater und sprach: Setze dich auf, mein Vater, und iss von dem Wildbret deines Sohnes und segne ihn! Da sprach sein Vater Isaak zu ihm: Wer bist du? Er antwortete: Ich bin dein erstgeborener Sohn Esau. Da erschrak Isaak über alle Maßen und sagte: Wer war denn der, der ein Wild erjagt und es mir gebracht hat? Und ich habe in gutem Glauben gegessen, ehe du kamst, und habe ihn gesegnet. Er wird auch gesegnet bleiben. Als Esau die Worte seines Vaters hörte, schrie er furchtbar laut und erbittert und sprach zu seinem Vater: Segne doch auch mich, mein Vater! Er antwortete: Dein Bruder ist mit List gekommen und hat deinen Segen weggenommen. Darauf sagte Esau: Mit Recht hat man ihn Jakob (Betrüger) genannt. Schon zweimal hat er mich betrogen. Er hat mir mein Erstgeburtsrecht genommen und nun hat er mir den Segen weggenommen. Und weiter sagte er: Hast du denn keinen Segen für mich zurückbehalten? Isaak antwortete und sprach zu Esau: Siehe, ich habe ihn zum Herrn über dich gesetzt und alle seine Brüder habe ich ihm zu Knechten gegeben. Mit Korn und Most habe ich ihn versorgt. Was könnte ich für dich noch tun, mein Sohn? Da erwiderte Esau seinem Vater: Hast du nur einen Segen, mein Vater? Segne doch auch mich, mein Vater! Und Esau begann laut zu weinen. Da hob sein Vater Isaak an und sprach zu ihm:

Siehe, fern vom fruchtbaren Land wird dein Wohnsitz sein / und fern vom Tau des Himmels oben.
Von deinem Schwert musst du leben / und deinem Bruder musst du dienen.
Doch wenn du rüttelst, / wirst du sein Joch von deinem Nacken schütteln.

Genesis 27,1–40

Jakobs Flucht nach Haran

Esau hasste fortan Jakob wegen des Segens, mit dem sein Vater ihn gesegnet hatte, und sprach bei sich: Bald nahen die Tage der Trauer um meinen Vater; dann werde ich meinen Bruder Jakob erschlagen. Rebekka wurden diese Worte ihres älteren Sohnes hinterbracht. Sie sandte deshalb hin und ließ ihren jüngeren Sohn Jakob rufen und sagte zu ihm: Dein Bruder Esau sinnt auf Rache gegen dich und will dich töten. Höre nun, mein Sohn, auf meinen Rat! Mach dich auf und flieh zu meinem Bruder Laban nach Haran. Bleib einige Zeit bei ihm, bis sich der Zorn deines Bruders gelegt hat. Sobald der Zorn deines Bruders von dir ablässt und er vergisst, was du ihm angetan hast, schick ich hin und lass dich von da holen. Warum soll ich euch beide an einem Tag verlieren?

Jakob verließ Beerscheba und zog nach Haran. Er gelangte zu einer Stätte und blieb dort über Nacht, weil die Sonne schon untergegangen war. Er nahm einen von den Steinen der Stätte, legte ihn unter seinen Kopf und schlief an jener Stätte ein. Da träumte ihm: Er sah eine Leiter auf die Erde gestellt, deren Spitze den Himmel berührte. Engel Gottes stiegen an ihr auf und nieder. Der Herr aber stand über ihr und sprach: Ich bin der Herr, der Gott deines Vaters Abraham und der Gott Isaaks. Das Land, auf dem du ruhst, will ich dir und deinen Nachkommen geben. Deine Nachkommenschaft soll wie der Staub der Erde werden und du sollst dich nach West und Ost, nach Nord und Süd ausbreiten und durch dich und deine Nachkommen sollen alle Stämme der Erde gesegnet werden. Siehe, ich bin mit dir. Ich will dich überall behüten, wohin du gehst, und dich in dieses Land zurückführen. Denn ich werde dich nicht verlassen, bis ich vollbracht, was ich dir verheißen habe. Jakob erwachte aus seinem Schlaf und sprach: Wahrlich, der Herr ist an dieser Stätte, und ich wusste es nicht! Er fürchtete sich und sprach: Wie furchtbar ist diese Stätte! Hier ist nichts anderes als das Haus Gottes und die Pforte des Himmels! Als Jakob früh am anderen Morgen aufgestanden war, nahm er den Stein, den er zum Lager für seinen Kopf gemacht hatte, richtete ihn als Denkstein auf und goss Öl darüber.

Er gab jener Stätte den Namen Bet-El (Haus Gottes); früher hieß die Stadt Lus.

Jakob machte dieses Gelübde: Wenn Gott mit mir ist und mich auf diesem Weg, den ich nun gehe, behütet und mir Brot zum Essen und Kleider zum Anziehen gibt, und wenn ich wohlbehalten in das Haus meines Vaters zurückkehre, dann soll der Herr mein Gott sein. Dieser Stein, den ich als Denkstein aufgerichtet habe, soll ein Gotteshaus werden, und alles, was du mir gibst, will ich dir treu verzehnten.

aus Genesis 27,41–28,22

Jakobs Frauen

Nun ging Jakob leichten Schrittes weiter und zog in das Land der Söhne des Ostens. Als er Ausschau hielt, erblickte er in der Steppe einen Brunnen, an dem gerade drei Schafherden lagerten. Denn aus diesem Brunnen pflegte man die Herden zu tränken. Der Stein auf der Öffnung des Brunnens aber war sehr groß. Erst wenn alle Herden beisammen waren, wälzten sie den Stein von der Brunnenöffnung weg, tränkten die Schafe und schoben den Stein wieder an seinen Platz über der Öffnung des Brunnens. Jakob sprach zu ihnen: Meine Brüder, wo seid ihr her? Sie antworteten: Wir sind aus Haran. Da sagte er zu ihnen: Kennt ihr Laban, den Sohn Nahors? Sie erwiderten: Wir kennen ihn. Darauf fragte er sie: Geht es ihm gut? Sie antworteten: Es geht ihm gut.

Da kommt gerade seine Tochter Rahel mit den Schafen. Darauf sagte er: Seht, der Tag ist noch lange; es ist noch nicht Zeit, das Vieh zusammenzutreiben. Tränkt die Schafe und lasst sie dann wieder weiden. Sie antworteten: Wir können das nicht, bis alle Herden beisammen sind. Erst dann wälzt man den Stein von der Brunnenöffnung weg und tränkt die Schafe.

Während er noch mit ihnen redete, war Rahel mit den Schafen ihres Vaters angekommen; sie war nämlich Hirtin. Als nun Jakob Rahel, die Tochter Labans, des Bruders seiner Mutter, und die Schafe Labans, des Bruders seiner Mutter, sah, trat Jakob hinzu, wälzte den Stein von der Brunnenöffnung und tränkte die Schafe Labans, des Bruders seiner Mutter. Darauf küsste Jakob Rahel und begann laut zu weinen. Und nun erzählte Jakob Rahel, dass er ein Verwandter ihres Vaters, und zwar der Sohn Rebekkas sei. Sie eilte davon und berichtete es ihrem Vater. Als Laban die Kunde von Jakob, dem Sohn seiner Schwester, vernahm, eilte er ihm entgegen, umarmte und küsste ihn und führte ihn in sein Haus. Er erzählte Laban alles, was sich zugetragen hatte. Da sagte Laban zu Jakob: Ja, du bist mein Bein und mein Fleisch. Und Jakob blieb einen Monat lang bei ihm.

Dann sprach Laban zu Jakob: Solltest du mir umsonst dienen, weil du mein Verwandter bist? Sag mir, was soll dein Lohn sein? Laban hatte zwei Töchter; die ältere hieß Lea, die jüngere Rahel. Die Augen Leas waren ohne Glanz; Rahel aber war schön und von anmutiger Erscheinung. Jakob liebte Rahel. Darum sagte er: Ich will dir sieben Jahre um deine jüngere Tochter Rahel dienen. Laban erwiderte: Es ist besser, ich gebe sie dir als einem fremden Mann. Bleib also bei mir!

So diente Jakob um Rahel sieben Jahre. Sie kamen ihm vor wie ein Tag, so lieb hatte er sie. Danach sprach Jakob zu Laban: Gib mir meine Frau, meine Zeit ist erfüllt, damit ich sie heirate! Nun lud Laban alle Leute des Ortes ein und veranstaltete ein Festmahl. Am Abend aber nahm er seine Tochter Lea und brachte sie ihm und er schlief mit ihr. Am Morgen zeigte es sich, dass es Lea war. Da sprach Jakob zu Laban: Warum hast du mir das angetan? Habe ich nicht um Rahel bei dir gedient? Warum hast du mich betrogen? Laban sagte: Es ist hierzulande nicht Sitte, die Jüngere vor der Älteren zu geben. Führe mit dieser die Brautwoche zu Ende, dann werde ich dir auch jene geben für den Dienst, den du mir noch weitere sieben Jahre leistest. Jakob tat so. Er führte mit dieser die Woche zu Ende. Dann gab er ihm seine Tochter Rahel zur Frau. So diente er bei ihm noch weitere sieben Jahre.

aus Genesis 29,1–30

Jakobs Trennung von Laban

Darum sprach der Herr zu Jakob: Kehr in das Land deiner Väter und zu deiner Verwandtschaft zurück! Ich werde mit dir sein. Da sandte Jakob hin und ließ Rahel und Lea auf das Feld zu seiner Herde rufen. Er sprach zu ihnen: Ihr wisst selbst, dass ich euerem Vater mit meiner ganzen Kraft gedient habe. Da antworteten Rahel und Lea und sagten zu ihm: Nun tu alles, was Gott zu dir gesagt hat! So machte sich Jakob auf und setzte seine Kinder und seine Frauen auf die Kamele. Er führte all sein Vieh mit sich fort und seine ganze Habe, die er sich erworben hatte, seinen eigenen Viehbesitz, den er sich zugelegt hatte, um zu seinem Vater Isaak in das Land Kanaan zurückzukehren. *aus Genesis 31,3–18*

Die Boten und Geschenke für Esau

Darauf sandte Jakob Boten zu seinem Bruder Esau in das Land Seïr, das Gebiet von Edom, voraus. Er trug ihnen auf: So sprecht zu meinem Bruder Esau: Dein Knecht Jakob lässt dir sagen: Ich habe mich als Gast bei Laban aufgehalten und bin bis jetzt (dort) gewesen. Ich habe mir Rinder, Esel und Vieh, Knechte und Mägde erworben. Nun sende ich meinem Herrn Nachricht, damit ich Gnade in deinen Augen finde.

Die Boten aber kehrten mit der Meldung zu Jakob zurück: Wir kamen zu deinem Bruder Esau. Schon eilt er dir entgegen, vierhundert Mann sind bei ihm. Da fürchtete sich Jakob sehr und es wurde ihm bange. Er verteilte die Leute, die bei ihm waren, ebenso das Kleinvieh und die Rinder auf zwei Lager. Er dachte: Wenn Esau zu dem einen Lager kommt und es überwältigt, wird das andere Lager entrinnen. Dann betete Jakob: Gott meines Vaters Abraham und Gott meines Vaters Isaak, Herr, der du zu mir gesagt hast: Kehr zurück in dein

Land, zu deiner Verwandtschaft! Ich will es dir wohlergehen lassen. Ich bin nicht wert aller Gnaden und aller Treue, die du deinem Knecht erwiesen hast. Denn nur mit meinem Stab hatte ich den Jordan überschritten und nun besitze ich zwei Lager. Rette mich doch aus der Hand meines Bruders, aus der Hand Esaus. Denn ich fürchte mich vor ihm, dass er kommt und mich, Mutter und Kinder überwältigt. Du hast gesagt: Ich werde es dir gewiss wohlergehen lassen und deine Nachkommen zahlreich machen wie den Sand am Meer, der seiner Menge wegen nicht gezählt werden kann. *Genesis 32,4–13*

Jakobs Kampf mit Gott

Doch noch in der gleichen Nacht stand er auf, nahm seine beiden Frauen, seine beiden Mägde und seine elf Söhne und durchschritt die Furt des Jabbok. Er nahm sie, führte sie über den Fluss und brachte auch alle seine Habe hinüber. Jakob blieb allein zurück.

Da rang ein Mann mit ihm bis zum Anbruch der Morgenröte. Als dieser sah, dass er ihn nicht überwinden konnte, schlug er ihn auf die Hüfte, sodass das Hüftgelenk Jakobs ausgerenkt wurde, während er mit ihm rang. Darauf sprach der Mann: Lass mich los, denn die Morgenröte bricht an! Jakob aber sagte: Ich lasse dich nicht, bis du mich gesegnet hast. Der Mann sprach zu ihm: Wie heißt du? Er antwortete: Jakob. Da sagte jener: Du sollst nicht mehr Jakob heißen, sondern Israel (Gottesstreiter); denn du hast mit Gott gestritten und über Menschen wirst du siegen. Da fragte Jakob und sprach: Nenne mir doch deinen Namen! Er aber antwortete: Warum fragst du mich nach meinem Namen? Darauf segnete er ihn dort.

Jakob nannte den Ort Penuël (Gottesgesicht) und sagte: Ich habe Gott von Angesicht zu Angesicht geschaut und habe mein Leben gerettet. Die Sonne ging vor ihm auf, als er an Penuël vorüber war. Er hinkte aber wegen seiner Hüfte. Deshalb essen die Israeliten bis auf den heutigen Tag nicht die Sehne des Hüftmuskels, die über dem Hüftgelenk liegt, weil er Jakob auf das Hüftgelenk, auf die Sehne des Hüftmuskels geschlagen hatte. *Genesis 32,23–33*

Die Begegnung mit Esau

Jakob blickt auf und hielt Ausschau. Da kam Esau mit den vierhundert Mann. Nun verteilte er die Kinder auf Lea, auf Rahel und auf die beiden Mägde. Die Mägde mit ihren Kindern stellte er an die Spitze, dahinter Lea mit ihren Kindern und zuletzt Rahel mit Josef. Er selbst ging ihnen voran und verneigte sich siebenmal zur Erde, bis er nahe an seinen Bruder herangekommen war. Esau aber eilte ihm entgegen, umarmte ihn, fiel ihm um den Hals und weinte. Dann erhob er seine Augen und sah die Frauen und die Kinder und sprach: Wer sind die dort bei dir? Er antwortete: Das sind die Kinder, die Gott deinem Knecht geschenkt hat. Nun traten die Mägde mit ihren Kindern heran und verneigten sich. Dann trat Lea mit ihren Kindern dazu und sie verneigten sich und darauf traten Rahel und Josef dazu und verneigten sich. Esau aber fragte: Was wolltest du denn mit dem ganzen Zug, auf den ich gestoßen bin? Er antwortete: Ich wollte Gnade finden in den Augen meines Herrn. Esau aber sprach: Ich habe übergenug, mein Bruder; es bleibe dein, was dir gehört. Jakob aber erwiderte: Nicht doch! Wenn ich Gnade in deinen Augen gefunden habe, wirst du mein Geschenk aus meiner Hand annehmen. Denn ich habe dein Angesicht gesehen, wie man das Angesicht Gottes sieht. Hast du mich doch gut aufgenommen. Nimm also mein Begrüßungsgeschenk an, das dir überbracht wurde. Denn Gott hat mich reich gemacht und ich habe vollauf genug. So drängte er ihn und er nahm es an. *Genesis 33,1–11*

Die zwölf Söhne Jakobs und der Tod Isaaks

Die Söhne Jakobs waren nun zwölf: Ruben, der Erstgeborene, Simeon, Levi, Juda, Issachar und Sebulon; Josef und Benjamin; Dan und Naftali; Gad und Ascher.

Jakob kam zu seinem Vater Isaak nach Mamre, das ist Hebron, wo sich Abraham und Isaak als Fremde aufgehalten hatten. Die Lebensjahre Isaaks betrugen einhundertachtzig Jahre. Isaak verschied und wurde, alt und lebenssatt, zu seinen Vätern versammelt. Seine Söhne Esau und Jakob begruben ihn. *aus Genesis 35,22–18*

Josef und seine Brüder

37 Jakob wohnte in dem Land, in dem sich sein Vater als Fremder aufgehalten hatte, im Land Kanaan. Israel aber liebte Josef mehr als alle seine Söhne, weil er ihm im hohen Alter geboren worden war. Darum ließ er ihm ein langes Gewand mit Ärmeln machen. Als seine Brüder sahen, dass ihn der Vater mehr als alle seine anderen Söhne liebte, hassten sie ihn und konnten kein freundliches Wort mit ihm reden.

Einmal hatte Josef einen Traum und er erzählte ihn seinen Brüdern. Er sprach zu ihnen: Hört doch, was für einen Traum ich gehabt habe! Seht, wir waren beim Garbenbinden auf dem Feld; und siehe da, meine Garbe richtete sich auf und blieb stehen; euere Garben aber stellten sich ringsum und verneigten sich vor meiner Garbe. Da sprachen seine Brüder zu ihm: Willst du gar noch König sein über uns und über uns herrschen? Und sie hassten ihn noch mehr wegen seines Traumes und seiner Reden.

Als seine Brüder einmal weggegangen waren, um die Schafe ihres Vaters in Sichem zu weiden, sprach Israel zu Josef: Deine Brüder hüten bei Sichem. Komm, ich will dich zu ihnen schicken. Er antwortete: Ich bin bereit! Nun sagte er zu ihm: Geh und sieh nach, ob es deinen Brüdern und den Herden noch gut geht, und bring mir Bescheid! So sandte er ihn aus dem Tal Hebron weg und er kam nach Sichem.

Als sie ihn von weitem sahen, und bevor er noch in ihre Nähe gekommen war, schmiedeten sie einen Plan gegen ihn, um ihn zu töten. Sie sprachen zueinander: Seht, da kommt der Träumer! Nun aber auf, wir wollen ihn töten und in eine der Zisternen werfen und sagen: Ein wildes Tier hat ihn gefressen. Dann werden wir ja sehen, was aus seinen Träumen wird.

Ruben hörte dies und suchte ihn aus ihrer Hand zu retten und sagte: Wir wollen ihn nicht ums Leben bringen! Und weiter sprach Ruben zu ihnen: Vergießt kein Blut! Werft ihn in die Zisterne dort in der Steppe; aber legt nicht Hand an ihn! Dies sagte er, weil er ihn aus ihrer Hand retten und zu seinem Vater zurückschicken wollte. Sobald Josef bei seinen Brüdern angekommen war, zogen sie ihm den Rock aus, das Ärmelkleid, das er anhatte, packten ihn und warfen ihn in die Zisterne. Die Zisterne war leer, es war kein Wasser darin. Dann setzten sie sich nieder, um zu essen. Als sie ihre Augen erhoben und ausschauten, sahen sie eine Karawane von Ismaelitern aus Gilead daherkommen. Da sprach Juda zu seinen Brüdern: Welchen Vorteil haben wir davon, wenn wir unseren Bruder töten und sein Blut zudecken? Kommt, wir wollen ihn verkaufen. Die midianitischen Kaufleute kamen vorbei; da zogen sie Josef aus der Zisterne und verkauften ihn für zwanzig Silberstücke.

Sie nahmen den Rock Josefs, schlachteten einen Ziegenbock und tauchten den Rock in das Blut. Dann schickten sie den Rock zu ihrem Vater und ließen ihm ausrichten: Das haben wir gefunden. Siehe nach, ob es der Rock deines Sohnes ist oder nicht. Als er ihn sah, rief er aus: Das ist der Rock meines Sohnes! Ein wildes Tier hat ihn gefressen! Und er zerriss seine Kleider, legte Trauerkleider an und trauerte lange Zeit um seinen Sohn. Zwar bemühten sich alle seine Söhne und alle seine Töchter, ihn zu trösten. Doch er wollte sich nicht trösten lassen, sondern sprach: Ich will zu meinem Sohn trauernd in die Unterwelt hinabsteigen.

Die Midianiter aber verkauften Josef nach Ägypten an Potifar, einen Kämmerer des Pharao, den Obersten der Leibwache. *aus Genesis 37,1–36*

Die Anfänge Josefs in Ägypten

Als Josef nach Ägypten gebracht worden war, kaufte ihn Potifar, ein Kämmerer des Pharao, der Oberste der Leibwache, ein Ägypter. Der Herr aber war mit Josef, sodass ihm alles gelang. So blieb er im Haus seines Herrn, des Ägypters. Da dieser sah, dass der Herr mit ihm war und der Herr alles, was er unternahm, durch seine Hand gelingen ließ, fand Josef seine Gunst; er durfte ihn bedienen. Dann bestellte er ihn zum Verwalter über sein Haus und vertraute ihm seinen ganzen Besitz an. Von der Zeit an, da er ihn zum Verwalter seines ganzen Besitzes bestellt hatte, segnete der Herr das Haus des Ägypters wegen Josef und der Segen des Herrn ruhte auf allem, was ihm gehörte, im Haus und auf dem Feld. Josef aber war schön von Gestalt und Aussehen.

Nach diesen Ereignissen warf die Frau seines Herrn ihr Auge auf Josef und sprach: Schlaf mit mir! Er aber weigerte sich und sagte zur Frau seines Herrn: Siehe, mein Herr kümmert sich neben mir um nichts im Haus und seinen ganzen Besitz hat er mir anvertraut. Er hat in diesem Haus keine größere Macht als ich; er hat mir nichts vorenthalten als dich allein, weil du seine Frau bist. Wie sollte ich nun ein so schweres Unrecht begehen und mich gegen Gott versündigen? Obwohl sie Josef jeden Tag zuredete, mit ihr zu schlafen und sich mit ihr abzugeben, hörte er nicht auf sie. Als er eines Tages ins Haus kam, um seine Geschäfte zu besorgen, und niemand vom Hausgesinde anwesend war, ergriff sie sein Gewand und sagte: Schlaf mit mir! Er aber ließ sein Gewand in ihrer Hand und lief davon. Als sie sah, dass er sein Gewand in ihrer Hand zurückgelassen hatte und geflohen war, rief sie die Leute ihres Hauses herbei und sprach zu ihnen: Da seht! Er hat uns einen Hebräer gebracht, damit der mit uns seinen Mutwillen treibe. Er kam zu mir, um mit mir zu schlafen; ich aber schrie laut. Als er nun hörte, dass ich laut schrie, ließ er sein Gewand neben mir liegen, ergriff die Flucht und lief hinaus. Und sie legte sein Gewand neben sich, bis sein Herr nach Hause kam, dann erzählte sie ihm den Vorgang. Sein Herr hörte die Worte seiner Frau und es entbrannte sein Zorn. Er ließ Josef ergreifen und in das Gefängnis werfen, wo die Gefangenen des Königs in Gewahrsam gehalten wurden. Und er blieb dort im Gefängnis. Doch der Herr war mit Josef und ließ ihn Gnade finden. Er wandte ihm die Gunst des Gefängnisaufsehers zu. *aus Genesis 39,2–21*

Josef im Gefängnis

So vertraute der Gefängnisaufseher Josef alle Gefangenen an, die sich im Gefängnis befanden. Alles, was dort geschah, musste nach seiner Anordnung geschehen. Der Gefängnisaufseher kümmerte sich um nichts mehr, was Josef anvertraut war, weil der Herr mit ihm war und der Herr ihm alles gelingen ließ, was er unternahm. *Genesis 39,22–23*

Die Träume des Pharao

Zwei Jahre darauf hatte der Pharao einen Traum. Es war ihm, als stünde er am Nil. Da stiegen aus dem Nil sieben schöne, fette Kühe herauf und weideten im Riedgras. Nach ihnen aber stiegen sieben andere Kühe aus dem Nil herauf, hässlich und mager, und traten neben die anderen Kühe am Ufer des Nils. Dann fraßen die hässlichen und mageren Kühe die sieben schönen und fetten Kühe auf. Da erwachte der Pharao. Als er wieder eingeschlafen war, hatte er einen zweiten Traum. Es wuchsen sieben Ähren auf einem Halm, voll und schön. Nach ihnen aber schossen Ähren auf, dürr und vom

Ostwind versengt. Die dürren Ähren verschlangen die sieben fetten und vollen Ähren. Da erwachte der Pharao und merkte, dass er geträumt hatte.

Am anderen Morgen fühlte er sich beunruhigt. Er sandte hin und ließ alle Schriftkundigen und Weisen Ägyptens rufen und der Pharao erzählte ihnen seinen Traum. Aber es fand sich keiner, der dem Pharao den Traum deuten konnte. Da sprach der Obermundschenk zum Pharao: Ich muss heute meine Verfehlung in Erinnerung bringen. Der Pharao zürnte seinen Dienern und ließ sie im Haus des Obersten der Leibwache in Haft halten, mich und den Oberbäcker. Wir hatten in der gleichen Nacht einen Traum, ich und er, und zwar hatte jeder einen Traum, der für ihn von Bedeutung war. Nun war dort bei uns ein junger hebräischer Mann, ein Sklave des Obersten der Leibwache. Diesem erzählten wir unsere Träume und er deutete sie uns. Er gab dem Traum eines jeden die entsprechende Deutung. Und so wie er uns die Deutung gegeben hat, ist es eingetroffen. Mich hat man wieder in mein Amt eingesetzt, ihn aber hängen lassen.

Da sandte der Pharao hin und ließ Josef rufen. Schnell holte man ihn aus dem Gefängnis. Nachdem man ihm die Haare geschoren und er seine Kleider gewechselt hatte, begab er sich zu dem Pharao. Der Pharao sagte zu Josef: Ich hatte einen Traum und niemand vermag ihn zu deuten. Nun habe ich von dir gehört, du brauchtest einen Traum nur zu hören, um ihn sofort deuten zu können. Josef erwiderte dem Pharao: Ich vermag nichts. Aber Gott wird dem Pharao kundtun, was ihm zum Heil ist.

Darauf sprach der Pharao zu Josef: In meinem Traum stand ich am Ufer des Nils. Da stiegen aus dem Nil sieben schöne, fette Kühe herauf und weideten im Riedgras. Dann sah ich nach ihnen sieben andere Kühe heraufsteigen, elend, ganz hässlich und mager. Ich habe in ganz Ägypten keine gesehen, die so hässlich waren wie diese. Die mageren und hässlichen Kühe fraßen die sieben ersten, die fetten Kühe auf. Aber als sie die fetten Kühe gefressen hatten, sah man ihnen nicht an, dass sie in den Magen gekommen waren; sie sahen genau so hässlich aus wie zuvor. Da erwachte ich. Dann sah ich in meinem Traum: Da wuchsen sieben Ähren an einem Halm empor, voll und schön. Doch nach ihnen schossen sieben Ähren auf, taub, dürr und vom Ostwind versengt. Die dürren Ähren verschlangen die sieben guten Ähren. Ich habe es den Schriftkundigen erzählt; aber sie konnten mir keinen Bescheid geben.

Da sprach Josef zum Pharao: Die Träume des Pharao sind nur einer. Gott hat dem Pharao kundgetan, was er zu tun gedenkt. Die sieben schönen Kühe bedeuten sieben Jahre, ebenso bedeuten die sieben guten Ähren sieben Jahre. Der Traum ist nur einer. Auch die sieben mageren und hässlichen Kühe, die nach ihnen heraufstiegen, bedeuten sieben Jahre und die sieben dürren und vom Ostwind versengten Ähren bedeuten sieben Hungerjahre. Dies meinte ich, als ich zu dem Pharao sprach: Gott hat den Pharao schauen lassen, was er zu tun gedenkt. Siehe, es kommen sieben Jahre, da wird großer Überfluss im ganzen Land Ägypten herrschen. Nach ihnen aber kommen sieben Hungerjahre. Da wird der ganze

Überfluss im Land Ägypten verschwunden sein und die Hungersnot wird das ganze Land Ägypten verzehren. Man wird infolge der Hungersnot, die nachher kommt, vom Überfluss im Land nichts mehr merken. Denn sie wird sehr drückend sein. Dass sich aber der Traum des Pharao zweimal wiederholt hat, bedeutet, dass die Sache von Gott fest beschlossen ist und Gott sie ohne Verzug ausführen wird. Nun aber sehe sich der Pharao nach einem klugen und weisen Mann um und setze ihn über das Land Ägypten. Der Pharao wolle sofort Aufseher über das Land bestellen und durch sie in den sieben Jahren des Überflusses vom Land Ägypten den Fünften erheben lassen. Sie sollen den ganzen Ernteertrag der jetzt kommenden sieben guten Jahre einsammeln und das Getreide zur Verfügung des Pharao aufspeichern, in die Städte bringen und verwahren. Das Getreide soll als Rücklage für das Land dienen in den sieben Hungerjahren, die über das Land Ägypten kommen werden. So wird das Land nicht durch die Hungersnot zugrunde gehen. *Genesis 41,1–36*

Josefs Erhöhung und die Hungersnot

Diese Rede fand den Beifall des Pharao und aller seiner Diener. Der Pharao sagte zu seinen Dienern: Könnten wir wohl einen Mann finden wie diesen, in dem der Geist Gottes wohnt? Dann sprach der Pharao zu Josef: Da Gott dich alles dies hat erkennen lassen, gibt es keinen, der so klug und weise wäre wie du. Du sollst meinem Haus vorstehen. Mein ganzes Volk soll deinen Weisungen gehorchen und ich will nur um den Thron höher sein als du. Dann sagte der Pharao zu Josef: Hiermit setze ich dich über das ganze Land Ägypten. Darauf zog der Pharao den Siegelring von seiner Hand und steckte ihn an die Hand Josefs.

Das Land brachte in den sieben Jahren reichlichen Überfluss. Er ließ alle Vorräte, die es in den sieben Jahren im Land Ägypten in Überfluss gab, sammeln und das Getreide in die Städte bringen. In jede Stadt ließ er den Ertrag der ringsum liegenden Felder bringen. So häufte Josef Getreide auf gleich dem Sand am Meer in solchen Mengen, dass er davon Abstand nahm, es zu messen. Denn es war nicht zu messen.

Als die sieben Jahre des Überflusses, der in Ägypten herrschte, vorüber waren, brachen die sieben Hungerjahre an, wie Josef verkündet hatte. Es entstand eine Hungersnot in allen Ländern. Nur im ganzen Land Ägypten gab es Brot. Als aber auch das ganze Land Ägypten zu hungern begann, schrie das Volk zum Pharao um Brot. Da sprach der Pharao zu allen Ägyptern: Geht zu Josef! Was er euch sagen wird, das tut! Als nun die Hungersnot im ganzen Land herrschte, ließ Josef alle Getreidespeicher öffnen und den Ägyptern Getreide verkaufen. Dennoch wurde die Hungersnot im Land Ägypten immer drückender. Alle Welt kam nach Ägypten, um Getreide bei Josef zu kaufen. Denn auf der ganzen Welt herrschte drückende Hungersnot. *aus Genesis 41,37–57*

Die erste Begegnung zwischen Josef und seinen Brüdern

Als Jakob vernahm, dass es in Ägypten Getreide gab, sagte Jakob zu seinen Söhnen: Warum zögert ihr noch? Seht, ich habe gehört, dass es in Ägypten Getreide gibt. Zieht dorthin und kauft für uns von dort Getreide, damit wir am Leben bleiben und nicht sterben. Da zogen zehn von den Brüdern Josefs hinab nach Ägypten, um Getreide zu kaufen. Benjamin aber, den Bruder Josefs, schickte Jakob nicht mit seinen Brüdern. Denn er sagte: Es könnte ihm ein Unglück zustoßen. So kamen unter denen, die nach Ägypten zogen, auch die Söhne Israels, um Getreide zu kaufen; denn auch in Kanaan herrschte Hungersnot. Josef aber war der Gebieter über das Land; er war es, der allem Volk im Land Getreide verkaufte.

Als die Brüder Josefs kamen, verneigten sie sich vor ihm bis zur Erde. Als Josef seine Brüder sah, erkannte er sie, doch stellte er sich fremd gegen sie, fuhr sie hart an und sprach zu ihnen: Woher kommt ihr? Sie antworteten: Aus dem Land Kanaan, um Getreide zu kaufen.

Während Josef seine Brüder erkannt hatte, erkannten sie ihn nicht. Da musste Josef an die Träume denken, die er von ihnen geträumt hatte. Er sprach weiter zu ihnen: Ihr seid Spione! Ihr seid nur gekommen, um die schwachen Stellen des Landes auszuforschen! Sie antworteten ihm: Nein, Herr, sondern deine Knechte sind gekommen, Getreide zu kaufen. Wir alle sind Söhne desselben Mannes, ehrliche Leute sind wir; deine Knechte sind keine Spione. Er entgegnete ihnen: Nichts da! Ihr seid nur gekommen, die schwachen Stellen des Landes auszuforschen. Sie erwiderten: Deine Knechte sind zwölf an der Zahl, Brüder desselben Mannes im Land Kanaan. Doch der Jüngste ist jetzt bei seinem Vater und einer lebt nicht mehr. Josef entgegnete ihnen: Es ist doch so, wie ich euch gesagt habe: Spione seid ihr! Deshalb sollt ihr auf die Probe gestellt werden, beim Leben des Pharao! Ihr dürft von hier nicht fortgehen, bis euer jüngster Bruder hierher gekommen ist. Schickt einen von euch, damit er eueren Bruder hole. Ihr anderen bleibt gefangen. So sollen euere Aussagen geprüft werden, ob ihr es mit der Wahrheit ernst nehmt. Wenn nicht – beim Leben des Pharao! – dann seid ihr Spione. Hierauf ließ er sie zusammen drei Tage in Gewahrsam halten.

Am dritten Tag sprach Josef zu ihnen: Wenn ihr am Leben bleiben wollt, müsst ihr Folgendes tun – ich bin ein gottesfürchtiger Mann. Seid ihr wirklich ehrliche Leute, dann mag einer von euch Brüdern im Gefängnis bleiben. Ihr aber könnt gehen und Getreide für euere hungernden Familien mitnehmen. Aber ihr müsst mir eueren jüngsten Bruder bringen. So werden euere Aussagen für wahr befunden und ihr braucht nicht zu sterben. Sie taten so. Dann sagten sie zueinander: Wahrlich, wir sind an unserem Bruder schuldig geworden. Wir haben seine Seelenangst gesehen, als er uns anflehte, und nicht auf ihn gehört. Darum kommt dieses Unglück über uns. Ruben sagte darauf zu ihnen: Hatte ich euch nicht gesagt: Versündigt euch nicht an dem Jungen! Aber ihr habt nicht hören wollen. So wird nun Rechenschaft für sein Blut gefordert. Sie wussten nicht, dass Josef sie verstand, weil ein Dolmetscher zwischen ihnen vermittelte. Er wandte sich von ihnen ab und weinte. Dann kehrte er sich ihnen wieder zu und redete mit ihnen. Darauf ließ er aus ihrer Mitte Simeon ergreifen und ihn vor ihren Augen fesseln.

Danach gab Josef den Befehl, ihre Säcke mit Getreide zu. Als sie zu ihrem Vater Jakob in das Land Kanaan gekommen waren, erzählten sie ihm alles, was ihnen begegnet war: Der Mann, der im Land gebietet, sagte uns: Daran will ich erkennen, dass ihr ehrliche Leute seid: Einer von euch Brüdern soll bei mir zurückbleiben; ihr aber nehmt das Getreide, das ihr für euere hungrigen Familien nötig habt, und zieht fort! Doch müsst ihr eueren jüngsten Bruder zu mir herbringen. Daran will ich erkennen, dass ihr keine Spione, sondern ehrliche Leute seid. Dann will ich eueren Bruder freilassen und ihr dürft im Land umherziehen. Ihr Vater Jakob sprach zu ihnen: Ihr macht mich kinderlos. Josef ist nicht mehr, Simeon ist nicht mehr; und nun wollt ihr auch Benjamin nehmen. Dies alles bricht über mich herein. *aus Genesis 52,1–36*

Die zweite Reise der Söhne Jakobs mit Benjamin

Als das Getreide, das sie aus Ägypten mitbrachten, ganz aufgezehrt war, sprach der Vater zu ihnen: Zieht noch einmal hin und kauft für uns wieder etwas Getreide! Da entgegnete ihm Juda: Der Mann hat uns nachdrücklich eingeschärft: Ihr dürft mir nicht mehr unter die Augen kommen, wenn euer

Bruder nicht bei euch ist. Willst du uns also unseren Bruder mitgeben, dann wollen wir hinabziehen und für dich Getreide kaufen. Wenn du ihn aber nicht mitgeben willst, dann ziehen wir nicht hinab. Dann sprach Juda zu Israel, seinem Vater: Gib mir den Jungen mit! Dann wollen wir uns auf den Weg machen und hinziehen, damit wir am Leben bleiben und nicht sterben. Ich selbst will mich für ihn verbürgen. Von meiner Hand sollst du ihn fordern.

Da sprach ihr Vater Israel zu ihnen: Wenn es nun so sein muss, so tut Folgendes: Nehmt von den besten Erzeugnissen des Landes etwas in eueren Säcken mit und bringt es dem Mann als Geschenk. Nehmt auch eueren Bruder mit; macht euch auf und kehrt zu dem Mann zurück. Gott, der Allmächtige, gewähre, dass ihr vor dem Mann Erbarmen findet und er euch und eueren Bruder wieder mit euch ziehen lässt, ebenso Benjamin. Ich aber bin wieder kinderlos, wie ich einst ohne Kinder war.

Hierauf nahmen die Männer das Geschenk, zogen nach Ägypten hinab und traten vor Josef. Als nun Josef den Benjamin bei ihnen sah, befahl er seinem Hausverwalter: Führe die Männer in mein Haus, lass ein Stück Vieh schlachten und zubereiten; denn die Männer sollen am Mittag bei mir speisen. Da fürchteten sich die Männer, weil sie in das Haus Josefs geführt wurden, und dachten: Man wird sich auf uns stürzen, über uns herfallen und uns als Sklaven zurückhalten samt unseren Eseln.

Als Josef in das Haus kam, überreichten sie ihm das Geschenk, das sie mitgebracht hatten, und verneigten sich vor ihm bis zur Erde. Er erkundigte sich nach ihrem Befinden und sagte: Geht es euerem greisen Vater gut, von dem ihr mir erzählt habt? Ist er noch am Leben? Sie antworteten: Es geht deinem Knecht, unserem Vater, noch gut; er ist noch am Leben. Als er aufschaute und seinen Bruder Benjamin, den Sohn seiner Mutter, erblickte, sagte er: Das ist wohl euer jüngster Bruder, von dem ihr mir erzählt habt? Und er sprach: Gott schenke dir seine Huld, mein Sohn! Dann brach Josef das Gespräch rasch ab, denn tiefe Rührung hatte ihn beim Anblick seines Bruders ergriffen und er war dem Weinen nahe. Darum ging er in das innere Gemach und weinte sich dort aus. Nachdem er sich das Gesicht gewaschen hatte, ging er wieder hinaus, nahm sich zusammen und befahl: Tragt die Speisen auf! Da trug man auf, ihm und ihnen gesondert, ebenso den Ägyptern, die mit ihm speisten, gesondert. Denn die Ägypter dürfen nicht mit den Hebräern zusammen speisen, weil dies den Ägyptern als unschicklich gilt. Sie saßen vor ihm vom Ältesten bis zum Jüngsten, nach ihrem Alter. Da sahen sich die Männer erstaunt an. Er ließ ihnen von den Gerichten, die vor ihm standen, vorsetzen. Der Teil, den man Benjamin vorsetzte, war fünfmal so groß wie der aller anderen. Sie tranken mit ihm und waren fröhlich.

Hierauf befahl Josef seinem Hausverwalter: Fülle die Säcke der Männer mit so viel Getreide wie sie fassen können und lege jedem sein Geld oben in den Sack. Meinen silbernen Becher aber lege oben in den Sack des Jüngsten samt dem Geld für sein Getreide. Er tat so, wie Josef befohlen hatte.

Sobald der Morgen anbrach, ließ man die Männer mit ihren Eseln ziehen. Sie hatten kaum die Stadt verlassen und waren noch nicht weit gekommen, da sagte Josef zu seinem Hausverwalter: Auf! Jage den Männern nach! Wenn du sie eingeholt hast, sprich zu ihnen: Warum habt ihr Gutes mit Bösem vergolten? Warum habt ihr mir den silbernen Becher gestohlen?

Als er sie eingeholt hatte, sagte er dies zu ihnen. Sie antworteten ihm: Wie kann mein Herr solches sagen? Deinen Knechten liegt es fern, so etwas zu tun! Dein Knecht, bei dem er sich findet, soll sterben! Wir anderen wollen dem Herrn leibeigen sein. Er erwiderte: Wenn es auch so sein müsste, wie ihr sagt, so soll doch nur der Sklave sein, bei dem er gefunden wird. Ihr anderen aber sollt frei ausgehen. Sofort setzte jeder seinen Sack auf den Boden nieder und es öffnete jeder seinen Sack. Er begann zu durchsuchen. Bei dem Ältesten fing er an und hörte bei dem Jüngsten auf. Der Becher wurde im Sack Benjamins gefunden. Da zerrissen sie ihre Kleider. Nachdem jeder seinen Esel wieder beladen hatte, kehrten sie in die Stadt zurück.

Als nun Juda und seine Brüder in das Haus Josefs gekommen waren – dieser war noch dort anwesend –, warfen sie sich vor ihm auf die Erde nieder. Josef sprach zu ihnen: Was habt ihr da angestellt? Habt ihr denn nicht gemerkt, dass ein Mann wie ich auch wahrsagen kann? Juda entgegnete: Was sollen wir meinem Herrn sagen? Was sollen wir reden und zu unserer Rechtfertigung vorbringen? Gott bringt die Sünde deiner Knechte ans Licht. Siehe, wir gehören nun meinem

Herrn als Sklaven an, wir und der, bei dem der Becher gefunden wurde. Er erwiderte: So werde ich keinesfalls handeln! Nur der Mann, bei dem der Becher gefunden wurde, der soll mein Sklave sein. Ihr aber mögt in Frieden zu euerem Vater zurückkehren.

Da trat Juda zu ihm heran um sagte: Bitte, mein Herr, dein Knecht möchte ein Wort an meinen Herrn richten dürfen. Zürne deinem Knecht nicht! Du bist ja dem Pharao gleich! Weil nun dein Knecht sich dem Vater gegenüber für den Jungen verbürgt hat mit den Worten: Bringe ich ihn dir nicht wieder, dann will ich mein ganzes Leben lang vor meinem Vater die Schuld tragen, so möchte nun dein Knecht anstelle des Jungen als Leibeigener meines Herrn zurückbleiben, der Junge aber soll mit seinen Brüdern heimziehen dürfen. Denn wie könnte ich zu meinem Vater heimkehren, ohne dass der Junge bei mir wäre! Ich könnte den Jammer, der über meinen Vater käme, nicht mit ansehen.

Nun konnte sich Josef nicht länger mehr vor allen Umstehenden zurückhalten. Er rief: Geht alle hinaus! So war niemand bei ihm, als Josef sich seinen Brüdern zu erkennen gab. Er weinte so laut, dass alle Ägypter es hörten und die Kunde davon in das Haus des Pharao drang. Josef sagte zu seinen Brüdern: Ich bin Josef! So lebt also mein Vater noch! Seine Brüder aber waren nicht imstande, ihm zu antworten, so bestürzt waren sie vor ihm. Da sprach Josef zu seinen Brüdern: Kommt doch herbei! Als sie näher gekommen waren, sagte er: Ich bin Josef, euer Bruder, den ihr nach Ägypten verkauft habt. Beunruhigt euch jetzt aber nicht und macht euch keine Vorwürfe darüber, dass ihr mich hierher verkauft habt. Denn um euch das Leben zu erhalten, hat Gott mich vorausgesandt. Schon zwei Jahre herrscht die Hungersnot im Land und es werden noch fünf Jahre sein, in denen es kein Pflügen und kein Ernten gibt. Doch Gott hat mich euch vorausgesandt, um euer Geschlecht auf der Erde zu erhalten und euch das Leben durch ein großes Wunder zu bewahren. Somit habt nicht ihr mich hierher gebracht, sondern Gott. Er hat mich zum Vater für den Pharao gemacht und zum Herrn über sein ganzes Haus und zum Gebieter über das ganze Land Ägypten. Zieht nun rasch zu meinem Vater und sagt ihm: So spricht dein Sohn Josef: Gott hat mich zum Gebieter über das ganze Land Ägypten gemacht. Komm zu mir und warte nicht!

Sie zogen von Ägypten fort und kamen in das Land Kanaan zu ihrem Vater Jakob. Sie berichteten ihm: Josef lebt noch; er ist Gebieter über das ganze Land Ägypten! Sein Herz aber blieb teilnahmslos; denn er glaubte ihnen nicht. Als sie aber alles erzählten, was Josef gesagt hatte, und er die Wagen sah, die Josef gesandt hatte, um ihn abzuholen, da kam wieder Leben in ihren Vater. Und Israel rief aus: Genug! Mein Sohn lebt noch! Ich will hingehen und ihn sehen, ehe ich sterbe.

So brach Israel mit seiner ganzen Habe auf.

Josef ließ seinen Wagen anspannen und fuhr seinem Vater Israel nach Goschen entgegen. Als er ihn sah, fiel er ihm um den Hals und weinte lange.

Josef siedelte seinen Vater und seine Brüder an und gab

ihnen Grundbesitz im Land Ägypten, und zwar im besten Teil des Landes.

Jakob lebte im Land Ägypten noch siebzehn Jahre. Als Israel sterben sollte, rief er seine Söhne.

Sie alle sind die zwölf Stämme Israels; jedem von ihnen gab er seinen entsprechenden Segen.

Dann starb er und wurde zu den Seinen versammelt.

Die Brüder Josefs aber fürchteten sich, als ihr Vater gestorben war, und sagten: Wie nun, wenn Josef sich gegen uns feindselig verhält und alles Böse, das wir ihm angetan haben, vergelten will? Darum sandten sie zu Josef und ließen ihm sagen: Dein Vater hat vor seinem Tod angeordnet: So sollt ihr zu Josef reden: Ach, verzeih doch deinen Brüdern ihr Versagen und ihre Sünde, weil sie dir Böses angetan haben! Verzeih uns doch das Vergehen! Wir verehren ja den Gott deines Vaters! Als sie ihm dies sagen ließen, weinte Josef. Dann gingen seine Brüder selbst zu ihm, fielen vor ihm nieder und sagten: Siehe, wir sind deine Sklaven! Doch Josef sprach zu ihnen: Seid ohne Furcht! Stehe ich nicht an Gottes Stelle? Ihr hattet zwar Böses gegen mich im Sinn, Gott aber wandte es zum Guten, um das zu vollenden, was heute offenbar ist: ein großes Volk am Leben zu erhalten. Seid nun ohne Furcht! Ich werde für euch und euere Kinder sorgen! So tröstete er sie und redete ihnen freundlich zu.

Josef blieb in Ägypten, er und seines Vaters Haus. Josef wurde einhundertzehn Jahre alt. Ersprach zu seinen Brüdern: Ich muss sterben. Aber Gott wird für euch sorgen und ihr werdet aus diesem Land hinaufziehen nach dem Land, das er Abraham, Isaak und Jakob verheißen hat.

aus Genesis 43,2–34; 44,1–34; 45,1–28; 46,1–29; 47,11–29; 49,1–33; 50,12–24

Jakobs Nachkommen in Ägypten

Nach dem Tod Josefs, seiner Brüder und jener ganzen Generation waren die Israeliten fruchtbar und vermehrten sich; sie wurden überaus zahlreich und stark, sodass das ganze Land von ihnen voll war.

Da kam ein neuer König in Ägypten zur Herrschaft, der von Josef nichts wusste. Dieser sprach zu seinem Volk: Seht, das Volk der Israeliten wird für uns zu zahlreich und zu stark. Wir wollen klug gegen es vorgehen, damit es nicht noch zahlreicher wird und im Fall eines Krieges zu unseren Feinden übergeht, gegen uns kämpft und aus dem Land wegzieht. Sie setzten darum über das Volk Fronvögte, die es mit schwerer Fronarbeit unterdrückten. Es musste Vorratsstädte für den Pharao bauen, nämlich Pitom und Ramses. Aber je mehr sie das Volk unterdrückten, desto zahlreicher wurde es und desto mehr breitete es sich aus, sodass sie vor den Israeliten ein Grauen erfasste. Deshalb zwangen die Ägypter die Israeliten zur Arbeit und machten ihnen das Leben schwer durch harte Fronarbeit in Lehmgruben und Ziegeleien und durch Feldarbeit, zu denen man sie mit Gewalt heranholte.

Exodus 1,6–14

Die Berufung des Mose

Gott hörte ihre Klage und Gott gedachte seines Bundes mit Abraham, Isaak und Jakob. Gott sah auf die Israeliten und gab sich ihnen zu erkennen.

Mose hütete die Schafe seines Schwiegervaters. Einmal trieb er die Schafe über die Steppe hinaus und kam zum Berg Gottes, zum Horeb. Da erschien ihm der Engel des Herrn in einer Feuerflamme, mitten aus einem Dornbusch heraus. Als er hinsah, nahm er wahr, dass der Dornbusch wohl brannte, aber vom Feuer nicht verzehrt wurde. Da dachte Mose: Ich will doch hingehen und dieses seltsame Schauspiel betrachten, warum der Dornbusch nicht verbrennt. Als der Herr sah, dass er herantrat, um nachzusehen, rief Gott ihm aus dem Dornbusch zu: Mose, Mose! Dieser antwortete: Hier bin ich! Da sprach er: Tritt nicht näher heran! Zieh deine Schuhe von deinen Füßen, denn der Ort, auf dem du stehst, ist heiliger Boden! Und er fuhr fort: Ich bin der Gott deines Vaters, der Gott Abrahams, der Gott Isaaks und der Gott Jakobs. Da verhüllte Mose sein Angesicht; denn er fürchtete sich, Gott anzuschauen.

Der Herr sprach: Ich habe das Elend meines Volkes, das in Ägypten ist, wohl gesehen und sein Schreien über ihre Peiniger gehört. Ja, ich kenne seine Leiden. Darum bin ich herabgestiegen, um es aus der Gewalt der Ägypter zu befreien und aus diesem Land herauszuführen in ein schönes und weites Land, in ein Land, das von Milch und Honig fließt. Jetzt aber ist das Schreien der Israeliten zu mir gedrungen und ich habe auch gesehen, wie die Ägypter sie quälen. So geh nun! Ich will dich zum Pharao senden. Führe mein Volk, die Israeliten, aus Ägypten heraus! Mose aber sprach zu Gott: Wer bin ich, dass ich zum Pharao gehe und die Israeliten aus Ägypten herausführe? Gott erwiderte: Ich werde mit dir sein. Und dies soll dir als Zeichen dienen, dass ich es bin, der dich sendet: Wenn du das Volk aus Ägypten herausgeführt hast, werdet ihr Gott auf diesem Berg verehren.

Da sprach Mose zu Gott: Wenn ich zu den Israeliten komme und ihnen sage: Der Gott euerer Väter hat mich zu euch gesandt, und sie mich dann fragen: Wie lautet sein Name?, was soll ich ihnen antworten? Da sprach Gott zu Mose: Ich bin der Ich-bin! Und er fuhr fort: So sollst du zu den Israeliten sprechen: Der Ich-bin hat mich zu euch gesandt. Und weiter sagte Gott zu Mose: So sollst du zu den Israeliten sprechen: Der Herr, der Gott euerer Väter, der Gott Abrahams, der Gott Isaaks und der Gott Jakobs, hat mich zu euch gesandt. Dies ist mein Name für alle künftigen Zeiten und dies mein Gedächtnis für alle Generationen.

Geh, ruf die Ältesten Israels zusammen und sprich zu ihnen: Der Herr, der Gott euerer Väter, der Gott Abrahams, der Gott Isaaks und der Gott Jakobs, ist mir erschienen und hat gesagt: Ich habe auf euch geachtet und auf alles, was euch in Ägypten angetan worden ist. Darum habe ich beschlossen: Ich will euch aus dem Elend in Ägypten herausführen in ein Land, das von Milch und Honig fließt.

Mose aber sprach zum Herrn: Ach, Herr, ich bin kein Mann des Wortes. Ich war es früher nicht und bin es auch jetzt nicht, seitdem du mit deinem Knecht redest. Denn unbeholfen sind mein Mund und meine Zunge. Da erwiderte ihm der Herr: Wer hat dem Menschen einen Mund gegeben? Wer macht stumm oder taub, wer sehend oder blind? Bin nicht ich es, der Herr? Geh nun, ich werde mit deinem Mund sein und dich lehren, was du reden sollst. Mose aber entgegnete: Ach, Herr, sende, wen du willst! Da wurde der Herr zornig über Mose und sprach: Hast du nicht deinen Bruder Aaron, den Leviten? Ich weiß, dass dieser sehr gut reden kann. Siehe, er ist schon auf dem Weg, um mit dir zusammenzutreffen. Wenn er dich sieht, wird er sich herzlich freuen. Rede mit ihm und leg ihm die Worte in seinen Mund. Ich aber will mit deinem und mit seinem Mund sein und will euch anweisen, was ihr tun sollt. Er soll für dich zum Volk reden; er soll Sprecher für dich sein und du wirst für ihn Gott sein. Nimm diesen Stab in deine Hand und tu mit ihm die Wunderzeichen.

Und der Herr sprach zu Aaron: Geh Mose in die Wüste entgegen! Da machte er sich auf und traf ihn am Berg Gottes und küsste ihn. Mose teilte Aaron alle Worte des Herrn mit, mit denen er ihn gesandt und alle Wunderzeichen, die er ihm befohlen hatte. *aus Exodus 2,24–25; 3,1–17; 4,10–28*

Unterredung mit dem Pharao

Darauf gingen Mose und Aaron zum Pharao und sagten: So spricht der Herr, der Gott Israels: Gib mein Volk frei, dass es mir in der Wüste ein Fest feiert! Der Pharao erwiderte: Wer ist der Herr, dessen Befehl, Israel freizugeben, ich gehorchen soll? Ich kenne den Herrn nicht und werde Israel nicht freigeben. Der Herr erwiderte Mose: Nun, du sollst sehen, was ich dem Pharao antun werde. *aus Exodus 5,1–2; 6,1*

Die ägyptischen Plagen

Alle Ägypter, so viele sie auch seien, sollen erfahren, dass ich der Herr bin, wenn ich meine Hand gegen die Ägypter ausstrecke und die Israeliten aus ihrer Mitte herausführe.

Die Fische im Nil werden sterben, der Nil wird stinken, sodass die Ägypter sich ekeln, Wasser aus dem Nil zu trinken.

Der Nil soll von Fröschen wimmeln. Sie sollen herauskommen und in dein Haus eindringen, in dein Schlafgemach und auf dein Bett, in die Häuser deiner Diener und deiner Untertanen, in deine Backöfen und Teigmulden.

Als der Pharao sah, dass die Not wieder vorbei war, verhärtete er sein Herz und hörte nicht auf sie, wie der Herr vorausgesagt hatte.

Nun sagte der Herr zu Mose: Sprich zu Aaron: Streck deinen Stab aus und schlag damit in den Staub der Erde; aus ihm werden in ganz Ägypten Stechmücken ausschlüpfen. Aaron streckte seine Hand mit dem Stab aus und schlug damit in den Staub der Erde. Da kamen Stechmücken über Menschen und Vieh. Aus dem Staub der Erde schlüpften in ganz Ägypten Stechmücken.

Das Herz des Pharao aber blieb hart und er hörte nicht auf sie, wie es der Herr vorausgesagt hatte.

Darauf sprach der Herr zu Mose: Tritt morgen in der Frühe vor den Pharao, wenn er zum Nil hinabgeht, und sag zu ihm: So spricht der Herr: Gib mein Volk frei, damit es mir diene! Wenn du dich weigerst, mein Volk zu entlassen, dann lasse ich über dich und deine Diener, über dein Volk und deine Häuser Bremsen kommen, dass die Häuser Ägyptens, selbst der Boden, auf dem sie stehen, voll von Bremsen sein werden.

Wenn du dich weigerst, es zu entlassen, und es noch weiter festhältst, dann bringt die Hand des Herrn über dein Vieh, das auf dem Feld ist, über die Pferde, die Esel, die Kamele, die Rinder und die Schafe, eine schlimme Seuche.

Dennoch blieb das Herz des Pharao verstockt und er entließ das Volk nicht.

Da entstanden Beulen, die an Mensch und Vieh als Geschwüre aufbrachen.

Nun sprach der Herr zu Mose: Tritt morgen früh vor den Pharao hin und sag ihm: So spricht der Herr, der Gott der Hebräer: Gib mein Volk frei, damit es mir diene! Wenn du mein Volk noch weiter zurückhältst und es nicht freigibst, dann lasse ich morgen um diese Zeit einen sehr schweren

Hagel niedergehen, wie es in Ägypten noch keinen von den Tagen seiner Gründung an bis jetzt gegeben hat.

Der Hagel erschlug in ganz Ägypten alles, was auf dem Feld war, Menschen und Tiere, auch alle Pflanzen des Feldes vernichtete der Hagel und zerschmetterte alle Bäume auf dem Feld.

Das Herz des Pharao blieb verstockt und er entließ die Israeliten nicht.

Wenn du dich weigerst, mein Volk zu entlassen, dann schick ich morgen Heuschrecken über dein Gebiet.

Die Heuschrecken fielen über ganz Ägypten her und ließen sich in Schwärmen im ganzen Gebiet Ägyptens nieder. Nie zuvor gab es so viele Heuschrecken, noch wird es künftig so viele geben. Sie bedeckten die Oberfläche des ganzen Landes, das davon verdunkelt wurde, und fraßen alle Gewächse des Feldes und alle Früchte der Bäume, die der Hagel übrig gelassen hatte, sodass in ganz Ägypten nichts Grünes an den Bäumen und keine Pflanze auf dem Feld übrig blieb.

Der Herr aber verhärtete das Herz des Pharao, sodass er die Israeliten nicht entließ.

Mose sagte: So spricht der Herr: Um Mitternacht gehe ich durch Ägypten. Dann wird jede Erstgeburt im Land Ägypten sterben, vom Erstgeborenen des Pharao, der auf dem Thron sitzt, bis zum Erstgeborenen der Magd an der Handmühle und jede Erstgeburt des Viehs. Dann wird sich ein großes Wehklagen in ganz Ägypten erheben, wie es noch nie war und nie mehr sein wird.

aus Exodus 7,5–28; 8,11–17; 9,2–35; 10,4–20; 11,4–6

Das Pesach

Darauf sprach der Herr zu Mose und Aaron in Ägypten: Dieser Monat soll für euch der Anfangsmonat sein; der erste Monat des Jahres. Verkündet der ganzen Gemeinde Israels: Am Zehnten dieses Monats besorge sich jeder ein Lamm für seine Familie. Dann soll es die ganze Gemeinde Israels gegen Abend schlachten. Das Fleisch sollen sie in der gleichen Nacht verzehren, am Feuer gebraten; mit ungesäuertem Brot und bitteren Kräutern sollen sie es essen. Ihr dürft nichts davon bis zum nächsten Morgen übrig lassen. Was davon bis zum Morgen übrig bleibt, sollt ihr im Feuer verbrennen. So sollt ihr es essen: euere Hüften gegürtet, euere Schuhe an eueren Füßen und eueren Stab in eueren Händen. Ihr sollt es in Eile essen: Ein Pesach ist es für den Herrn. Ich werde in dieser Nacht durch Ägypten ziehen und alle Erstgeburt in Ägypten töten, Menschen und Tiere, und über alle Götter Ägyptens will ich Gericht halten, ich, der Herr. Das Blut an den Häusern, in denen ihr weilt, soll ein Schutzzeichen für euch sein. Wenn ich das Blut sehe, dann gehe ich an euch vorüber und schone euch. Dieser Tag soll euch ein Gedenktag sein und ihr sollt ihn zu Ehren des Herrn festlich begehen. Von Generation zu Generation sollt ihr ihn als eine immer währende Einrichtung feiern.

Sieben Tage sollt ihr ungesäuertes Brot essen. Gleich am ersten Tag sollt ihr den Sauerteig aus eueren Häusern entfernen; denn jeder, der vom ersten bis zum siebten Tag Gesäuertes isst, soll aus Israel ausgerottet werden. Ferner soll bei euch am ersten Tag eine heilige Festversammlung sein; ebenso sollt ihr am siebten Tag eine heilige Festversammlung abhalten. Ihr dürft an beiden Tagen keine Arbeit verrichten. Nur was jeder zur Nahrung braucht, dies allein darf für euch zubereitet werden. Begeht das Fest der Ungesäuerten Brote. Denn an eben diesem Tag habe ich euere Scharen aus Ägypten hinausgeführt. Begeht also diesen Tag von Generation zu Generation als immer währende Einrichtung. Am vierzehnten Tag des ersten Monats gegen Abend sollt ihr ungesäuertes Brot essen bis zum Abend des einundzwanzigsten Tages des Monats. Sieben Tage darf kein Sauerteig in eueren Häusern sein, denn jeder, der Gesäuertes isst, soll aus der Gemeinde Israels ausgerottet werden, sei er nun ein Fremder oder ein im Land Geborener. Nichts Gesäuertes dürft ihr essen. Überall, wo ihr wohnt, sollt ihr ungesäuertes Brot essen.

Auch wenn ihr in das Land kommt, das der Herr euch geben wird, wie er verheißen hat, sollt ihr diesen Brauch beobachten. Fragen euch dann euere Kinder: Was habt ihr da für einen Brauch?, dann sollt ihr sagen: Das ist das Pesach-Opfer für den Herrn, der in Ägypten an den Häusern der Israeliten vorüberging, als er die Ägypter schlug, unsere Häuser aber verschonte.

Um Mitternacht aber geschah es, dass der Herr alle Erstgeburt in Ägypten schlug, vom Erstgeborenen des Pharao, der auf dem Thron saß, bis zum Erstgeborenen des Gefangenen, der im Kerker lag, und jede Erstgeburt des Viehs.

Da erhob sich der Pharao noch in der Nacht, er und alle seine Diener und alle Ägypter. Er ließ noch in der Nacht Mose und Aaron rufen und sprach: Macht euch auf! Zieht weg aus meinem Volk, ihr und die Israeliten! Geht und dient dem Herrn nach euerem Verlangen! Auch euere Schafe und euere Rinder nehmt mit, wie ihr gefordert habt, nur geht. Doch bittet auch für mich um Segen! Auch die Ägypter drängten das Volk, dass es unverzüglich aus dem Land wegziehe. Denn sie sagten: Wir sind sonst alle des Todes!

Nach Ablauf der vierhundertdreißig Jahre, an eben diesem Tag zogen alle Scharen des Herrn aus Ägypten fort. Es war eine Nacht der Wache für den Herrn, als er sie aus Ägypten herausführte. Das ist die Nacht, die zu Ehren des Herrn von den Israeliten als Nacht der Wache durch alle Generationen gefeiert werden muss. *aus Exodus 12,1–42*

Durchzug durch das Schilfmeer

Der Herr zog vor ihnen her, bei Tag in einer Wolkensäule, um ihnen den Weg zu zeigen, bei Nacht in einer Feuersäule, um ihnen zu leuchten, damit sie bei Tag und Nacht wandern konnten. Nicht wich die Wolkensäule bei Tag und die Feuersäule bei Nacht von der Spitze des Volkes.

Als dem König von Ägypten gemeldet wurde, dass das Volk entwichen sei, änderte sich die Stimmung des Pharao und seiner Diener gegen das Volk. Sie sagten: Was haben wir da gemacht, dass wir die Israeliten aus unserem Dienst entließen! Er ließ seinen Streitwagen anspannen und nahm sein

Kriegsvolk mit sich. Er nahm sechshundert auserlesene Streitwagen und alle anderen Wagen der Ägypter, besetzt mit seinen Kriegern. Der Herr verhärtete das Herz des Pharao, des Königs von Ägypten, sodass er den Israeliten nachsetzte, während sie mit freudig erhobener Hand auszogen. So setzten die Ägypter ihnen nach und erreichten sie, als sie am Meer bei Pi-Hahirot gegenüber von Baal-Zefon lagerten, alle Pferde des Pharao, alle seine Wagen und Reiter und sein Heer. Als der Pharao herankam, schauten die Israeliten auf und sahen, dass die Ägypter ihnen nachgezogen waren. Da erschraken die Israeliten sehr und schrien laut zum Herrn. Und sie sagten zu Mose: Gab es in Ägypten keine Gräber, dass du uns fortgenommen hast, damit wir in der Wüste sterben? Was hast du uns angetan, dass du uns aus Ägypten herausgeführt hast? Haben wir dir dies nicht schon in Ägypten gesagt: Lass uns in Ruhe! Wir wollen den Ägyptern dienen! Denn es wäre besser für uns, den Ägyptern zu dienen, als in der Wüste zu sterben. Mose aber sprach zum Volk: Fürchtet euch nicht! Geduldet euch, ihr werdet die Hilfe des Herrn erleben, die er euch heute bringen wird. Denn so wie ihr heute die Ägypter seht, sollt ihr sie in Ewigkeit nicht wiedersehen. Der Herr wird für euch streiten, ihr aber werdet euch still verhalten.

Der Herr sprach zu Mose: Warum schreist du zu mir? Befiehl den Israeliten aufzubrechen. Du aber erheb deinen Stab und streck deine Hand über das Meer aus und spalte es! Die Israeliten sollen mitten durch das Meer auf trockenem Boden gehen können. Ich aber werde das Herz des Pharao verhärten, sodass er ihnen nachrücken wird. Ich will dann meine Macht am Pharao und an seinem ganzen Heer, an seinen Wagen und Reitern beweisen. Die Ägypter sollen erfahren, dass ich der Herr bin, wenn ich meine Macht am Pharao, an seinen Wagen und Reitern beweise. Da veränderte der Engel Gottes, der dem Heer der Israeliten vorauszog, seinen Platz und trat hinter sie. Auch die Wolkensäule vor ihnen wechselte ihren Platz und trat hinter sie, sodass sie zwischen dem Heer der Ägypter und dem Lager der Israeliten zu stehen kam. Die Wolke blieb dunkel und die Nacht verstrich, ohne dass sich die Heere während der ganzen Nacht einander nähern konnten. Nun streckte Mose seine Hand über das Meer aus. Der Herr ließ die ganze Nacht das Meer vor einem starken Ostwind zurückweichen und legte das Meer trocken. Die Wasser spalteten sich und die Israeliten zogen auf trockenem Boden mitten durch das Meer, während die Wasser rechts und links wie eine Mauer standen. Die Ägypter aber setzten ihnen nach und alle Pferde des Pharao, seine Wagen und Reiter zogen hinter ihnen her mitten in das Meer hinein. Zur Zeit der Morgenwache schaute der Herr in der Feuer- und Wolkensäule auf das Heer der Ägypter und brachte das Heer der Ägypter in Verwirrung. Er hemmte die Räder ihrer Wagen, sodass sie nur mühsam vorwärts kamen. Da riefen die Ägypter: Lasst uns vor den Israeliten fliehen, denn der Herr kämpft für sie gegen die Ägypter! Nun sprach der Herr zu Mose Streck deine Hand über das Meer aus, damit die Wasser auf die Ägypter, auf ihre Wagen und Reiter zurückfluten! Mose streckte seine Hand über das Meer aus. Da fluteten die

Wasser bei Tagesanbruch an ihren alten Ort zurück, während die Ägypter ihnen entgegenflohen. So schüttelte der Herr die Ägypter mitten in das Meer hinein. Die Wasser fluteten zurück und bedeckten die Wagen und Reiter des ganzen Heeres des Pharao, die hinter ihnen in das Meer gezogen waren. Nicht einer von ihnen blieb am Leben. Die Israeliten dagegen waren auf trockenem Boden durch das Meer hindurchgegangen, während die Wasser wie eine Mauer zu ihrer Rechten und Linken standen. So rettete der Herr an jenem Tag die Israeliten aus der Gewalt der Ägypter. Die Israeliten sahen die Ägypter tot am Meeresufer liegen. Als die Israeliten die große Wundertat sahen, die der Herr an den Ägyptern gewirkt hatte, fürchtete das Volk den Herrn und vertraute auf den Herrn und auf Mose, seinen Diener.

Exodus 13,21–22; 14,5–31

Siegeslied des Mose und der Mirjam

Damals sang Mose mit den Israeliten zu Ehren des Herrn dieses Lied. Sie sangen:

Meine Stärke ist der Herr und mein Lied, / er ward mir zum Retter. / Er ist mein Gott, ihn will ich preisen, / der Gott meines Vaters, ihn will ich rühmen.
Der Herr ist ein Kriegsheld, / Herr ist sein Name!
Die Wagen des Pharao und seine Streitmacht warf er ins Meer, / seine besten Streiter versanken im Schilfmeer.

Die Wogen bedeckten sie; / sie fuhren zur Tiefe wie ein Stein.
Wer ist wie du unter den Göttern, Herr? / Wer ist wie du, in Heiligkeit strahlend, / furchtbar an Ruhmestaten, Wunder vollbringend!
Der Herr ist König auf immer und ewig!

Da nahm die Prophetin Mirjam, die Schwester Aarons, die Pauke zur Hand und alle Frauen zogen mit Pauken und im Reigen hinter ihr her. Mirjam sang ihnen vor: Singt dem Herrn, denn er ist hocherhaben, Ross und Reiter warf er ins Meer! *aus Exodus 15,1–21*

Die Wüstenwanderung zum Sinai

Hierauf ließ Mose die Israeliten vom Schilfmeer aufbrechen. Sie zogen weiter in die Wüste Schur. Drei Tage wanderten sie in der Wüste, ohne Wasser zu finden. Als sie nach Mara kamen, konnten sie das Wasser nicht trinken, weil es bitter war. Darum hieß der Ort Mara (Bitterer Brunnen). Das Volk murrte gegen Mose und sagte: Was sollen wir trinken? Er aber rief zum Herrn und der Herr zeigte ihm ein Holz. Als er es in das Wasser warf, wurde das Wasser süß. Dort gab er ihm Gesetz und Recht und dort stellte er es auf die Probe.

Er sprach: Wenn du auf die Stimme des Herrn, deines Gottes, hörst und tust, was recht ist in seinen Augen, wenn du seinen Geboten gehorchst und alle seine Satzungen beachtest, dann will ich keine der Krankheiten, die ich über Ägypten kommen ließ, über dich verhängen. Vielmehr will ich, der Herr, dein Arzt sein.

Sodann brach die ganze Gemeinde der Israeliten von Elim auf und kam am fünfzehnten Tag des zweiten Monats nach dem Auszug aus Ägypten in die Wüste Sin, die zwischen Elim und dem Sinai liegt. Da murrte die ganze Gemeinde der Israeliten gegen Mose und Aaron in der Wüste. Die Israeliten sagten zu ihnen: Wären wir doch durch die Hand des Herrn in Ägypten gestorben, als wir bei unseren Fleischtöpfen saßen und satt zu essen hatten! Doch ihr habt uns in diese Wüste geführt, um diese ganze Gemeinde an Hunger sterben zu lassen. Da sprach der Herr zu Mose: Seht, ich will euch Brot vom Himmel regnen lassen.

Der Herr sprach zu Mose: Ich habe das Murren der Israeliten gehört. Sag ihnen: Heute Abend sollt ihr Fleisch essen und morgen früh euch mit Brot sättigen. So sollt ihr erkennen, dass ich, der Herr, euer Gott bin. Und wirklich: am Abend kam ein Wachtelschwarm heran und bedeckte das Lager. Am Morgen aber war tauender Nebel rings um das Lager. Als der tauende Nebel aufstieg, da lag auf dem Boden der Wüste etwas Feines, Körnerartiges, fein wie Reif auf der Erde. Da die Israeliten dies sahen, fragten sie: Was ist das? Denn sie wussten nicht, was es war. Da sprach Mose zu ihnen: Das ist das Brot, das der Herr euch zu essen gibt. Folgendes gebietet euch der Herr: Jeder von euch lese davon nach seinem Bedarf auf, ein Gomer je Kopf, nach der Zahl euerer Personen! Jeder hole davon nur für seine Zeltgenossen. Die Israeliten machten es so und lasen auf, der eine viel, der andere wenig. Als sie aber maßen, hatte der eine, der viel gesammelt hatte, keinen Überfluss, und der wenig gesammelt hatte, keinen Mangel. Jeder hatte nach seinem Bedarf aufgelesen.

Mose sagte zu Ihnen: Sechs Tage sollt ihr auflesen, am siebten Tag ist Sabbat; an ihm gibt es nichts. Also enthielt sich das Volk am siebten Tag jeder Arbeit. Das Haus Israel aber nannte es Manna. Es war weiß wie Koriandersamen und schmeckte wie Honigkuchen.

Hierauf zog die ganze Gemeinde der Israeliten von der Wüste Sin gemäß der Weisung des Herrn von Lagerplatz zu Lagerplatz weiter und lagerte schließlich in Refidim. Hier gab es kein Trinkwasser für das Volk. Da haderte das Volk mit Mose und sie sprachen: Gib uns Wasser zum Trinken! Mose entgegnete ihnen: Was hadert ihr mit mir? Was versucht ihr den Herrn? Aber das Volk dürstete nach Wasser. Darum murrte es weiter gegen Mose und sprach: Wozu hast du uns aus Ägypten herausgeführt? Etwa, um uns und unsere Kinder und unser Vieh vor Durst umkommen zu lassen? Da schrie Mose zum Herrn: Was soll ich mit diesem Volk machen? Es fehlt nur wenig und es steinigt mich. Der Herr antwortete Mose: Geh dem Volk voraus! Nimm einige von den Ältesten Israels mit dir; nimm deinen Stab, mit dem du den Nil geschlagen hast, in deine Hand und geh! Ich werde mich dort vor dir auf den Felsen am Horeb stellen. Schlage dann auf den Felsen, es wird Wasser aus ihm fließen und das Volk kann trinken. Das tat Mose in Gegenwart der Ältesten Israels. Er nannte den Ort Massa und Meriba (Probe und Streit), weil die Israeliten dort gehadert und den Herrn versucht hatten, indem sie sagten: Ist der Herr unter uns oder nicht?

aus Exodus 15,22–26; 16,1–31; 17,1–7

Der Bund am Sinai

Am dritten Neumondstag nach dem Auszug der Israeliten aus Ägypten, genau am heutigen Tag, gelangten sie in die Wüste Sinai. Sie waren nach ihrem Aufbruch von Refidim in die Wüste Sinai gekommen und lagerten in der Wüste. Die Israeliten lagerten dort dem Berg gegenüber.

Als Mose zu Gott hinaufstieg, rief ihm der Herr vom Berg herab zu: So rede zum Haus Jakob und verkünde den Söhnen Israels: Ihr habt gesehen, was ich den Ägyptern angetan, wie ich euch auf Adlerflügeln getragen und euch zu mir hierhergebracht habe. Wenn ihr nun auf mein Wort hört und meinen Bund haltet, dann werdet ihr unter allen Völkern mein besonderes Eigentum sein, denn mir gehört die ganze Erde. Ihr sollt mir ein Königreich von Priestern und ein heiliges Volk sein. Das sind die Worte, die du den Israeliten verkünden sollst. Mose ging hin, rief die Ältesten des Volkes zusammen und trug ihnen alle diese Worte vor, die ihm der Herr aufgetragen hatte.

Mose ging vom Berg zum Volk herab, ließ das Volk sich zurüsten und seine Kleider waschen.

Am dritten Tag, als es Morgen wurde, brachen Donner

und Blitze los, eine schwere Wolke lagerte sich über dem Berg und es ertönte mächtiger Posaunenschall. Das ganze Volk, das im Lager war, erbebte vor Furcht. Mose führte das Volk aus dem Lager heraus Gott entgegen und es stellte sich am Fuß des Berges auf. Der Berg Sinai war ganz in Rauch gehüllt, weil der Herr im Feuer auf ihn herabgekommen war. Der Rauch stieg auf wie der Rauch eines Schmelzofens. Der ganze Berg erbebte heftig. Der Posaunenschall wurde immer stärker. Mose redete und Gott antwortete ihm im Donner. Der Herr stieg herab auf den Berg Sinai, auf den Gipfel des Berges und rief Mose auf den Gipfel des Berges und Mose stieg hinauf. *aus Exodus 19,1–20*

Die Zehn Gebote

Da sprach Gott alle diese Worte: Ich bin der Herr, dein Gott, der dich aus Ägypten, dem Sklavenhaus, herausgeführt hat.

Du sollst keine anderen Götter haben als mich.

Du sollst dir kein geschnitztes Bild machen, kein Abbild von dem, was im Himmel oben oder unten auf der Erde oder im Wasser unter der Erde ist.

Du sollst dich nicht vor diesen Bildern niederwerfen und sie nicht verehren. Denn ich, der Herr, dein Gott, bin ein eifersüchtiger Gott, der die Schuld der Väter verfolgt an den Kindern, Enkeln und Urenkeln derer, die mich hassen, der aber Huld erweist bis ins tausendste Glied denen, die mich lieben und meine Gebote halten.

Du sollst den Namen des Herrn, deines Gottes, nicht missbrauchen; denn der Herr lässt den nicht ungestraft, der seinen Namen missbraucht.

Gedenke des Sabbattags, dass du ihn heiligst. Sechs Tage sollst du arbeiten und all dein Werk tun. Der siebte Tag aber ist Sabbat für den Herrn, deinen Gott. Da darfst du kein Werk tun, weder du selbst noch dein Sohn, noch deine Tochter, noch dein Knecht, noch deine Magd, noch dein Vieh, noch der Fremde, der sich in deinen Toren aufhält. Denn in sechs Tagen hat der Herr den Himmel, die Erde und das Meer und alles, was in ihnen ist, erschaffen; aber am siebten Tag ruhte er. Deshalb hat der Herr den Sabbattag gesegnet und ihn geheiligt.

Ehre deinen Vater und deine Mutter, damit du lange lebst in dem Land, das der Herr, dein Gott, dir geben will.

Du sollst nicht morden.

Du sollst nicht ehebrechen.

Du sollst nicht stehlen.

Du sollst nicht als falscher Zeuge gegen deinen Nächsten auftreten.

Du sollst nicht das Haus deines Nächsten begehren. Du sollst nicht die Frau deines Nächsten begehren, noch seinen Knecht, noch seine Magd, noch sein Rind, noch seinen Esel, noch irgendetwas, was deinem Nächsten gehört.

Als das Volk den Donner und die Blitze, den Posaunenschall und den rauchenden Berg wahrnahm, fürchtete sich das Volk und zitterte und blieb in der Ferne stehen. Sie sprachen zu Mose: Rede du mit uns, so wollen wir hören! Gott aber soll nicht mit uns reden, sonst müssen wir sterben. Mose antwortete dem Volk: Fürchtet euch nicht! Denn Gott ist gekommen, um euch auf die Probe zu stellen und die Furcht vor ihm in euch wachzurufen, damit ihr nicht sündigt. So blieb das Volk in der Ferne stehen; Mose aber trat an die dunkle Wolke heran, in der Gott war.

Nun sprach der Herr zu Mose: Steig zu mir herauf auf den Berg und bleib dort! Ich will dir die Steintafeln mit dem Gesetz und den Geboten geben, die ich zu ihrer Unterweisung aufgeschrieben habe. Dann stieg Mose auf den Berg hinauf. Die Wolke verhüllte den Berg und die Herrlichkeit des Herrn ließ sich auf dem Berg Sinai nieder; die Wolke hüllte ihn sechs Tage lang ein. Am siebten Tag rief er Mose mitten aus der Wolke heraus zu. Den Augen der Israeliten stellte sich die Herrlichkeit des Herrn dar wie ein verzehrendes Feuer auf dem Gipfel des Berges. Da ging Mose in die Wolke hinein und stieg auf den Berg. Mose blieb vierzig Tage und vierzig Nächte auf dem Berg. *aus Exodus 20,1–21; 24,12–18*

Israels Abfall: das goldene Kalb

Nachdem der Herr zu Mose auf dem Berg Sinai alles gesagt hatte, übergab er ihm die beiden Tafeln der Bundesurkunde, steinerne Tafeln, die von Gottes Finger beschrieben waren.

Als das Volk sah, dass Mose zögerte, vom Berg herabzukommen, rottete es sich um Aaron zusammen und verlangte von ihm: Auf, mache uns einen Gott, der vor uns herzieht! Denn wir wissen nicht, was aus diesem Mose geworden ist, aus dem Mann, der uns aus Ägypten herausgeführt hat. Da sprach Aaron zu ihnen: Nehmt die goldenen Ringe, die euere Frauen, euere Söhne und euere Töchter an den Ohren tragen, und bringt sie zu mir! Das ganze Volk nahm die goldenen Ringe ab, die sie an ihren Ohren trugen, und brachte sie zu Aaron. Er nahm sie aus ihren Händen in Empfang, schmolz sie in einer Form ein und goss daraus ein goldenes Kalb. Da riefen sie: Das ist dein Gott, Israel, der dich aus Ägypten herausgeführt hat! Als Aaron dies sah, baute er vor ihm einen Altar und Aaron ließ ausrufen: Morgen ist ein Fest für den Herrn!

Am anderen Morgen standen sie früh auf, opferten Brandopfer und brachten Gemeinschaftsopfer dar. Und das Volk ließ sich nieder, um zu essen und zu trinken; dann erhoben sie sich, um sich zu vergnügen.

Der Herr aber sprach zu Mose: Auf, geh hinab! denn dein Volk, das du aus Ägypten herausgeführt hast, tut Böses. Schnell sind sie von dem Weg abgewichen, den ich ihnen vorgeschrieben habe. Sie haben sich ein Kalb gegossen, haben es angebetet, ihm Opfer dargebracht und gesagt: Das ist dein Gott, Israel, der dich aus Ägypten herausgeführt hat. Und weiter sagte der Herr zu Mose: Ich habe dieses Volk beobachtet und gesehen, dass es ein halsstarriges Volk ist. Nun lass mich, damit mein Zorn gegen sie entbrennt und ich sie vertilge. Dich aber will ich zu einem großen Volk machen.

Mose suchte den Herrn, seinen Gott, zu besänftigen und sprach: Warum, Herr, soll dein Zorn gegen dein Volk entbrennen, das du mit großer Kraft und mit starkem Arm aus Ägypten herausgeführt hast? Sollen denn die Ägypter sagen dürfen: In böser Absicht hat er sie herausgeführt, um sie im Gebirge umzubringen und sie vom Erdboden zu vertilgen? Lass ab von deinem glühenden Zorn und lass dich das Unheil gereuen, das du über dein Volk verhängen willst.

Da reute den Herrn das Unheil, das er seinem Volk angedroht hatte.

Hierauf machte sich Mose auf den Rückweg und stieg vom Berg herab, die beiden Tafeln der Bundesurkunde in seiner Hand. Die Tafeln waren auf beiden Seiten beschrieben; vorn und hinten waren sie beschrieben.

Als Josua den Lärm des Volkes hörte, sagte er zu Mose: Im Lager ist Kriegslärm.

Der aber erwiderte: Das ist weder Siegesjubel noch das Schreien der Unterlegenen; ich höre lautes Singen. Als Mose nun in die Nähe des Lagers kam und das Kalb und die Reigentänze sah, da entbrannte sein Zorn und er schleuderte die Tafeln weg und zerschmetterte sie am Fuß des Berges. Dann nahm er das Kalb, das sie gemacht hatten, verbrannte es, zerstieß es zu Staub, den er ins Wasser streute, und gab den Israeliten davon zu trinken.

Am anderen Morgen sprach Mose zum Volk: Ihr habt euch schwer versündigt. Nun will ich zum Herrn hinaufsteigen. Vielleicht kann ich Vergebung für euere Sünden erwirken. So ging Mose wieder zum Herrn und sprach: Ach, dieses Volk hat eine große Sünde begangen und sich einen Gott aus Gold gemacht. Doch nun vergib ihm seine Sünde. Wenn nicht, dann lösch mich aus deinem Buch, das du geschrieben hast. Der Herr aber entgegnete Mose: Aber geh nun und führ das Volk dorthin, wohin ich dir geboten habe.

aus Exodus 31,18; 32,1–12.14–34

Die Erneuerung des Bundes

Mose sprach zum Herrn: Siehe, du hast mir befohlen: Führ dieses Volk hinauf! Du hast mir aber nicht kundgetan, wen du mit mir senden willst. Und doch hast du gesagt: Ich kenne dich mit Namen und du hast Gnade in meinen Augen gefunden. Wenn ich nun wirklich Gnade in deinen Augen gefunden habe, so lass mich deine Wege wissen, damit ich an dir erkenne, dass ich in deinen Augen Gnade gefunden habe. Bedenk doch, dass dieses Volk dein Volk ist. Da antwortete er: Ich selbst werde mitgehen und ich werde dir Ruhe geben.

Da bat Mose: Lass mich doch deine Herrlichkeit schauen! Der Herr antwortete: Ich will alle meine Schönheit an dir vorüberziehen lassen und den Namen des Herrn vor dir ausrufen. Ich werde gnädig sein, wem ich gnädig sein will, und werde mich erbarmen, wessen ich mich erbarmen will. Weiter sprach er: Mein Angesicht kannst du nicht schauen, denn kein Mensch sieht mich und bleibt am Leben. Der Herr sprach: Siehe, bei mir ist ein Platz, da magst du dich auf den Felsen stellen. Wenn dann meine Herrlichkeit vorübergeht, will ich dich in die Felsenhöhle stellen und meine Hand über dich decken, bis ich vorübergegangen bin. Wenn ich meine Hand zurückziehe, wirst du mich von hinten sehen. Aber mein Angesicht kann niemand schauen.

Weiter sprach der Herr zu Mose: Hau dir zwei steinerne Tafeln zurecht, wie die Ersten waren. Steig zu mir auf den Berg hinauf und ich will auf die Tafeln die Worte schreiben, die auf den ersten Tafeln standen, die du zerbrochen hast.

Mose hieb zwei steinerne Tafeln zurecht, wie die Ersten waren. Am anderen Morgen in der Frühe machte sich Mose auf und stieg auf den Berg Sinai hinauf, wie ihm der Herr befohlen hatte, und nahm die beiden steinernen Tafeln mit sich. Der Herr kam herab in der Wolke und er stellte sich dort bei ihm auf. Er rief den Namen des Herrn an. Der Herr zog an ihm vorüber und er rief aus: Jahwe ist ein gnädiger und barmherziger Gott, langmütig und reich an Gnade und Treue, der Gnade bewahrt den Tausenden, Schuld, Frevel und Sünde vergibt, aber nicht ganz ungestraft lässt.

Nun sprach der Herr zu Mose: Schreib dir diese Worte auf! Denn aufgrund dieser Worte schließe ich mit dir und mit Israel einen Bund.

Vierzig Tage und vierzig Nächte war er dort beim Herrn. Er aß kein Brot und trank kein Wasser. Und der Herr schrieb auf die Tafeln die Worte des Bundes, die zehn Worte. Als

Mose vom Berg Sinai herabstieg, waren die Tafeln der Bundesurkunde in seiner Hand. *aus Exodus 33,12–23; 34,1–29*

Sozial- und Kultvorschriften

Heiligkeit

Der Herr sprach zu Mose: Rede zur ganzen Gemeinde der Israeliten und sag zu ihnen: Ihr müsst heilig sein, weil ich, der Herr, euer Gott, heilig bin. *Levitikus 19,1–2*

Die Ehrfurcht gegenüber den Eltern

Jeder ehre seine Mutter und seinen Vater und beachte meine Sabbate. Ich bin der Herr, euer Gott. Wendet euch nicht den Götzen zu und macht euch keine Götterbilder aus Metall. Ich bin der Herr, euer Gott. *Levitikus 19,3–4*

Soziales Verhalten und Nächstenliebe

Ihr sollt nicht stehlen, nicht lügen und einander nicht betrügen. Ihr sollt nicht bei meinem Namen falsch schwören, sodass du den Namen deines Gottes entweihst. Ich bin der Herr.

Du sollst deinen Nächsten nicht übervorteilen und berauben. Den Lohn des Arbeiters darfst du nicht bis zum anderen Morgen bei dir behalten. Einen Tauben darfst du nicht schmähen und einem Blinden kein Hindernis in den Weg legen, sondern fürchte dich vor deinem Gott. Ich bin der Herr.

Verüb kein Unrecht vor Gericht. Begünstige nicht den

Armen und ergreif nicht Partei für den Vornehmen. Mit Gerechtigkeit richte deinen Nächsten. Streu keine Verleumdungen unter deinem Volk aus und trachte deinem Nächsten nicht nach dem Leben. Ich bin der Herr.

Trag gegen deinen Bruder nicht Hass in deinem Herzen. Weise deinen Nächsten freimütig zurecht, damit du nicht seinetwegen Schuld auf dich lädst. Sei nicht rachsüchtig noch trag deinem Stammesgenossen etwas nach, sondern liebe deinen Nächsten wie dich selbst. Ich bin der Herr.

Levitikus 19,11–18

Verhalten gegen Fremde

Wenn sich ein Fremder bei euch im Land aufhält, dürft ihr ihn nicht unterdrücken. Wie ein Einheimischer aus euerer Mitte gelte euch der Fremde, der sich bei euch aufhält. Du sollst ihn lieben wie dich selbst. Denn auch ihr wart Fremde im Land Ägypten. Ich bin der Herr, euer Gott.

Levitikus 19,33–34

Die Liebe des Herrn als Wesen des Gesetzes

Höre, Israel! Der Herr ist unser Gott, der Herr ist einzig! Du sollst den Herrn, deinen Gott, lieben aus deinem ganzen Herzen, aus deiner ganzen Seele und mit aller deiner Kraft! Diese Worte, die ich dir heute vorschreibe, sollen in deinem Herzen bleiben! Auch deinen Kindern sollst du sie einschärfen und von ihnen reden, wenn du zu Hause oder auf Reisen bist, wenn du dich hinlegst oder aufstehst. Ja, du sollst sie als Zeichen um deine Hand binden, sie sollen als Marken auf deiner Stirne sein und du sollst sie auf die Türpfosten deines Hauses und an deine Tore schreiben! Wenn dich nun der Herr, dein Gott, in das Land bringt, das er deinen Vätern Abraham, Isaak und Jakob eidlich versprochen hat, in ein Land mit großen und schönen Städten, die du nicht gebaut hast, mit Häusern voll von Gütern, die du nicht erworben, mit ausgehauenen Zisternen, die du nicht ausgehauen, mit Weinbergen und Ölbäumen, die du nicht gepflanzt hast –, wenn du dich dort satt isst, dann nimm dich in Acht, dass du nicht den Herrn vergisst, der dich aus Ägypten, dem Sklavenhaus, herausgeführt hat. Den Herrn, deinen Gott, sollst du fürchten, ihn sollst du verehren und bei seinem Namen schwören.

Wenn dich morgen dein Sohn fragt: Was sollen die Gebote, Gesetze und Rechtssatzungen, die der Herr, unser Gott, euch vorschrieb, dann sollst du ihm sagen: Wir waren Sklaven des Pharao in Ägypten, da führte uns der Herr mit starker Hand aus Ägypten heraus. Der Herr wirkte vor unseren Augen gewaltige und unheilvolle Zeichen und Wunder an Ägypten, am Pharao und an seinem ganzen Haus, uns aber führte er von dort heraus, um uns herzubringen und uns das Land zu geben, das er unseren Vätern eidlich versprochen hatte. Der Herr befahl uns, alle diese Gebote zu befolgen und den Herrn zu fürchten, damit es uns allezeit gut geht und damit er uns am Leben erhält, wie es heute der Fall ist.

Vor dem Herrn, unserem Gott, sind wir erst im Recht, wenn wir dieses ganze Gesetz befolgen, wie er es uns vorschrieb.

aus Deuteronomium 6,4–25

Erscheinung und Anweisungen des Herrn

Darauf sprach der Herr zu Mose: Siehe, deine Zeit ist gekommen, du musst sterben. Ruf Josua und tretet in das Offenbarungszelt, dass ich ihm meine Befehle geben kann! Da gingen Mose und Josua hin und traten in das Offenbarungszelt. Darauf erschien der Herr im Zelt in einer Wolkensäule und die Wolkensäule stand am Eingang des Zeltes.

Der Herr sprach: So schreib dir jetzt dieses Lied auf und lehre es die Israeliten! Leg es ihnen in den Mund, damit mir dieses Lied zum Zeugen gegen die Israeliten dient! Wenn ich es in das Land bringe, das ich seinen Vätern versprochen habe, das Land, das von Milch und Honig fließt, wenn es sich dann satt isst und fett wird und sich anderen Göttern zuwendet, um ihnen zu dienen, mich aber verwirft und meinen Bund bricht, und wenn es viele Übel und Drangsale treffen, dann sollen seine Nachkommen dieses Lied nie vergessen und von ihm Zeugnis ablegen: Ich wusste schon heute, was es nach seiner Neigung tun würde, bevor ich es in das Land brachte, das ich seinen Vätern eidlich versprochen hatte. So schrieb denn Mose damals das nachfolgende Lied nieder und lehrte es die Israeliten.

Und der Herr gebot Josua, dem Sohn Nuns, und sprach: Sei mutig und stark! Denn du sollst die Israeliten in das Land bringen, das ich ihnen eidlich zugesichert habe, und ich werde mit dir sein! *aus Deuteronomium 31,14–23*

Moses Tod

Mose stieg nun aus den Steppen Moabs hinauf auf den Berg Nebo, das gegenüber von Jericho liegt, und der Herr zeigte ihm das ganze Land. Der Herr sprach zu ihm: Das ist das Land, das ich Abraham, Isaak und Jakob mit den Worten versprochen habe: Deinen Nachkommen will ich es geben! Ich habe es dich mit eigenen Augen schauen lassen, aber hinüberkommen wirst du nicht!

Dort im Land Moab starb dann Mose, der Knecht des Herrn, nach dem Wort des Herrn und man begrub ihn im Tal im Land Moab; aber niemand kennt sein Grab bis auf den heutigen Tag. Mose war einhundertzwanzig Jahre alt, als er starb; sein Auge war nicht matt geworden und seine Frische nicht gewichen. Die Israeliten weinten dreißig Tage lang um Mose in den Steppen Moabs, dann war die Zeit der Trauer und Klage um Mose zu Ende. Josua aber war erfüllt vom Geist der Weisheit, da ihm Mose seine Hände aufgelegt hatte, und die Israeliten gehorchten ihm und taten, wie der Herr Mose aufgetragen hatte.

In Israel aber stand künftig kein Prophet mehr auf wie

Mose, der den Herrn von Angesicht zu Angesicht wahrgenommen hätte, mit all den Zeichen und Wundern, zu denen ihn der Herr entsandte und die er in Ägypten am Pharao, an allen seinen Dienern und an seinem ganzen Land wirkte, und mit all der starken Macht und all den gewaltigen furchtbaren Taten, die Mose vor den Augen ganz Israels vollbracht hat.

aus Deuteronomium 34,1–12

Die Eroberung des verheißenen Landes

Nach dem Tod des Mose, des Knechtes des Herrn, redete der Herr zu Josua, dem Sohn Nuns, dem Diener des Mose, und sprach: Mose, mein Knecht, ist tot. Nun auf und zieh über den Jordan, du und dieses ganze Volk, in das Land, das ich den Israeliten gebe. Jeden Ort, den euer Fuß betritt, gebe ich euch, wie ich es Mose gesagt habe. Von der Wüste und dem Libanon bis zum großen Strom, dem Eufrat, und bis zum Großen Meer gegen Sonnenuntergang, das soll euer Gebiet sein. Niemand wird dir standhalten können, solange du lebst: Ich werde mit dir sein, wie ich mit Mose gewesen bin; ich werde dich nicht verlassen und dich nicht preisgeben.

Sei stark und fest, denn du selbst sollst diesem Volk das Land zum Besitz geben, wie ich ihren Vätern geschworen habe. Nur sei stark und fest und achte darauf, nach dem ganzen Gesetz zu handeln, das mein Knecht Mose dir vorgeschrieben hat. Weiche nicht davon ab, weder nach rechts noch nach links, dann wird dir auf deinen Wegen alles gelingen. Dieses Buch des Gesetzes sei allezeit auf deinen Lippen; sinne Tag und Nacht darüber nach und handle nach dem, was darin geschrieben ist. Dann hast du auf deinem Weg Glück und Erfolg. Gab ich dir nicht dieses Gebot: Sei stark und fest? Sei also ohne Furcht und Angst, denn der Herr, dein Gott, ist mit dir überall, wohin du auch gehst. *Josua 1,1–9*

Einnahme des Landes

Was der Herr seinem Knecht Mose befohlen hatte, befahl Mose dem Josua und Josua führte es aus, ohne ein einziges Wort von dem auszulassen, was der Herr dem Mose befohlen hatte. So nahm Josua das ganze Land ein: das Gebirge, den ganzen Negeb und das ganze Land Goschen, die Schefela, die Araba, das Gebirge Israel und seine Hügel.

Josua 11,15–16

Die Versammlung der Stämme in Sichem

Josua versammelte alle Stämme Israels in Sichem; dann rief er die Ältesten Israels, seine Führer, seine Richter, seine Schreiber, und sie stellten sich vor Gott auf. Josua sprach zu dem ganzen Volk: So spricht der Herr, der Gott Israels:

Ich habe euch ein Land gegeben, um das ihr euch nicht bemüht habt; Städte, die ihr nicht gebaut und in denen ihr euch niedergelassen habt; Weinberge und Ölbäume, die ihr nicht gepflanzt habt und die euch heute zur Nahrung dienen.

Und nun, fürchtet den Herrn und dient ihm in vollkommener Treue! Entfernt die Götter, denen euere Väter jenseits des Flusses und in Ägypten dienten, und dient dem Herrn! Wenn ihr aber dem Herrn nicht dienen wollt, so wählt heute, wem ihr dienen wollt: den Göttern, denen euere Väter jenseits des Flusses dienten, oder den Göttern der Amoriter, deren Land ihr jetzt bewohnt. Ich aber und mein Haus, wir wollen dem Herrn dienen. Das Volk antwortete: Das sei uns fern, den Herrn zu verlassen, um anderen Göttern zu dienen! Der Herr, unser Gott, er ist es, der uns und unsere Väter herausgeführt hat aus dem Land Ägypten, dem Haus der Knechtschaft, und der vor unseren Augen diese großen Wunder gewirkt und uns auf dem ganzen Weg beschützt hat, den wir gezogen sind, und unter allen Völkern, durch die wir gegangen sind. Und der Herr hat vor uns alle Völker vertrieben, die Amoriter, die das Land bewohnten. Auch wir wollen dem Herrn dienen, denn er ist unser Gott. Da sprach Josua zum Volk: Ihr könnt nicht dem Herrn dienen, denn er ist ein heiliger Gott, er ist ein eifersüchtiger Gott. der euch euere Vergehen und euere Sünden nicht vergeben wird. Wenn ihr den Herrn verlasst, um den Göttern der Fremde zu dienen, wird er euch dagegen Schlimmes antun und euch vernichten, obwohl er euch zuvor Gutes getan hat. Das Volk antwortete Josua: Nein, dem Herrn wollen wir dienen! Da sprach Josua zum Volk: Ihr seid Zeugen gegen euch selbst, dass ihr den Herrn gewählt habt, um ihm zu dienen. Sie erwiderten: Wir sind Zeugen.

An jenem Tag schloss Josua einen Bund für das Volk; er gab ihm Satzung und Recht in Sichem. Josua schrieb diese Worte in das Buch des Gesetzes Gottes. Dann nahm er einen großen Stein und stellte ihn dort auf unter der Eiche, die im Heiligtum des Herrn ist. *aus Josua 24,1–26*

Josuas Lebensende

Damals entließ Josua das Volk und alle Israeliten begaben sich in ihren Erbbesitz, um das Land zu besetzen. Das Volk diente dem Herrn, solange Josua am Leben war und solange die Ältesten am Leben waren, die Josua überlebten und all die großen Werke gesehen hatten, die der Herr für Israel vollbracht hatte. Josua, der Sohn Nuns, der Knecht des Herrn, starb im Alter von einhundertundzehn Jahren. Man begrub ihn auf dem Gebiet, das er in Timnat-Heres, auf dem Gebirge Efraim, nördlich des Berges Gaasch, als Erbbesitz erhalten hatte. Und als auch jene Generation zu ihren Vätern versammelt wurde, da folgte ihnen eine andere Generation, die den Herrn nicht kannte und auch nicht, was er für Israel vollbracht hatte. *Richter 2,6–10*

Die Einsetzung von Richtern

Die Israeliten taten, was dem Herrn missfiel, und sie dienten den Baalen. Sie verließen den Herrn, den Gott ihrer Väter, der sie aus dem Land Ägypten herausgeführt hatte, und folgten anderen Göttern aus den Völkern ringsum. Sie warfen sich vor ihnen nieder, sie erzürnten den Herrn, sie verließen den Herrn, um dem Baal zu dienen. Da entbrannte der Zorn des Herrn gegen Israel. Er überließ sie Räubern, die sie ausraubten; er gab sie in die Gewalt ihrer Feinde ringsum und sie konnten ihnen nicht standhalten. Sooft sie in den Krieg zogen, war die Hand des Herrn gegen sie, wie der Herr es ihnen gesagt und wie der Herr es ihnen geschworen hatte. So brachte er sie in höchste Bedrängnis.

Da setzte der Herr Richter ein, die die Israeliten aus der Gewalt der Räuber befreiten. *aus Richter 2,11–16*

Gideon

Die Israeliten taten, was dem Herrn missfiel. Der Herr gab sie sieben Jahre lang in die Hand Midians und die Hand Midians lastete schwer auf Israel. Sie ließen Israel nichts zum Leben, kein Schaf, kein Rind, keinen Esel; denn sie kamen, sie und ihre Herden und ihre Zelte, so zahlreich wie die Heuschrecken; zahllos waren sie und ihre Kamele und sie fielen ins Land ein, um es zu verheeren. So brachte Midian Israel in großes Elend und die Israeliten schrien zum Herrn.

Als die Israeliten wegen Midian zum Herrn schrien, da sandte der Herr einen Propheten zu den Israeliten, der zu ihnen sprach: So spricht der Herr, der Gott Israels. Ich habe euch heraufgeführt aus Ägypten und euch herausgebracht aus dem Haus der Knechtschaft. Ich habe euch befreit aus der Hand der Ägypter und aus der Hand aller, die euch bedrängen. Ich habe sie vor euch her vertrieben, ich habe euch ihr Land gegeben und habe zu euch gesagt: Ich bin der Herr, euer Gott. Ihr sollt nicht die Götter der Amoriter verehren, deren Land ihr bewohnt. Aber ihr habt nicht auf meine Stimme gehört.

Es kam der Engel des Herrn und setzte sich unter die Terebinthe von Ofra, die dem Abiësriter Joasch gehörte. Gideon, sein Sohn, drosch gerade Weizen in der Kelter, um ihn vor Midian in Sicherheit zu bringen. Da erschien ihm der Engel des Herrn und sprach zu ihm: Der Herr sei mit dir, starker Held! Gideon antwortete ihm: Vergib, mein Herr: Wenn der Herr mit uns ist, warum hat uns all das getroffen? Wo sind alle die Wundertaten, von denen uns unsere Väter erzählen, wenn sie sagen: Hat uns der Herr nicht aus Ägypten heraufgeführt? Und nun hat der Herr uns verlassen und in die Hand Midians gegeben. Da wandte sich der Herr zu ihm und sprach: Geh und befrei Israel mit deiner Kraft aus der Hand Midians. Bin ich es nicht, der dich sendet? Gideon antwortete ihm: Vergib, mein Herr: Wie soll ich Israel retten? Meine Sippe ist die schwächste in Manasse und ich bin der Geringste im Haus meines Vaters. Der Herr sprach zu ihm: Ich werde mit dir sein und du wirst Midian schlagen, als ob es nur ein einziger Mann wäre. *aus Richter 6,1–16*

Der Kampf gegen die Midianiter

Gideon und das ganze Volk, das mit ihm war, erhoben sich früh am Morgen und lagerten bei der Harod-Quelle; das Lager Midians lag nördlich von ihm am Hügel More im Tal. Da sprach der Herr zu Gideon: Das Volk, das mit dir ist, ist zu zahlreich, als dass ich Midian in seine Hand geben könnte; Israel würde sich gegen mich rühmen und sagen: Meine eigene Hand hat mich befreit! So ruf nun dem Volk zu: Wer Furcht hat und zittert, der kehre um! Gideon stellte sie auf die Probe. Zwanzigtausend Mann aus dem Volk kehrten um und zehntausend blieben zurück. Der Herr sprach zu Gideon: Dieses Volk ist immer noch zu zahlreich. Lass sie ans Ufer des Wassers gehen, dort will ich sie mustern. Von wem ich dir sage: Er gehe mit dir, der soll mit dir gehen. Und jeder, von dem ich dir sage Er gehe nicht mit dir, der soll nicht mit dir gehen. Da ließ Gideon das Volk ans Ufer des Wassers gehen und der Herr sprach zu ihm: Alle, die das Wasser mit der Zunge lecken wie ein Hund, die stelle auf die eine Seite. Und alle, die sich hinknien, um zu trinken, die stelle auf die andere Seite. Die Zahl derer, die das Wasser mit der Zunge leckten, war dreihundert. Alles übrige Volk hatte sich hingekniet, um zu trinken. Da sprach der Herr zu Gideon: Mit den dreihundert Mann, die das Wasser geleckt haben, will ich euch retten und ich werde Midian in deine Hand geben. Alle anderen sollen umkehren, jeder zu sich nach Hause. Dann nahm Gideon die Verpflegung aus ihren Händen an sich, ebenso ihre Widderhörner. Dann entließ er alle Israeliten, einen jeden zu seinem Zelt; nur die dreihundert behielt er. Das Lager Midians befand sich unterhalb von ihm im Tal.

Während jener Nacht sprach der Herr zu ihm: Auf, geh ins Lager hinunter, denn ich gebe es in deine Hand. Gideon teilte die dreihundert Mann in drei Abteilungen. Er gab allen

Widderhörner und Krüge mit Fackeln und sprach zu ihnen: Passt auf und macht es so wie ich. Wenn ich an den Rand des Lagers gekommen bin, dann macht es ebenso wie ich. Ich werde ins Horn stoßen, ich und alle, die mit mir sind; dann sollt auch ihr rings um das Lager ins Horn stoßen und rufen: Für den Herrn und für Gideon! Gideon und die einhundert Mann, die mit ihm waren, kamen an den Rand des Lagers zu Beginn der mittleren Nachtwache, als man gerade die Wachen aufstellte; sie stießen ins Horn und zerschlugen die Krüge, die sie in der Hand hatten. Da stießen die drei Abteilungen ins Horn und zerschlugen ihre Krüge; mit der Linken ergriffen sie die Fackeln, mit der Rechten die Hörner zum Blasen und riefen: Für den Herrn und Gideon! Und sie blieben, ein jeder auf seinem Platz, rings um das Lager stehen. Da erwachte das ganze Lager und laut schreiend ergriffen die Midianiter die Flucht. Während die dreihundert ins Horn stießen, bewirkte der Herr, dass ein jeder im Lager das Schwert gegen seinen Kameraden kehrte, und alle flohen.

aus Richter 7,1–22

Ablehnung der Königswürde

Die Leute von Israel sprachen zu Gideon: Werde Herrscher über uns, du und dein Sohn und deines Sohnes Sohn, denn du hast uns aus der Hand Midians gerettet. Gideon aber antwortete ihnen: Ich werde nicht Herrscher über euch noch mein Sohn, denn der Herr soll Herrscher über euch sein.

Richter 8,22–23

Die Fabel vom König der Bäume

Einst gingen die Bäume hin, / sich einen König zu salben, der über sie herrsche. / Sie sprachen zum Ölbaum: / Sei unser König!
Da sprach der Ölbaum zu ihnen: / Soll ich mein Öl aufgeben, das Götter und Menschen ehrt, / und hingehn, über den Bäumen zu schwanken?
Da sprachen die Bäume zum Feigenbaum: / Komm, sei du unser König!
Da sprach der Feigenbaum zu ihnen: / Soll ich mein Süßes aufgeben / und meine herrliche Frucht / und hingehn, über den Bäumen zu schwanken?
Da sprachen die Bäume zum Weinstock: / Komm, sei du unser König!
Da sprach der Weinstock zu ihnen: / Soll ich meinen Wein aufgeben, / der Götter und Menschen erfreut, / und hingehn, über den Bäumen zu schwanken?
Da sprachen alle Bäume zum Dornstrauch: / Komm, sei du unser König!
Da sprach der Dornstrauch zu allen Bäumen: / Wollt ihr wirklich mich salben, dass ich über euch herrsche, /

dann kommt, euch in meinem Schatten zu bergen. /
Wenn nicht, dann geht Feuer vom Dornstrauch aus /
und frisst die Zedern des Libanon. *Richter 9,8–15*

Die Vorgeschichte

Zur Zeit der Richter kam eine Hungersnot ins Land; da machte sich ein Mann aus Betlehem in Juda mit seiner Frau und seinen beiden Söhnen auf, um sich im Grünland Moabs als Fremder niederzulassen. Der Mann hieß Elimelech, seine Frau Noomi und seine beiden Söhne Machlon und Kiljon; sie waren aus Betlehem in Juda. Sie kamen in das Grünland Moabs und dort blieben sie. Elimelech, der Mann der Noomi, starb und sie blieb allein mit ihren beiden Söhnen. Sie heirateten Moabiterinnen, die eine hieß Orpa und die andere Rut. Sie blieben dort ungefähr zehn Jahre. Nun starben auch die beiden, Machlon und Kiljon, und Noomi hinterblieb allein, ohne ihre beiden Söhne und ihren Mann.

aus Rut 1,1–5

Die Heimkehr

Da machte sie sich mit ihren Schwiegertöchtern auf, um aus dem Grünland Moabs zurückzukehren, denn sie hatte dort gehört, dass der Herr sich seines Volkes angenommen und ihm Brot gegeben habe. Sie verließ also mit ihren beiden Schwiegertöchtern den Ort, wo sie gelebt hatte, und sie machte sich auf den Weg, um ins Land Juda zurückzukehren. Noomi sprach zu ihren beiden Schwiegertöchtern: Geht nun und kehrt heim, eine jede in das Haus ihrer Mutter! Der Herr erweise euch Liebe, wie ihr sie den Toten und mir erwiesen habt. Der Herr lasse euch im Haus eines Mannes Geborgenheit finden. Und sie küsste sie. Sie aber weinten laut und sprachen: Nein, wir wollen mit dir zu deinem Volk zurückkehren. Noomi antwortete: Kehrt heim, meine Töchter; warum wollt ihr mit mir gehen? Habe ich noch Söhne in meinem Schoß, die euere Männer werden könnten? Kehrt heim, meine Töchter, geht! Denn ich bin zu alt, um wieder zu heiraten. Selbst wenn ich sagte: Ich habe noch Hoffnung, und wenn ich noch in dieser Nacht heiraten würde und Söhne bekäme, könnt ihr warten, bis sie erwachsen wären? Wollt ihr euch dazu verurteilen, nicht zu heiraten? Nein, meine Töchter, ich wäre tief unglücklich für euch, denn die Hand des Herrn hat sich gegen mich erhoben. Und wieder fingen sie zu weinen an; dann küsste Orpa ihre Schwiegermutter und kehrte zurück zu ihren Leuten; Rut aber klammerte sich an sie. Da sprach Noomi zu ihr: Siehst du, deine Schwägerin ist zurückgekehrt zu ihren Leuten und zu ihrem Gott. Kehr auch du zurück, folg ihr nach! Rut antwortete ihr: Dräng mich nicht, dich zu verlassen und von dir wegzugehen. Denn wo du hingehst, will auch ich hingehen; wo du bleibst, will auch ich bleiben; dein Volk ist mein Volk und dein Gott ist mein Gott. Wo du stirbst, da will ich sterben und da will ich begraben sein. Möge der Herr mir dieses Schlimme antun und jenes andere auch noch – nur der Tod allein wird uns scheiden. Als sie sah, wie Rut darauf bestand, mit ihr zu gehen, redete sie nicht mehr auf sie ein.

So gingen die beiden, bis sie nach Betlehem kamen. Als

sie dort ankamen, geriet die ganze Stadt in Bewegung; die Frauen riefen: Ist das Noomi? Sie aber antwortete ihnen: Nennt mich nicht mehr Noomi (Liebliche), nennt mich Mara (Bittere), denn der Allmächtige hat mich mit Bitternis erfüllt. Voll bin ich ausgezogen; leer führt der Herr mich zurück. Warum wollt ihr mich noch Noomi nennen, da der Herr gegen mich gesprochen und der Allmächtige mir Schlimmes zugefügt hat? So kehrte Noomi und mit ihr ihre Schwiegertochter Rut, die Moabiterin, aus dem Land Moab heim. Sie kamen zu Beginn der Gerstenernte in Betlehem an.

Rut 1,6–22

Rut auf dem Feld des Boas

Noomi hatte einen Verwandten von Seiten ihres Mannes; es war ein angesehener Mann und er hieß Boas. Rut, sprach zu Noomi: Ich möchte aufs Feld gehen und Ähren lesen bei einem, der mir dies erlaubt. Sie antwortete ihr: Geh, meine Tochter! So ging sie, kam hin und las auf dem Feld hinter den Schnittern her; und es fügte sich so, dass es ein Ackerstück des Boas war. Boas aber kam gerade aus Betlehem und sprach zu den Schnittern: Der Herr sei mit euch! Und sie antworteten ihm: Der Herr segne dich! Dann fragte Boas seinen Knecht, der die Schnitter beaufsichtigte: Wem gehört diese junge Frau? Und der Knecht, der die Schnitter beaufsichtigte, antwortete: Diese junge Frau ist die Moabiterin, die aus dem

Grünland Moabs mit Noomi heimkehrte. Sie hat gesagt: Darf ich hinter den Schnittern Ähren auflesen und sammeln? So ist sie gekommen und war vom Morgen bis jetzt auf den Beinen. Boas sprach zu Rut: Höre, meine Tochter, geh nicht auf ein anderes Feld zum Lesen, geh nicht von hier weg, sondern halte dich an meine Knechte da. Behalt das Ackerstück im Auge, das sie schneiden, und folge ihnen. Ich habe den Knechten verboten, dich zu belästigen. Und wenn du Durst hast, geh zu den Krügen und trink von dem, was die Knechte schöpfen. Da beugte sich Rut tief zur Erde und sprach zu ihm: Warum habe ich Gnade gefunden in deinen Augen, dass du mir entgegenkommst, wo ich doch eine Fremde bin? Boas antwortete ihr und sprach: Man hat mir berichtet, was du alles für deine Schwiegermutter nach dem Tod ihres Mannes getan hast, wie du deinen Vater, deine Mutter und dein Heimatland verlassen hast und zu einem Volk gegangen bist, das du bis dahin nicht kanntest. Der Herr vergelte dir, was du getan hast, und vollen Lohn sollst du erhalten vom Herrn, dem Gott Israels, unter dessen Flügeln dich zu bergen du gekommen bist. Sie sprach: Möchte ich doch Gnade finden in deinen Augen, mein Herr! Du hast mich getröstet und liebevoll zu deiner Magd gesprochen, wo ich doch nicht einmal eine deiner Mägde bin.

Zur Essenszeit sprach Boas zu ihr: Komm her, iss von dem Brot und tauch dein Stück in den Weinessig! Sie setzte sich neben die Schnitter und Boas gab ihr auch Röstkorn. Nachdem sie sich satt gegessen hatte, behielt sie noch übrig. Als sie dann aufstand, um zu lesen, befahl Boas seinen

Knechten: Lasst sie auch zwischen den Garben lesen und fahrt sie nicht an! Vielmehr sollt ihr sogar aus eueren Handbündeln für sie Ähren herausziehen und fallen lassen, sodass sie sie aufsammeln kann, und schreit sie nicht an!

Rut las auf dem Feld bis zum Abend, und als sie ausklopfte, was sie gesammelt hatte, da war es etwa ein Efa Gerste. Sie nahm es auf, ging zur Stadt zurück und zeigte ihrer Schwiegermutter, was sie gelesen hatte; sie zeigte auch, was sie übrig behalten hatte, nachdem sie satt geworden war, und gab es ihr. Ihre Schwiegermutter fragte sie: Wo hast du heute gelesen, wo hast du gearbeitet? Gesegnet sei, wer dir entgegenkam! Rut erzählte ihrer Schwiegermutter, bei wem sie gearbeitet hatte; sie sprach: Der Mann, bei dem ich heute gearbeitet habe, heißt Boas. Noomi sprach zu ihrer Schwiegertochter: Gesegnet sei er vom Herrn, der seine Gnade den Lebenden und Toten nicht entzogen hat! Und weiter sprach Noomi: Dieser Mann ist ein Verwandter von uns; er gehört zu unseren Lösern. Da sprach Rut zu ihrer Schwiegermutter: Er hat sogar zu mir gesagt: Halte dich an meine Knechte, bis sie mit meiner ganzen Ernte fertig sind! Noomi sprach zu ihrer Schwiegertochter Rut: Das ist gut, meine Tochter; geh mit seinen Knechten, damit du nicht etwa auf einem anderen Feld schlecht aufgenommen wirst. So hielt sich also Rut an die Knechte des Boas bis zum Ende der Gerstenernte und der Weizenernte. Und sie blieb weiter bei ihrer Schwiegermutter.

aus Rut 2,1–23

Nächtliche Begegnung mit Boas

Noomi, ihre Schwiegermutter, sprach zu ihr: Meine Tochter, soll ich dir nicht ein Heim suchen, wo es dir gut geht? Ist Boas, dessen Knechten du gefolgt bist, nicht unser Verwandter? Nun, heute Abend worfelt er die Gerste auf seiner Tenne. Darum wasche und salbe dich; zieh dich an und gehe zur Tenne hinunter, aber gib dich ihm nicht zu erkennen, bevor er mit Essen und Trinken fertig ist. Wenn er sich hinlegt, merke dir die Stelle, wo er schläft; dann gehe hin, deck den Platz zu seinen Füßen auf und leg dich dorthin. Er wird dir sagen, was du zu tun hast. Sie antwortete ihr: Alles, was du mir sagst, will ich tun. Sie ging also zur Tenne hinunter und tat alles, was ihre Schwiegermutter ihr aufgetragen hatte. Als Boas gegessen und getrunken hatte, ging er guter Dinge hin, um sich am Ende des Körnerhaufens schlafen zu legen. Da kam Rut ganz leise herbei, deckte den Platz zu seinen Füßen auf und legte sich hin. In der Mitte der Nacht verspürte der Mann ein Frösteln, und als er um sich blickte, sah er eine Frau zu seinen Füßen liegen. Er fragte: Wer bist du? Sie antwortete: Ich bin Rut, deine Magd. Breite den Saum deines Gewandes über deine Magd, denn du bist der Löser! Er sprach: Gesegnet bist du vom Herrn, meine Tochter! Diese letzte Tat deiner Zuneigung ist noch besser als die erste, denn du bist nicht den jungen Männern, ob arm oder reich, nachgelaufen. Darum fürchte dich nicht, meine Tochter! Alles, was du sagst, will ich für dich tun, denn jeder in diesen Mauern weiß, dass du eine tüchtige Frau bist. Dann sprach er: Gib das Tuch, das du über dich geschlagen hast, und halt es auf! Sie hielt es hin, er tat sechs Maß Gerste hinein und lud sie ihr auf; dann ging sie zur Stadt zurück. *aus Rut 3,1–15*

Der Rat der Schwiegermutter

Als Rut zu ihrer Schwiegermutter kam, sprach diese zu ihr: Wie steht es mit dir, meine Tochter? Rut erzählte ihr alles, was der Mann für sie getan hatte. Und weiter sprach sie: Diese sechs Maß Gerste hat er mir gegeben und gesagt: Du sollst nicht mit leeren Händen zu deiner Schwiegermutter zurückkommen. Noomi antwortete ihr: Bleib ruhig, meine Tochter, bis du weißt, wie die Sache ausgeht; der Mann wird sicher nicht ruhen, bis er die Sache heute noch zu einem guten Ende gebracht hat. *Rut 3,16–18*

Boas heiratet Rut

Boas sprach zu den Ältesten und zu allem Volk: Ihr seid heute Zeugen, dass ich alles, was Elimelech, und alles, was Kiljon und Machlon gehörte, aus der Hand Noomis erworben habe; und gleichzeitig habe ich Rut, die Moabiterin, mir zur Frau erworben, um den Namen des Verstorbenen auf seinem Erbbesitz zu erhalten, damit der Name des Verstorbenen unter seinen Brüdern und im Tor seiner Stadt nicht getilgt wird. Dafür seid ihr heute Zeugen! Da antworteten die Leute im Tor mit den Ältesten: Wir sind Zeugen.

Boas heiratete also Rut und sie wurde seine Frau. Er ging zu ihr, der Herr ließ sie schwanger werden und sie gebar einen Sohn. Da sprachen die Frauen zu Noomi: Gepriesen sei der Herr, der heute dem Verstorbenen einen Löser nicht versagt hat, damit sein Name in Israel erhalten bleibt. Er sei dein Tröster und deine Stütze im Alter, denn deine Schwiegertochter, die dich liebt, hat ihn geboren; mehr ist sie dir wert als sieben Söhne. Da nahm Noomi das Kind, legte es an ihre Brust und sorgte für es. Die Nachbarinnen gaben ihm einen Namen; sie sprachen: Noomi wurde ein Sohn geboren und sie nannten ihn Obed. Er ist der Vater Isais, des Vaters Davids.

aus Rut 4,9–17

Das Kind Samuel

Samuel aber versah als Knabe den Dienst vor dem Herrn.

Samuel aber wuchs heran und der Herr war mit ihm und ließ keines seiner Worte unerfüllt. Ganz Israel von Dan bis Beerscheba erkannte, dass Samuel zum glaubwürdigen Propheten des Herrn bestellt war. *1 Samuel 2,18; 3,19–20*

Samuel als Richter

Das ganze Haus Israel wandte sich mit Wehklagen an den Herrn. Da erklärte Samuel dem ganzen Haus Israel: Wollt ihr euch von ganzem Herzen zum Herrn bekehren, so schafft die fremden Götter aus euerer Mitte fort, richtet eueren Sinn auf den Herrn und dient ihm allein. Dann wird er euch aus der Hand der Philister befreien. Darauf schafften die Israeliten die Baale fort und verehrten nur noch den Herrn. Nun ordnete Samuel an: Versammelt ganz Israel in Mizpa, damit ich für euch zum Herrn bete! Als sie sich in Mizpa versammelt hatten, schöpften sie Wasser und gossen es vor dem Herrn aus. Auch fasteten sie an jenem Tag und sagten: Wir haben gegen den Herrn gesündigt. Samuel aber übte das Richteramt über die Israeliten in Mizpa aus.

Samuel aber übte sein Leben lang das Richteramt in Israel aus. Jahr für Jahr zog er umher, wobei er Bet-El, Gilgal und Mizpa besuchte und an allen diesen Orten über Israel Recht sprach. Dann kehrte er nach Rama zurück; denn dort hatte er seinen Wohnsitz und dort sprach er über Israel Recht. Dort erbaute er auch dem Herrn einen Altar. *aus 1 Samuel 7,2–17*

Das Volk fordert einen König

Als Samuel alt geworden war, bestellte er seine Söhne zu Richtern über Israel. Seine Söhne gingen jedoch nicht auf seinen Wegen, sondern suchten ihren Vorteil, ließen sich bestechen und beugten das Recht. Da versammelten sich alle Ältesten Israels, begaben sich zu Samuel nach Rama und erklärten ihm: Siehe, du bist nun alt geworden, deine Söhne aber gehen nicht auf deinen Wegen; so setze denn einen König über uns ein, damit er uns richte, wie es bei allen Völkern Brauch ist. Samuel aber missfiel die Forderung, die sie stellten: Setze einen König über uns ein, dass er uns richte. Samuel betete deshalb zum Herrn. Der Herr aber sagte zu Samuel: Höre auf die Stimme des Volkes in allem, was sie von dir verlangen; sie haben ja nicht dich verworfen, sondern mich haben sie verworfen: Ich soll nicht mehr König über sie sein. Genauso wie sie an mir gehandelt haben seit der Zeit, als ich sie aus Ägypten weggeführt habe, bis auf diesen Tag, indem sie mich verließen und anderen Göttern dienten, so handeln sie jetzt auch an dir. Nun denn, gib ihrer Forderung Gehör. Aber verwarne sie und weise sie auf das Recht des Königs hin, der über sie herrschen soll.

Hierauf teilte Samuel dem Volk, das einen König von ihm begehrte, alles mit, was der Herr ihm gesagt hatte. Er sprach: Das wird das Recht des Königs sein, der über euch herrschen soll: Euere Söhne wird er nehmen, um sie für sich bei seinen Wagen und seinen Pferden zu verwenden; sie müssen vor seinen Wagen herlaufen. Er wird ferner für sich Oberste über eintausend und Führer über fünfzig setzen; sie müssen ihm das Feld pflügen und die Ernte einbringen, seine Kriegsgeräte und die Ausrüstung seiner Streitwagen anfertigen. Euere Töchter aber wird er zum Herstellen von Salben, zum Kochen und Backen heranziehen. Die besten Äcker, Weinberge und Ölgärten wird er euch wegnehmen und sie seinen Beamten geben. Von eueren Äckern und Weinbergen wird er den Zehnten erheben, um seine Höflinge und Beamten damit zu besolden. Euere Knechte und Mägde, euere besten Rinderherden und Esel wird er nehmen, um sie für seine Wirtschaft zu verwenden. Von euerem Kleinvieh wird er den Zehnten erheben und ihr selber werdet seine Knechte sein. Wenn ihr dann eines Tages wegen eueres Königs, den ihr euch erwählt habt, um Hilfe schreit, so wird euch der Herr an jenem Tag nicht erhören.

Das Volk aber wollte auf Samuels Stimme nicht hören, sondern erklärte: Nein, ein König soll uns regieren. Wir wollen nämlich auch so sein wie alle Völker und unser König soll uns Recht sprechen; er soll unser Anführer sein und unsere Kriege führen. Nachdem Samuel alles angehört hatte, was das Volk vorbrachte, trug er es dem Herrn vor. Der Herr aber sprach zu Samuel: Erfülle ihren Wunsch und setze einen König über sie ein. Darauf sagte Samuel zu den Männern Israels: Ein jeder soll sich in seine Stadt begeben.

aus 1 Samuel 8,1–22

Die Salbung Sauls

Unter den Benjaminitern lebte damals ein Mann mit Namen Kisch, ein vermögender Mann. Er hatte einen Sohn namens Saul, jung und schön; keiner unter den Israeliten war schöner als er; er überragte alle um Haupteslänge. Nun waren dem Kisch, dem Vater Sauls, Eselinnen fortgelaufen. Da sagte Kisch zu seinem Sohn Saul: Nimm einen von den Knechten, macht euch auf den Weg und sucht die Eselinnen! Da durchstreiften sie das Gebiet, fanden sie aber nicht. Als sie dann in die Gegend von Zuf kamen, sagte Saul zu dem Knecht, der bei ihm war: Komm, wir wollen umkehren, sonst macht sich mein Vater mehr Sorgen um uns als um die Eselinnen. Der Knecht aber antwortete Dort in der Stadt wohnt ein Gottesmann; der Mann steht in hohem Ansehen; alles, was er sagt, trifft mit Sicherheit ein. Wir wollen also rasch dorthin gehen, vielleicht hilft er uns bei der Suche. Da stiegen sie zur Stadt hinauf. Als sie eben ins Tor traten, begegnete ihnen Samuel, der herauskam, um zur Höhe hinaufzusteigen.

Der Herr aber hatte einen Tag, bevor Saul ankam, Samuel folgende Offenbarung zuteil werden lassen: Morgen um diese Zeit werde ich dir einen Mann aus dem Gebiet Benjamin zuschicken. Den sollst du zum Fürsten über mein Volk Israel salben. Er wird mein Volk aus der Hand der Philister befreien. Ich habe nämlich die Not meines Volkes gesehen und sein Hilferuf ist zu mir gedrungen. Sobald nun Samuel Saul erblickte, gab ihm der Herr zu verstehen: Das ist der Mann, von dem ich dir gesagt habe: Er soll mein Volk regieren. Da trat Saul mitten im Tor an Samuel heran und sprach: Sag mir doch, wo das Haus des Sehers ist. Samuel antwortete dem Saul: Ich bin der Seher. Begleite mich zur Höhe hinauf. Ihr müsst heute mit mir essen; morgen früh werde ich dich ziehen lassen, nachdem ich dir über alles Bescheid gegeben habe, was du auf dem Herzen hast. Was die Eselinnen betrifft, die dir vor drei Tagen abhanden gekommen sind, so brauchst du dir um sie keine Sorgen zu machen; sie haben sich wieder gefunden. Wem gehört übrigens alles, was es an Wertvollem in Israel gibt? Etwa nicht dir und dem ganzen Haus deines Vaters? Saul entgegnete: Ich bin ja nur ein Benjaminiter, also aus dem geringsten der Stämme Israels; zudem ist mein Geschlecht das unbedeutendste unter den Geschlechtern des Stammes Benjamin. Warum redest du so mit mir. Als sie nun bis zur Stadtgrenze gekommen waren, sagte Samuel zu Saul: Sag dem Knecht, er soll uns vorausgehen, du aber bleib jetzt stehen! Ich habe dir ein Gotteswort zu verkünden.

Hierauf nahm Samuel das Ölgefäß und goss es über Sauls Haupt aus, küsste ihn und sprach: Hiermit hat dich der Herr zum Fürsten über sein Erbteil gesalbt. Du sollst über das Volk des Herrn herrschen und es erretten aus der Hand seiner Feinde ringsum. *aus 1 Samuel 9,1–27; 10,1*

Samuels Abschied

Danach sprach Samuel zu ganz Israel: Seht, ich habe in allem, was ihr mir vorgetragen habt, eueren Wunsch erfüllt und habe einen König über euch eingesetzt. Und nun seht, der König wird vor euch herziehen. Ich aber bin alt und grau geworden und meine Söhne sind unter euch. Ich habe von meiner Jugend an bis zum heutigen Tag vor euch gestanden.

Als ihr aber saht, dass der Ammoniterkönig gegen euch heranzog, da spracht ihr zu mir: Nein, ein König soll uns regieren! – obwohl doch der Herr, euer Gott, euer König ist. Gut, da ist euer König, den ihr erwählt habt. Seht, der Herr hat einen König über euch eingesetzt. Wenn ihr nun den Herrn fürchtet, ihm dient, auf seine Stimme hört und euch nicht auflehnt gegen den Befehl des Herrn, wenn sowohl ihr wie auch der König, der über euch herrscht, dem Herrn, euerem Gott, folgt, so wird der Herr mit euch sein.

aus 1 Samuel 12,1–14

Die Regierung Sauls

Saul herrschte über Israel. Und ganz Israel vernahm die Botschaft: Saul hat den Vogt der Philister erschlagen und Israel hat sich verhasst gemacht bei den Philistern. Da wurde das Volk aufgeboten, Saul nach Gilgal zu folgen. Die Philister aber sammelten sich, um gegen Israel zu kämpfen: dreitausend Wagen und sechstausend Pferde, dazu Fußvolk so zahlreich wie der Sand am Ufer des Meeres. Als die Israeliten sahen, dass sie in die Enge gerieten und das Volk hart bedrängt wurde, verkroch sich das Volk in Höhlen, Erdlöchern, Felsspalten, Gewölben und Zisternen.

Saul aber wartete sieben Tage, bis zu dem Zeitpunkt, den Samuel bestimmt hatte. Als aber Samuel nicht nach Gilgal kam und das Volk von ihm fortlief, befahl Saul: Bringt mir das Brandopfer und die Gemeinschaftsopfer herbei! Und er brachte das Brandopfer dar. Als er aber mit der Darbringung des Brandopfers eben fertig war, kam Samuel. Saul ging ihm entgegen, um ihn zu begrüßen. Samuel aber sagte: Was hast du getan? Saul erwiderte: Weil ich merkte, dass das Volk von mir fortlief, du aber nicht zur festgesetzten Zeit kamst, fasste ich mir ein Herz und brachte das Brandopfer dar. Da sprach Samuel zu Saul: Du hast töricht gehandelt. Hättest du den Befehl des Herrn, deines Gottes, den er dir gab, befolgt, so hätte der Herr dein Königtum über Israel für immer bestätigt. Nun aber wird dein Königtum keinen Bestand haben. Der Herr hat sich einen Mann nach seinem Herzen gesucht; den hat der Herr zum Fürsten über sein Volk bestellt, weil du nicht befolgt hast, was dir der Herr befohlen hat.

aus 1 Samuel 13,1–14

Sauls wird vom Herrn verworfen

Samuel aber erwiderte:

Hat der Herr etwa ein gleiches Gefallen an Brandopfern und Schlachtopfern / wie am Gehorsam gegen den Befehl des Herrn? / Siehe, Gehorsam ist mehr wert als Opfer, / Folgsamkeit ist besser als das Fett von Widdern. Weil du das Wort des Herrn missachtet hast, / hat er dich für zu gering befunden, um König über Israel zu bleiben!

Samuel trauerte um Saul, weil es den Herrn reute, Saul zum König über Israel gemacht zu haben. *aus 1 Samuel 15,22–35*

Davids Salbung

Der Herr sprach zu Samuel: Füll dein Horn mit Öl und mach dich auf den Weg! Ich sende dich zu dem Betlehemiter Isai; denn einen von seinen Söhnen habe ich mir zum König ausersehen. Lade den Isai zum Opfer ein! Ich selbst werde dir dann zeigen, was du zu tun hast. Du sollst mir nämlich den salben, den ich dir nennen werde. Samuel tat, was der Herr ihm befohlen hatte. Als er nach Betlehem kam heiligte er Isai und seine Söhne und lud sie zum Opfer ein. Als sie nun kamen und er den Eliab erblickte, dachte er: Fürwahr, da steht vor dem Herrn sein Gesalbter. Der Herr aber sprach zu Samuel: Nicht auf sein Äußeres und seine stattliche Gestalt sollst du schauen; ich habe ihn nämlich verworfen; denn Gott sieht nicht auf das, worauf der Mensch sieht. Der Mensch sieht auf das Äußere, der Herr aber sieht das Herz. So stellte Isai dem Samuel seine sieben Söhne vor. Samuel aber sprach zu Isai: Diese hat der Herr nicht erwählt. Dann fragte Samuel den Isai: Sind das alle deine Söhne? Er erwiderte: Es fehlt noch der Jüngste; der hütet die Schafe. Da befahl Samuel dem Isai: Schick aus und lass ihn holen! Denn wir wollen uns nicht eher zum Mahl setzen, als bis er da ist. Da schickte er aus und ließ ihn holen. Er war blond, hatte schöne Augen und eine prächtige Gestalt. Da sagte der Herr: Auf! Salbe ihn; denn der ist es! So nahm also Samuel das Horn mit dem Öl und salbte ihn mitten unter seinen Brüdern. Und der Geist des Herrn kam über David von diesem Tag an.

aus 1 Samuel 16,1–13

David in Sauls Dienst

Der Geist des Herrn aber war von Saul gewichen und es quälte ihn ein böser Geist vom Herrn. Da sprachen Sauls Diener zu ihm: Siehe, dich quält ein böser Geist Gottes. So möge doch unser Herr befehlen, dann werden deine Knechte einen Mann suchen, der das Harfenspiel versteht. Sooft dann der böse Geist Gottes über dich kommt, soll er die Harfe spielen; dann wird es dir wieder wohler werden. Saul erwiderte seinen Dienern: Seht euch für mich nach einem Mann um, der gut spielen kann, und bringt ihn zu mir. Da antwortete einer seiner Diener: Ich kenne einen Sohn des Isai in Betlehem, der im Saitenspiel geübt ist; zudem ist er ein Held an Kraft, kriegstüchtig, wortgewandt, ein Mann von schöner Gestalt, und der Herr ist mit ihm. Darauf schickte Saul Boten zu Isai und ließ ihm sagen: Schick doch deinen Sohn David, der bei den Schafen ist, zu mir. Da nahm Isai einen Esel, fünf Brote, einen Schlauch Wein und ein Ziegenböcklein und sandte es durch seinen Sohn David zu Saul. So kam David zu Saul und wurde sein Diener. Saul gewann ihn sehr lieb, sodass er sein Waffenträger wurde. Darum sandte Saul zu Isai und ließ ihm sagen: David soll mein Diener bleiben; denn er gefällt mir gut. Sooft aber der Geist Gottes Saul überfiel, griff David zur Harfe und spielte. Dann wurde es Saul leichter; er fühlte sich besser und der böse Geist wich von ihm. *1 Samuel 16,14–23*

David und Goliat

Die Philister boten ihre Truppen zum Krieg auf. Auch Saul und die Israeliten sammelten sich, schlugen ihr Lager auf und rüsteten sich zum Kampf gegen die Philister. Die Philister hatten ihre Stellung am Berg auf der einen, die Israeliten am Berg auf der anderen Seite, sodass das Tal zwischen ihnen lag.

Da trat ein Vorkämpfer aus den Reihen der Philister heraus. Er hieß Goliat und war aus Gat. Er hatte einen Helm aus

Bronze auf seinem Kopf und trug einen Schuppenpanzer. An seinen Beinen waren Bronzeschienen und er trug einen bronzenen Wurfspieß auf seinen Schultern. Er stellte sich hin und rief zu den Reihen der Israeliten: Warum zieht ihr aus und habt euch zum Kampf aufgestellt? Bin ich nicht ein Philister, ihr dagegen Knechte Sauls? Wählt einen Mann unter euch aus, der zu mir herunterkommt. Wenn er mit mir den Kampf aufnehmen kann und mich erschlägt, dann wollen wir euere Knechte sein. Wenn ich ihm aber überlegen bin und ihn erschlage, dann sollt ihr unsere Knechte sein und uns dienen. Saul und ganz Israel hörten diese Worte des Philisters; aber sie hatten Angst und fürchteten sich sehr.

David sprach: Wer ist denn dieser unbeschnittene Philister, dass er die Schlachtreihen des lebendigen Gottes herausfordern darf? Zu Saul sagte er: Lasst doch seinetwegen der Mut nicht sinken! Dein Knecht will hingehen und mit diesem Philister kämpfen. Saul aber erwiderte David: Du kannst nicht gegen diesen Philister antreten, um mit ihm zu kämpfen. Du bist zu jung, er dagegen ist ein Krieger seit seiner Jugend. David antwortete Saul: Dein Knecht hütete seinem Vater die Schafe; kam dann der Löwe oder der Bär und holte sich ein Schaf aus der Herde, so lief ich ihm nach, schlug auf ihn los und riss es ihm aus dem Rachen. Wenn er mich aber angriff, so packte ich ihn bei der Mähne und schlug ihn tot. Löwen wie Bären hat dein Knecht erschlagen; und diesem unbeschnittenen Philister soll es ergehen wie einem von ihnen, weil er das Heer des lebendigen Gottes verhöhnt hat. Und David fuhr fort: Der Herr, der mich aus den Pranken des Löwen und des Bären errettet hat, wird mich auch aus der Hand dieses Philisters retten. Da sagte Saul zu David: Geh hin und der Herr möge mit dir sein. Hierauf ließ Saul dem David seinen Waffenrock anlegen, setzte ihm einen bronzenen Helm auf den Kopf und legte ihm den Panzer an. Dann gürtete er David mit seinem Schwert über seinem Waffenrock. David bemühte sich zu gehen; denn er hatte es noch nie versucht. Er erklärte Saul: Ich kann darin nicht gehen, weil ich es noch nie versucht habe. Da zog man es ihm wieder aus.

Der Philister sah David und blickte ihn mit Verachtung an, weil er noch sehr jung war, blond und von schönem Aussehen. Der Philister sprach zu David: Bin ich denn ein Hund, dass du mit einem Stock zu mir kommst? Da verfluchte der Philister David bei seinen Göttern. Dann sprach der Philister zu David: Komm her zu mir, damit ich dein Fleisch den Vögeln des Himmels und den wilden Tieren zum Fraß gebe! David antwortete dem Philister: Du kommst zu mir mit Schwert, Lanze und Wurfspieß. Ich aber komme zu dir im Namen des Herrn der Heerscharen, des Gottes der Schlachtreihen Israels, die du verhöhnt hast. Heute wird dich der Herr in meine Hand geben. Ich werde dich erschlagen und dir den Kopf abhauen. Ich werde deine Leiche und die Leichen der Philister heute noch den Vögeln des Himmels und den wilden Tieren zum Fraß geben, damit alle Welt einsieht, dass es einen Gott gibt in Israel. Und diese ganze Schar soll wissen, dass der Herr nicht Schwert und Lanze braucht, um Rettung zu schaffen. Denn es ist ein Krieg des Herrn und er wird euch in unsere Hand geben. Dann griff er mit der Hand in seine

Hirtentasche, nahm einen Stein heraus, schleuderte ihn und traf den Philister an die Stirn; und der Stein drang in die Stirn ein, sodass er mit dem Gesicht zu Boden stürzte. So überwand David den Philister mit Schleuder und Stein, traf ihn und tötete ihn, obwohl David kein Schwert in der Hand hatte. Dann lief David hin, trat an den Philister heran, ergriff sein Schwert, zog es aus der Scheide, schlug ihm damit den Kopf ab und tötete ihn. Als aber die Philister sahen, dass ihr starker Mann tot war, flohen sie. Die Männer von Israel und Juda aber griffen an, erhoben das Kriegsgeschrei und setzten den Philistern nach. *aus 1 Samuel 17,1–52*

Sauls Tod

Als aber die Philister mit den Israeliten gekämpft hatten, flohen die Israeliten vor den Philistern, und Erschlagene lagen auf dem Gebirge Gilboa umher. Die Philister folgten Saul und seinen Söhnen auf den Fersen, wobei die Philister die Söhne Sauls erschlugen. Dann tobte der Kampf heftig um Saul. Die Bogenschützen zielten auf ihn und er wurde von den Bogenschützen schwer verwundet. Da nahm Saul das Schwert und stürzte sich hinein. So starben Saul, seine drei Söhne und sein Waffenträger zugleich an jenem Tag.

aus 1 Samuel 31,1–6

Davids Klagelied auf Saul

Hierauf sang David auf Saul und seinen Sohn Jonatan das folgende Klagelied.

Der Ruhm Israels liegt erschlagen auf deinen Höhen! / Wie sind die Helden gefallen!
Meldet nichts davon in Gat, / macht es in den Gassen Aschkelons nicht kund! / Sonst freuen sich die Töchter der Philister, / sonst jubeln die Töchter der Unbeschnittenen.
Ihr Töchter Israels, nun weint um Saul, / der euch in Purpur und in feines Leinen kleidete, / der goldnen Schmuck euch aufs Gewand geheftet.
Wie sind die Helden gefallen / im dichten Kampfgewühl!
Wie sind die Helden gefallen, / des Kampfes Rüstzeug ist zerbrochen!

aus 2 Samuel 1,17–27

David, König von Juda

Danach befragte David den Herrn: Soll ich in eine der Städte Judas hinaufziehen? Der Herr gab ihm zur Antwort: Zieh hinauf! Da fragte David: Wohin soll ich ziehen? Er erwiderte: Nach Hebron!

Nun kamen sämtliche Stämme Israels zu David nach Hebron und sagten: Siehe, dein Bein und dein Fleisch sind wir.

Schon gestern und vorgestern, als Saul König über uns war, warst du es, der Israel ins Feld führte und wieder heimbrachte. Der Herr hat zu dir gesprochen: Du sollst mein Volk Israel weiden und du sollst Fürst sein über Israel. So kamen alle Ältesten Israels zum König nach Hebron und König David schloss mit ihnen in Hebron einen Vertrag vor dem Herrn. Dann salbten sie David zum König über Israel. Dreißig Jahre war David alt, als er König wurde, vierzig Jahre regierte er als König.

Hierauf zog der König mit seinen Leuten nach Jerusalem gegen die Jebusiter, die in dem Gebiet wohnten. David eroberte die Burg Zion, das ist die Davidstadt. Davids Macht wurde immer größer, weil der Herr, der Gott der Heerscharen, mit ihm war.

So erkannte David, dass der Herr ihn als König über Israel bestätigt und sein Königtum wegen seines Volkes Israel emporgebracht hatte. *aus 2 Samuel 2,1; 5,1–12*

Die Bundeslade in Jerusalem

David versammelte abermals alle hervorragenden Krieger in Israel, dreißigtausend Mann. Dann brach er auf und zog mit dem gesamten Volk, das bei ihm war, nach Baala in Juda, um von dort die Lade Gottes heraufzuholen, die benannt ist nach dem Namen des Herrn, des Gottes der Heerscharen, der über den Kerubim thront.

David tanzte mit ganzer Hingabe vor dem Herrn her. So brachten David und das ganze Haus Israel mit Jubel und Posaunenschall die Lade des Herrn hinauf. Als aber die Lade des Herrn in die Davidstadt einzog, schaute Michal, die Tochter Sauls, zum Fenster hinaus. Wie sie nun den König David vor dem Herrn springen und tanzen sah, verachtete sie ihn in ihrem Herzen. Man trug die Lade des Herrn in das Zelt hinein, das David für sie aufgeschlagen hatte, und stellte sie an ihren Platz. Nachdem David die Darbringung der Brandopfer und der Gemeinschaftsopfer beendet hatte, segnete er das Volk im Namen des Herrn. Hierauf ließ er an das ganze Volk, an alle Israeliten, Männer wie Frauen, je einen Brotlaib, Datteln und einen Rosinenkuchen verteilen. Dann kehrte das ganze Volk zurück, jeder in sein Haus.

Als David heimkehrte, um seiner Familie den Segensgruß zu entbieten, trat ihm Michal, die Tochter Sauls, entgegen und sagte: Wie ehrenhaft hat sich doch heute der König Israels benommen, als er sich vor den Augen der Mägde seiner Untertanen bloßgestellt hat, wie sich nur einer aus dem Gesindel bloßstellen kann. David entgegnete Michal: Vor dem Herrn tanze ich! Beim Leben des Herrn, der mich statt deines Vaters und seines ganzen Hauses erwählte und mich zum Fürsten über das Volk des Herrn, über Israel, einsetzte, ja, vor dem Herrn will ich tanzen. Ich will mich sogar noch tiefer demütigen als diesmal, auch wenn ich verächtlich bin in deinen Augen. *aus 2 Samuel 6,1–22a*

Verheißung durch den Propheten Natan

Als nun der König in seinem Palast saß und der Herr ihm Ruhe verschafft hatte vor allen seinen Feinden ringsum, da sagte der König zu dem Propheten Natan: Ich wohne in einem Zedernpalast, während die Gotteslade unter Zeltdecken steht. Natan erwiderte dem König: Nun denn, alles, was du im Sinn hast, das führ aus; denn der Herr ist mit dir. Aber noch in derselben Nacht erging das Wort des Herrn an Natan: Geh hin und sag meinem Knecht David: So spricht der Herr: Du willst mir ein Haus bauen, damit ich darin wohne? Wahrhaftig, ich habe niemals in einem Haus gewohnt seit dem Tag, an dem ich die Kinder Israels aus Ägypten heraufgeführt habe, bis zum heutigen Tag. Ich bin vielmehr in einer Zeltwohnung umhergewandert. Habe ich vielleicht, solange ich mit allen Kindern Israels hin- und hergezogen bin, zu einem von den Richtern Israels, die ich beauftragte, mein Volk Israel zu weiden, mit einem Wort gesagt: Warum habt ihr mir keinen Zedernpalast gebaut? So lässt der Herr dir also verkünden, dass der Herr dir ein Haus bauen wird. Wenn dann deine Tage erfüllt sind und du dich zur Ruhe legst bei deinen Vätern, dann will ich deinen leiblichen Sohn zu deinem Nachfolger machen und sein Königtum bestätigen. Er wird meinem Namen ein Haus errichten und ich will den Thron seiner Königsherrschaft für immer befestigen. Ich will ihm Vater sein und er wird mir Sohn sein. Ganz so, wie es ihm gesagt und offenbart worden war, sprach Natan zu David.

Darauf ging David hin, ließ sich vor dem Herrn nieder

und sprach: Wohlan denn, mein Herr und Gott, du bist Gott, und deine Worte sind Wahrheit. Du hast deinem Knecht diese herrliche Verheißung gegeben. So möge es dir nun gefallen, das Haus deines Knechtes zu segnen, damit es für immer vor dir besteht. Denn du, mein Herr und Gott, hast gesprochen und durch deinen Segen wird das Haus deines Knechtes gesegnet sein auf ewig. *aus 2 Samuel 7,1–29*

David und Batseba

Um die Jahreswende, zu der Zeit, als die Könige ins Feld zu ziehen pflegten, sandte David Joab und mit ihm seine Leibwache und ganz Israel aus. Eines Abends erhob sich David von seinem Lager und ging auf dem Dach seines Königspalastes spazieren. Dabei sah er vom Dach aus eine Frau, die badete. Die Frau aber war ausnehmend schön. David sandte jemand hin, um sich nach der Frau zu erkundigen. Man berichtete ihm: Das ist Batseba, die Frau des Hetiters Urija. Darauf schickte David Boten hin, um sie zu holen. Sie kam zu ihm und er schlief mit ihr. Dann kehrte sie in ihr Haus zurück. Als nun die Frau schwanger wurde, ließ sie David mitteilen: Ich bin schwanger.

Und es geschah am anderen Morgen, da schrieb David einen Brief an Joab und ließ ihn durch Urija bestellen. In dem Brief aber schrieb er Folgendes: Stellt den Urija in den heftigsten Kampf vorn hin. Dann zieht euch hinter ihm zurück, damit er getroffen wird und den Tod findet! So kam es, dass Joab bei der Belagerung der Stadt Urija an einer Stelle einsetzte, wo, wie ihm bekannt war, tapfere Männer standen. Als dann die Männer der Stadt einen Ausfall machten und mit Joab in Kampf gerieten, fielen einige vom Kriegsvolk, nämlich von den Leuten Davids. Auch der Hetiter Urija fand den Tod. Nun sandte Joab zu David und ließ ihm den ganzen Hergang des Kampfes melden. Als nun die Frau des Urija erfuhr, dass ihr Mann tot war, hielt sie die Totenklage für ihren Mann. Nachdem aber die Trauerzeit vorüber war, nahm sie David zu sich in sein Haus. So wurde sie seine Frau und gebar ihm einen Sohn. Aber die Tat, die David verübt hatte, missfiel dem Herrn.

Da sandte der Herr den Propheten Natan zu David. Als der zu ihm kam, sprach er zu David: In einer Stadt lebten zwei Männer, ein reicher und ein armer. Der reiche besaß Schafe und Rinder in großer Zahl. Der arme aber hatte gar nichts als ein einziges Lamm. Das hatte er sich gekauft und aufgezogen. Es war bei ihm und wurde mit seinen Kindern groß. Es aß von seinem Brot und trank aus seinem Becher; es schlief in seinem Schoß und war ihm wie eine Tochter. Da kam ein Wanderer zu dem reichen Mann. Aber der brachte es nicht über sich, eines von seinen eigenen Schafen oder Rindern zu nehmen, um es für den Gast, der zu ihm gekommen war, herzurichten. Darum nahm er das Lamm des armen Mannes und bereitete es dem Mann zu, der zu ihm gekommen war. Da wurde David sehr zornig über den Mann und sagte zu Natan: So wahr der Herr lebt: Der Mann, der so etwas getan hat, verdient den Tod. vierfach ersetzen dafür, dass er eine solche Tat begangen und keine Schonung geübt hat. Darauf sprach Natan zu David: Du selbst bist der Mann!

So spricht nun der Herr, der Gott Israels: Ich habe dich zum König über Israel gesalbt und ich war es, der dich aus der Hand Sauls gerettet hat. Auch gab ich dir das Haus deines Herrn und die Frauen deines Herrn. Ich vertraute dir das Haus Israel an und das Haus Juda. Und wäre das zu wenig gewesen, so hätte ich dir noch dies und jenes hinzugefügt. Warum hast du den Herrn missachtet, indem du tatest, was böse ist in den Augen des Herrn? Den Hetiter Urija hast du mit dem Schwert umbringen lassen, um dir seine Frau zur Frau zu nehmen. Ja, du hast ihn mit dem Schwert der Ammoniter umbringen lassen! So soll nun das Schwert nie mehr aus deinem Haus weichen.

Da sagte David zu Natan: Ich habe gegen den Herrn gesündigt. Natan antwortete David: So hat dir auch der Herr deine Sünde vergeben; du wirst nicht sterben. Weil du aber durch diese Tat den Herrn verachtet hast, so soll der Sohn, der dir geboren wurde, sterben. Hierauf ging Natan nach Hause.

Der Herr aber schlug das Kind, das die Frau des Urija David geboren hatte, sodass es todkrank wurde. Da wandte sich David wegen des Knaben an den Herrn und fastete lange, und wenn er heimkehrte, schlief er über Nacht auf dem Boden. Am siebten Tag aber starb das Kind. Da erhob sich David von der Erde, wusch sich, salbte sich und legte andere Kleider an. Dann ging er in das Haus des Herrn und warf sich nieder. Hierauf ging er in sein Haus und verlangte zu essen. Sie setzten ihm Speise vor und er aß. Dann tröstete David seine Frau Batseba. Er ging zu ihr und schlief mit ihr. Sie empfing und gebar einen Sohn; und sie gab ihm den Namen Salomo. Der Herr hatte ihn lieb und ließ es durch den Propheten Natan verkünden. *aus 2 Samuel 11,1–27; 12,1–25*

Die Geschichte Salomos

David war alt und hochbetagt. Obwohl man ihn in Decken einhüllte, wurde ihm doch nicht mehr warm. Da nahm König David das Wort und sprach: Ruft mir Batseba! Sie kam zum König herein und trat vor den König hin. Der König schwor: So wahr der Herr lebt, der mich aus aller Not errettet hat, so wie ich es dir beim Herrn, dem Gott Israels, eidlich zugesagt habe, dass nämlich dein Sohn Salomo nach mir König sein und an meiner Stelle auf meinem Thron sitzen soll, so will ich es heute ins Werk setzen! *1 Könige 1,1.28–30*

Die Thronbesteigung Salomos

Nun stieß man in das Horn und das ganze Volk rief: Es lebe König Salomo! Dann zog das Volk hinter ihm hinauf und die Leute spielten auf Flöten und jubelten so laut, dass die Erde von ihrem Geschrei zu bersten drohte. *aus 1 Könige 1,39–40*

Davids Tod

Als die Zeit herankam, dass David sterben sollte, trug er seinem Sohn Salomo auf: Nun gehe auch ich den Weg alles Irdischen. So sei tapfer und zeig dich als Mann! Beachte, was der Herr, dein Gott, gebietet; geh auf seinen Wegen und halte seine Gebote, Befehle, Satzungen und Anordnungen, wie es geschrieben steht im Gesetz des Mose, damit dir alles gelinge, was du tust und unternimmst, damit der Herr sein Wort in Erfüllung gehen lasse, das er zu mir gesprochen hat: Wenn deine Söhne auf ihren Weg achten und mir mit ihrem ganzen Herzen und ihrer ganzen Seele treu sind, dann soll es, sagte er, dir nie an einem Nachfolger auf dem Thron Israels fehlen.

Danach legte sich David zu seinen Vätern und wurde in der Davidstadt begraben. Die Zeit aber, die David als König über Israel herrschte, betrug vierzig Jahre. In Hebron war er sieben Jahre König und in Jerusalem dreiunddreißig Jahre. Salomo bestieg nun den Thron seines Vaters David und sein Königtum befestigte sich mehr und mehr.

1 Könige 2,1–4.10–12

Salomos Bitte um Weisheit

Salomo aber liebte den Herrn und lebte nach den Geboten seines Vaters David; er brachte jedoch ebenfalls Schlacht- und Rauchopfer auf den Kulthöhen dar.

So begab sich der König nach Gibeon, um dort zu opfern. Dies war nämlich die bedeutendste Kulthöhe. In Gibeon erschien der Herr dem Salomo nachts im Traum. Gott sprach: Erbitte, was ich dir geben soll! Salomo sagte: Du hast an deinem Knecht, meinem Vater David, überaus huldvoll gehandelt, weil er vor dir in Treue und Frömmigkeit und mit einem gegen dich aufrichtigen Herzen gelebt hat, und du hast ihm diese große Huld bewahrt, indem du ihm einen Sohn geschenkt hast, der nun auf seinem Thron sitzt. Herr, mein Gott, du hast deinen Knecht an der Stelle meines Vaters zum König gemacht. Ich bin aber ein junger Mensch, weiß nicht aus noch ein. Gib also deinem Knecht ein hörendes Herz, damit er zu unterscheiden weiß zwischen Gut und Böse. Wer könnte sonst dieses dein so zahlreiches Volk regieren? Es gefiel dem Herrn, dass Salomo eine solche Bitte ausgesprochen hatte. Darum sprach der Herr zu ihm: Weil du gerade diese Bitte gestellt und dir nicht ein langes Leben, Reichtum oder das Leben deiner Feinde, sondern Einsicht erbeten hast, um auf das Recht zu achten, darum will ich deine Bitte erfüllen. Siehe, ich will dir ein so weises und verständiges Herz geben, dass niemand vor dir war und niemand kommen wird, der dir gleicht. Aber auch das, worum du nicht gebeten hast, will ich dir geben, sowohl Reichtum als Ehre, sodass keiner unter den Königen dir gleichen soll. Und wenn du wie dein Vater David auf meinen Wegen gehst und meine Satzungen und Gebote hältst, will ich dir ein langes Leben schenken. Als aber Salomo erwachte, da war es ein Traum gewesen. Er kehrte nach Jerusalem zurück, trat vor die Bundeslade des Herrn und brachte Brandopfer und Gemeinschaftsopfer dar und gab ein Festmahl für alle seine Diener.

Der Herr verlieh Salomo Weisheit und Einsicht und Weite des Herzens – wie Sand am Ufer des Meeres, sodass Salomos Weisheit die Weisheit aller Söhne des Ostens und sogar alle Weisheit Ägyptens übertraf. Er war weiser als alle Menschen. Sein Name drang zu allen Völkern ringsum. Er dichtete dreitausend Sprüche und die Zahl seiner Lieder betrug eintausendundfünf. Von allen Völkern kam man herbei, um die Weisheit Salomos zu hören, Abgesandte von allen Königen der Erde, die von seiner Weisheit gehört hatten.

aus 1 Könige 3,3–15; 5,9–14

Der Tempelbau

Hiram, der König von Tyrus, war sein Leben lang ein guter Freund Davids gewesen. Nun sandte Salomo an Hiram die Botschaft: Du weißt selbst, dass mein Vater nicht in der Lage war, dem Namen des Herrn, seines Gottes, einen Tempel zu bauen wegen der Kriege, die ihm von allen Seiten zusetzten, bis der Herr seine Feinde unter die Sohlen seiner Füße legte. Jetzt aber hat mir der Herr, mein Gott, ringsum Ruhe verschafft; es gibt keinen Widersacher mehr und keine Gefahr. So denke ich daran, dem Namen des Herrn, meines Gottes, ein Haus zu bauen, gemäß dem Wort, das der Herr zu meinem Vater David gesprochen hat: Dein Sohn, den ich an deiner Stelle auf deinen Thron setzen werde, der soll meinem Namen das Haus bauen.

Es war im vierhundertachtzigsten Jahr nach dem Auszug der Israeliten aus Ägypten, im vierten Jahr der Regierung Salomos über Israel, da baute er den Tempel für den Herrn. Bei der Errichtung des Tempels baute man mit Steinen, die im Steinbruch fertig behauen worden waren; Hämmer und Meißel oder sonstige eiserne Werkzeuge hörte man nicht, während der Tempel gebaut wurde.

Innen war am Tempel Zedernholz, Schnitzereien mit Früchten und Blumengewinden. Alles war aus Zedernholz. Kein Stein war zu sehen. Auch richtete er im Innern des Tempels den hinteren Raum so ein, dass er dort die Bundeslade des Herrn unterbringen konnte. Der hintere Raum war zwanzig Ellen lang, zwanzig Ellen breit und zwanzig Ellen hoch; und er überzog ihn mit Feingold; er machte einen Altar aus Zedernholz und überzog ihn mit Gold. Den ganzen Tempel überzog er vollständig mit Gold. Sieben Jahre hatte man an ihm gebaut.

Salomo stellte alle Geräte, die er gemacht hatte, im Tempel des Herrn auf: den goldenen Altar, den goldenen Tisch, worauf die Schaubrote liegen, die Leuchter, fünf auf der rechten, fünf auf der linken Seite vor dem Hinterraum, aus Feingold, dazu die goldenen Blüten, Lampen und Lichtscheren, ferner die Kessel, Messer, Sprengschalen, Becken und Pfannen aus Feingold; auch die Türangeln des inneren Raumes, des Allerheiligsten, und des Hauptraumes waren mit Gold verkleidet.

Damals versammelte Salomo die Ältesten Israels in Jerusalem, um die Bundeslade des Herrn aus der Davidstadt, das heißt aus Zion, hinaufzubringen. Und die Priester brachten die Bundeslade des Herrn an ihren Platz in den hinteren Raum des Tempels, in das Allerheiligste, unter die Flügel der

Kerubim. Denn die Kerubim breiteten ihre Flügel über die Stelle aus, wo die Lade stand, sodass die Kerubim von oben her die Lade und ihre Tragstangen bedeckten. In der Lade war nichts als die zwei steinernen Tafeln, die Mose am Horeb hineingelegt hatte, die Tafeln des Bundes, den der Herr mit den Israeliten geschlossen hatte nach ihrem Auszug aus Ägypten.

Als aber die Priester aus dem Heiligtum heraustraten, da erfüllte die Wolke den Tempel des Herrn, sodass die Priester wegen der Wolke nicht imstande waren, hinzutreten, um den Dienst zu verrichten; denn die Herrlichkeit des Herrn erfüllte den Tempel des Herrn. Damals sagte Salomo:

Die Sonne hat der Herr an den Himmel gestellt, / er aber hat erklärt, er selbst wolle im Dunkel wohnen.
So habe ich nun ein Haus für dich erbaut zur Wohnung, / eine Stätte, wo du weilst für ewige Zeiten.

Hierauf wandte sich der König um und segnete die ganze Gemeinde Israels, die versammelt war.

aus 1 Könige 5,15–19; 6,1–38; 7,48–51; 8,1–14

Das Weihegebet Salomos

Dann trat Salomo angesichts der ganzen Gemeinde Israels vor den Altar des Herrn, breitete seine Hände zum Himmel aus und sprach: Herr, du Gott Israels, kein Gott ist dir gleich, weder oben im Himmel noch hier unten auf der Erde! Du hältst den Bund und die Huld deiner Knechte, die von ganzem Herzen vor dir wandeln; Ja, aber wohnt Gott wirklich mit den Menschen auf der Erde? Siehe, die Himmel und der Himmel der Himmel können dich nicht fassen, geschweige denn dieser Tempel, den ich erbaut habe. Lass deine Augen geöffnet sein über diesem Haus bei Nacht und bei Tag, über der Stätte, von der du verheißen hast: Mein Name soll dort wohnen. Höre auf das Gebet, das dein Knecht an dieser Stätte verrichtet.

So beging Salomo zu jener Zeit das Fest vor dem Herrn, unserem Gott, sieben Tage lang. Am achten Tag aber entließ er das Volk. Sie nahmen Abschied vom König und zogen in ihre Heimat, fröhlich und guten Mutes wegen all des Guten, das der Herr an seinem Diener David und an seinem ganzen Volk Israel vollbracht hatte.

Als Salomo den Bau des Tempels des Herrn und des königlichen Palastes zu Ende geführt hatte sowie jeden Plan, den er sonst auszuführen wünschte, da erschien der Herr Salomo zum zweiten Mal, wie er ihm in Gibeon erschienen war. Der Herr sprach zu ihm: Ich habe dein Gebet und Flehen, das du an mich gerichtet hast, gehört. Ich habe diesen Tempel, den du erbaut hast, geweiht, indem ich meinen Namen für alle Zeiten dort belasse; auch meine Augen und mein Herz sollen allezeit dort weilen. Wenn nun auch du vor meinem Angesicht den Weg gehst, den dein Vater David gegangen ist, aufrichtig und rechtschaffen, sodass du alles tust, was ich dich geheißen habe, und meine Satzungen und Vorschriften befolgst, so will ich den Thron deines Königtums über Israel für immer bestätigen, wie ich es deinem Vater David zugesichert habe, als ich sprach: Nie soll es dir an einem Mann auf dem Thron Israels fehlen! Wenn ihr euch aber von mir abwendet, ihr und euere Kinder, indem ihr meine Gebote und Satzungen, die ich euch auferlegt habe, nicht haltet, sondern hingeht und anderen Göttern dient und sie anbetet, so werde ich Israel ausrotten aus dem Land, das ich ihm geschenkt habe. *aus 1 Könige 8,22–66; 9,1–7*

Salomos Bundesbruch

König Salomo liebte neben der Tochter des Pharao noch zahlreiche ausländische Frauen, Frauen aus den Völkern, von denen der Herr den Israeliten gesagt hatte: Ihr sollt euch nicht mit ihnen einlassen und sie sollen sich nicht mit euch einlassen; sonst werden sie gewiss euere Herzen verführen, sodass ihr ihren Göttern nachlauft. An diesen hing Salomo mit Liebe. Salomo wurde alt und seine Frauen wandten sein Herz anderen Göttern zu. Sein Herz war nicht mehr ungeteilt dem Herrn, seinem Gott, ergeben wie das Herz seines Vaters David. So lief Salomo Astarte, der Göttin der Sidonier, nach, ebenso Milkom, dem Scheusal der Ammoniter. Salomo tat also, was dem Herrn missfiel, und folgte nicht vollkommen dem Herrn wie sein Vater David.

Da wurde der Herr über Salomo zornig, weil er sein Herz vom Herrn, dem Gott Israels, abgewandt hatte, obgleich er ihm zweimal erschienen war und ihm eingeschärft hatte, nicht anderen Göttern nachzulaufen; er aber hielt sich nicht an das, was der Herr ihm geboten hatte. Deshalb sprach der Herr zu Salomo: Weil es so mit dir steht, dass du meinen Bund und meine Satzungen, die ich dir auferlegt habe, nicht gehalten hast, so werde ich dir das Königtum entreißen und es deinem Knecht geben. Doch zu deinen Lebzeiten will ich es wegen deines Vaters David noch nicht tun; aber deinem Sohn werde ich es aus der Hand reißen. *aus 1 Könige 11,1–12*

Salomos Tod

Die Zeit, die Salomo in Jerusalem König über ganz Israel war, betrug vierzig Jahre. Dann legte sich Salomo zu seinen Vätern nieder und wurde in der Stadt seines Vaters David begraben. Sein Sohn Rehabeam wurde an seiner Stelle König.

1 Könige 11,42–43

Regierung Ahabs

Ahab wurde König über Israel und regierte zweiundzwanzig Jahre. Er tat, was dem Herrn missfiel, mehr als alle seine Vorgänger. Er nahm sich auch noch Isebel, die Tochter Etbaals, des Königs der Sidonier, zur Frau, ging hin, diente dem Baal und betete ihn an. Er errichtete Baal einen Altar im Baalstempel, den er in Samaria erbaut hatte. Auch stellte er einen

Kultpfahl auf und tat noch mehr, um den Herrn, den Gott Israels, zu erzürnen, schlimmer als alle Könige Israels, die vor ihm gewesen waren. *aus 1 Könige 16,29–33*

Elija am Bach Kerit

Elija sprach zu Ahab: So wahr der Herr, der Gott Israels, lebt, er, in dessen Dienst ich stehe, es soll in diesen Jahren weder Tau noch Regen fallen, es sei denn auf das Wort hin, das ich spreche.

Danach erging das Wort des Herrn an ihn: Geh fort von hier, wende dich ostwärts und verbirg dich am Bach Kerit, der östlich vom Jordan fließt. Aus dem Bach sollst du trinken, den Raben aber gebiete ich, dass sie dich dort versorgen. Da ging er hin und tat, wie der Herr befohlen hatte, und blieb am Bach Kerit, der östlich vom Jordan fließt. Und die Raben brachten ihm Brot am Morgen und Fleisch am Abend, aus dem Bach aber trank er. *aus 1 Könige 17,1–6*

Das Gottesurteil auf dem Karmel

Nach langer Zeit, im dritten Jahr, da erging das Wort des Herrn an Elija: Geh, zeig dich Ahab; denn ich will Regen auf die Erde senden. Da ging Elija hin, um sich Ahab zu zeigen; die Hungersnot aber wurde immer größer in Samaria.

Da sagte Ahab zu Elija: Bist du nun da, du Verderber Israels? Er aber erwiderte ihm: Nicht ich habe Israel ins Verderben gebracht, sondern du und das Haus deines Vaters, weil ihr den Herrn verlassen habt und weil du den Baalen nachgelaufen bist. Nun aber sende hin und lass ganz Israel bei mir auf dem Berg Karmel zusammenkommen, ebenso die vierhundertfünfzig Propheten Baals!

Da sandte Ahab zu allen Israeliten umher und ließ die Propheten auf dem Berg Karmel zusammenkommen. Elija aber trat vor das gesamte Volk hin und sprach: Wie lange wollt ihr zwischen zwei Seiten schwanken? Ist der Herr der wahre Gott, so folgt ihm nach; ist es aber Baal, so folgt ihm nach! Das Volk aber erwiderte ihm kein Wort. Da sprach Elija zum Volk: Ich bin als einziger Prophet des Herrn übrig geblieben, die Propheten Baals dagegen sind vierhundertfünfzig. So gebe man uns zwei Stiere! Sie mögen sich den einen Stier auswählen, ihn zerstückeln und auf die Holzscheite legen, aber kein Feuer anzünden, ich will dann den anderen Stier zurechtmachen, aber kein Feuer anzünden. Dann sollt ihr den Namen eueres Gottes anrufen, ich aber werde den Namen des Herrn anrufen; der Gott nun, der mit Feuer antwortet, der soll Gott sein! Da erwiderte das ganze Volk: So ist es recht! Darauf sagte Elija zu den Propheten Baals: Wählt euch den einen Stier aus und macht ihn zuerst zurecht! Ihr seid ja in der Mehrheit. Ruft dann den Namen eueres Gottes an, aber Feuer dürft ihr nicht anmachen! Und sie nahmen den Stier, richteten ihn zu und riefen den Namen Baals an vom Morgen bis zum Mittag mit den Worten: Baal, erhöre uns! Aber kein Laut kam und niemand gab Antwort. Dabei hüpften sie um den Altar herum, den sie errichtet hatten. Als es Mittag geworden war, verspottete Elija sie und sagte: Ruft doch recht laut, er ist ja ein Gott! Vielleicht ist er in Gedanken vertieft oder beiseite gegangen oder verreist; vielleicht schläft er gerade und muss erst aufwachen. Da riefen sie mit starker Stimme und ritzten sich nach ihrem Brauch mit Schwertern und Lanzen, bis das Blut floss. Als der Mittag schon vorüber war, da kam es so weit, dass sie zu rasen begannen, aber es war kein Laut, keine Antwort, keine Erhörung zu vernehmen.

Da sprach Elija zum gesamten Volk: Tretet her zu mir! Das gesamte Volk trat zu ihm hin. Darauf stellte er den Altar des Herrn, der zerstört war, wieder her. Und zwar nahm Elija zwölf Steine, nach der Zahl der zwölf Stämme der Söhne Jakobs, an den das Wort des Herrn ergangen war: Israel soll dein Name sein, und baute aus den Steinen einen Altar im Namen des Herrn und machte rings um den Altar einen Graben so groß wie ein Raum für zwei Sea Saatkorn. Dann schichtete er die Holzscheite auf, zerteilte den Stier, legte ihn auf die Holzscheite. Dann rief er: Erhöre mich, Herr, erhöre mich und lass dieses Volk erkennen, dass du der Herr, der Gott, bist und dass du ihr Herz zur Umkehr bringst. Da fiel das Feuer des Herrn herunter und verzehrte das Brandopfer und die Holzscheite, sogar das Wasser im Graben leckte es auf. Als das ganze Volk das sah, fiel es auf sein Angesicht und sprach: Der Herr ist Gott, der Herr ist Gott! Elija aber sagte zu ihnen: Ergreift die Propheten Baals! Keiner von ihnen darf entrinnen!

Nach einer Weile wurde der Himmel schwarz von Gewitterwolken und es fiel ein starker Platzregen.

aus 1 Könige 18,1–45

Elija am Horeb

Ahab erzählte Isebel alles, was Elija getan, wie er alle Propheten mit dem Schwert hatte umbringen lassen. Da sandte Isebel einen Boten zu Elija. Da geriet er in Angst, machte sich auf und ging davon, um sein Leben zu retten. Er ging einen Tagesmarsch weit in die Wüste hinein. Als er so weit gekommen war, ließ er sich unter einem Ginsterstrauch nieder, wünschte sich den Tod und sprach: Nun ist es genug, Herr! Nimm meine Seele hin; ich bin ja nicht besser als meine Väter! Dann legte er sich hin und schlief ein. Auf einmal berührte ihn ein Engel und sprach zu ihm: Steh auf, iss! Als er hinblickte, sah er neben seinem Kopf einen gerösteten Fladen und einen Krug Wasser. Er aß und trank und legte sich wieder schlafen. Aber der Engel des Herrn kam zum zweiten

Mal, berührte ihn und sprach: Steh auf, iss! Denn sonst ist der Weg zu weit für dich! Da stand er auf, aß und trank und wanderte in der Kraft jener Speise vierzig Tage und vierzig Nächte bis zum Gottesberg Horeb. Er trat dort in eine Höhle und übernachtete darin. Da erging das Wort des Herrn an ihn und er sprach zu ihm: Was tust du hier, Elija? Er erwiderte: Von Eifer bin ich entbrannt für den Herrn, den Gott der Heerscharen; denn die Israeliten haben dich verlassen, deine Altäre haben sie niedergerissen, deine Propheten haben sie mit dem Schwert umgebracht. Ich allein bin übrig geblieben und nun stellen sie auch meinem Leben nach. Da sprach er: Geh hinaus und tritt auf dem Berg vor den Herrn hin! Da zog der Herr vorüber. Ein gewaltiger, heftiger Sturm, der Berge zersprengt und Felsen spaltet, ging vor dem Herrn her; aber der Herr war nicht im Sturm. Nach dem Sturm kam ein Erdbeben; aber der Herr war nicht im Erdbeben. Nach dem Erdbeben kam Feuer; aber der Herr war nicht im Feuer. Nach dem Feuer kam ein leises, sanftes Säuseln. Als Elija das vernahm, verhüllte er sein Gesicht mit seinem Mantel, ging hinaus und trat an den Eingang der Höhle.

aus 1 Könige 19,1–13

Die Berufung Elischas

Als Elija von dort weggegangen war, traf er Elischa, der gerade pflügte. Zwölf Gespanne hatte er vor sich, er selbst ging beim zwölften. Elija ging zu ihm hinüber und warf seinen Mantel über ihn. Da ließ er die Rinder stehen, lief hinter Elija her und rief: Lass mich erst noch meinem Vater und meiner Mutter den Abschiedskuss geben, dann will ich dir folgen. Elija sagte zu ihm: Geh nur, aber komm dann zurück! Bedenke, was ich an dir getan habe. *aus 1 Könige 19,19–20*

Die Heilung des Aramäers Naaman

Naaman, der Heerführer des Königs von Aram, war ein Mann, der bei seinem Herrn in hohem Ansehen und in großer Gunst stand; denn durch ihn hatte der Herr Aram den Sieg verliehen. Der Mann aber war vom Aussatz befallen. Nun waren die Aramäer einmal zu einem Streifzug ausgerückt und hatten ein junges Mädchen aus dem Land Israel entführt. Es kam in den Dienst der Frau Naamans. Es sagte zu seiner Herrin: Wenn doch nur mein Herr bei dem Propheten in Samaria wäre, der würde ihn von seinem Aussatz befreien! Da ging Naaman zu seinem Herrn und teilte ihm mit: So und so hat das Mädchen aus dem Land Israel gesprochen. Der König von Aram erwiderte: Geh hin; ich will dir einen Brief an den König von Israel mitgeben! So ging er hin und nahm zehn Talente Silber, sechstausend Schekel Gold und zehn Festgewänder mit sich und überbrachte dem König von Israel den Brief, der folgendermaßen lautete: Zugleich mit diesem Brief sende ich meinen Diener Naaman zu dir, damit du ihn von seinem Aussatz befreist. Als der König von Israel den Brief gelesen hatte, zerriss er seine Kleider und rief: Bin ich denn ein Gott, dass ich tot oder lebendig machen könnte? Denn dieser schickt zu mir, damit ich jemand vom Aussatz befreie! Nun seht ihr doch klar, dass er nur einen Vorwand zum Streit mit mir sucht.

Als Elischa hörte, der König von Israel habe seine Kleider zerrissen, sandte er hin und ließ ihm sagen: Warum hast du deine Kleider zerrissen? Er soll zu mir kommen, dann wird er erfahren, dass es in Israel einen Propheten gibt. So kam Naaman mit seinen Pferden und Wagen und machte vor der Haustür Elischas Halt. Da schickte Elischa einen Boten zu ihm mit der Weisung: Geh, bade siebenmal im Jordan, so wird dein Leib wiederhergestellt; du wirst rein werden. Naaman aber ging zornig davon und sagte: Ich hatte mir gedacht, er käme selbst heraus, stellte sich vor mich hin, riefe den Namen des Herrn, seines Gottes, an, würde seine Hand auf der kranken Stelle bewegen und nähme so den Aussatz fort. Sind denn nicht Abana und Parpar, die Flüsse von Damaskus, besser als alle Wasser Israels? Kann ich nicht in ihnen baden, um rein zu werden? Dann machte er kehrt und ging zornig davon. Da traten seine Diener herbei und redeten auf ihn ein: Mein Vater! Wenn der Prophet etwas Schweres von dir gefordert hätte, würdest du es tun. Um wie viel mehr, da er dir nur sagte: Bade, so wirst du rein. So zog er also zum Jordan und tauchte nach der Weisung Elischas siebenmal im Fluss unter. Da wurde sein Leib wieder so rein wie der Leib eines Kindes. Nun kehrte er zu Elischa zurück, er und sein ganzer Tross. Als er hinkam, ging er zu ihm hinein, trat vor ihn hin und sagte: Wahrhaftig, nun weiß ich, dass es auf der ganzen Welt keinen Gott gibt außer in Israel. Jetzt nimm von deinem Knecht ein Geschenk an! Elischa aber erwiderte: So wahr der Herr lebt, in dessen Dienst ich stehe, ich nehme nichts an. Und obgleich er ihn bedrängte, es anzunehmen, lehnte er es ab.

2 Könige 5,1–16

Der Tod Elischas

Elischa erkrankte an der Krankheit, an der er sterben sollte. Da kam Joasch, der König von Israel, zu ihm herunter, und weinte vor ihm.

Dann starb Elischa und man begrub ihn.

aus 2 Könige 13,14–20

Joschija

Acht Jahre war Joschija alt, als er König wurde, und einunddreißig Jahre regierte er in Jerusalem. Seine Mutter hieß Jedida und war eine Tochter Adajas aus Bozkat. Er tat, was dem Herrn gefiel, und ging ganz auf dem Weg seines Vaters David; er wich nicht ab, weder nach rechts noch nach links.

2 Könige 22,1–2

Die Auffindung des Gesetzbuches

Im achtzehnten Jahr des Königs Joschija sandte der König den Staatsschreiber Schafan in das Haus des Herrn und trug ihm Folgendes auf: Geh hinauf zum Hohenpriester Hilkija, damit er das Geld ausschütte, das in das Haus des Herrn gebracht worden ist und das die Hüter der Schwellen vom Volk eingesammelt haben. Man soll es den Werkmeistern aushändigen, die im Haus des Herrn als Aufseher bestellt sind; sie sollen es für die Handwerker im Haus des Herrn verwenden, die damit beschäftigt sind, die Bauschäden auszubessern, nämlich für die Zimmerleute, die Bauarbeiter und die Maurer, ferner für den Ankauf von Holz und Bruchsteinen, um den Tempel auszubessern. Man soll das Geld, das man ihnen aushändigt, nicht mit ihnen abrechnen; denn sie handeln auf Treu und Glauben.

Da teilte der Hohepriester Hilkija dem Staatsschreiber Schafan mit: Ich habe das Gesetzbuch gefunden im Tempel des Herrn. Hilkija übergab das Buch dem Staatsschreiber Schafan und dieser las es. Dann begab sich der Staatsschreiber Schafan zum König und berichtete ihm: Deine Diener haben das Geld, das sich im Tempel fand, ausgeschüttet und es den Werkmeistern ausgehändigt, die zu Aufsehern im Haus des Herrn bestellt sind. Weiter meldete der Staatsschreiber Schafan dem König: Ein Buch hat mir der Priester Hilkija gegeben. Schafan las es dem König vor.

Als der König die Worte des Gesetzbuches hörte, zerriss er seine Kleider. Darauf gab er dem Priester Hilkija, dem

Schreiber Schafan und Asaja, dem Diener des Königs, diesen Befehl: Geht, befragt den Herrn für mich, für das Volk und für ganz Juda über den Inhalt dieses aufgefundenen Buches; denn groß ist der Zorn des Herrn, der deswegen gegen uns entbrannt ist, weil unsere Väter auf die Worte dieses Gesetzes nicht gehört haben, um nach alldem zu handeln, was in ihm vorgeschrieben ist.

Da begaben sich der Priester Hilkija, Schafan und Asaja zu der Prophetin Hulda und sprachen mit ihr. Sie wohnte in der Neustadt Jerusalems. Sie sagte zu ihnen: So spricht der Herr, Israels Gott: Meldet dem Mann, der euch zu mir hergeschickt hat: So spricht der Herr: Siehe, ich bringe Unheil über diesen Ort und über seine Bewohner, und zwar alle Drohungen des Buches, das der König von Juda gelesen hat, weil sie mich verlassen und anderen Göttern geopfert haben, um mich durch all das Werk ihrer Hände zu reizen; darum soll mein Zorn über diesen Ort entbrennen und nicht erlöschen! Dem König von Juda aber, der euch gesandt hat, den Herrn zu befragen, sollt ihr Folgendes sagen: So spricht der Herr, Israels Gott: Durch die Worte, die du gehört hast, ist dein Herz weich geworden. Du hast dich vor dem Herrn gebeugt, als du hörtest, was ich über diesen Ort und seine Bewohner gesprochen habe, dass sie nämlich zum Entsetzen und zum Fluch werden sollen. Weil du deine Kleider zerrissen und vor meinem Angesicht geweint hast, habe auch ich dich erhört, spricht der Herr. Darum sollst du, wenn ich dich zu deinen Vätern versammle, in Frieden in dein Grab gebracht werden und deine Augen sollen nicht all das Unheil schauen, das ich über diesen Ort bringen werde! Sie berichteten dies dem König. *aus 2 Könige 22,3–20*

Religiöse Reform in Juda

Hierauf ließ der König alle Ältesten Judas und Jerusalems bei sich versammeln. Er ging zum Haus des Herrn und alle Männer Judas sowie alle Bewohner Jerusalems mit ihm, ebenso die Priester und die Propheten und das ganze Volk, Klein und Groß. Er ließ vor ihnen das ganze Buch des Bundes, das man im Tempel des Herrn gefunden hatte, vorlesen. Darauf trat der König an die Säule und schloss vor dem Herrn den Bund, dass sie dem Herrn nachfolgen und seine Gebote, seine Verordnungen und seine Satzungen halten wollten mit ganzem Herzen und mit ganzer Seele, um so die Worte dieses Bundes, die in jenem Buch geschrieben standen, zu erfüllen. Das ganze Volk trat dem Bund bei.

Dann befahl der König dem Hohenpriester Hilkija, aus dem Tempel des Herrn alle Geräte, die für den Baal, die Aschera und das ganze Himmelsheer angefertigt worden waren, hinauszuschaffen; er ließ sie außerhalb Jerusalems auf den Feldern am Kidron verbrennen. Er setzte die Götzenpriester ab, die von den Königen von Juda eingesetzt worden waren und die auf den Höhen, in den Städten Judas und in der Umgebung Jerusalems geopfert hatten, ferner jene, die dem Baal, der Sonne, dem Mond, den Bildern des Tierkreises und dem ganzen Himmelsheer geopfert hatten.

Der König gebot dem ganzen Volk: Veranstaltet dem Herrn, euerem Gott, ein Pesach, so wie es in diesem Buch des Bundes geschrieben steht! Es war nämlich ein Pesach dieser Art nicht mehr gefeiert worden seit den Tagen der Richter, die Israel regiert hatten, auch nicht während der ganzen Zeit der Könige von Israel und der Könige von Juda. Erst im achtzehnten Jahr des Königs Joschija wurde dieses Pesach dem Herrn zu Ehren in Jerusalem veranstaltet.

Auch die Totenbeschwörer und die Zeichendeuter, die Hausgötter und die Götzen, überhaupt alle Gräuel, die im Land Juda und in Jerusalem entdeckt wurden, beseitigte Joschija, um die Worte des Gesetzes wirksam werden zu lassen, die in dem Buch geschrieben standen, das der Priester Hilkija im Haus des Herrn gefunden hatte. Es gab vor ihm keinen König wie ihn, der sich so mit ganzem Herzen, mit ganzer Seele und mit ganzer Kraft, genau nach dem Gesetz des Mose, zum Herrn bekehrt hätte; und auch nach ihm war keiner wie er.

Doch der Herr ließ nicht ab von der gewaltigen Glut seines Zornes, die nun einmal gegen Juda entbrannt war wegen all der Ärgernisse. Denn der Herr hatte beschlossen: Auch Juda will ich verstoßen von meinem Angesicht, wie ich Israel verstoßen habe; ich will diese Stadt, die ich erwählt habe, verwerfen, Jerusalem mit dem Tempel, von dem ich erklärt habe: Mein Name soll dort dauernd wohnen. *aus 2 Könige 23,1–27*

Zidkija

Zidkija war einundzwanzig Jahre alt, als er König wurde, und regierte elf Jahre in Jerusalem. Er tat, was dem Herrn missfiel. Denn wegen des Zornes des Herrn ist über Jerusalem und Juda das Unheil gekommen, bis er sie von seinem Angesicht verstieß. Zidkija aber fiel vom König von Babel ab. Im neunten Jahr seiner Regierung rückte Nebukadnezzar, der König von Babel, er selbst und seine ganze Streitmacht, gegen Jerusalem heran; er schloss es ein und warf ringsherum einen Wall auf. Da wurde eine Bresche in die Stadt geschlagen und der König entwich mit allen Kriegsleuten bei Nacht durch das Tor zwischen den beiden Mauern, das am Königsgarten liegt.

aus 2 Könige 24,18–20; 25,1–4

Eroberung und Plünderung Jerusalems

Nebusaradan, der Oberst der Leibgarde und Diener des Königs von Babel, drang in Jerusalem ein. Er steckte das Haus des Herrn sowie den Königspalast und alle Häuser Jerusalems in Brand. Die Truppen der Chaldäer, die dem Obersten der Leibgarde unterstanden, rissen die Mauer um Jerusalem nieder. Den Rest der Bevölkerung aber, der in der Stadt übrig geblieben war, alle, die zum König von Babel übergelaufen waren, und den Rest der Handwerker führte Nebusaradan weg. Von den kleinen Leuten des Landes jedoch ließ der

Oberst der Leibgarde etliche als Winzer und Ackerbauern zurück.

Die bronzenen Säulen am Haus des Herrn zerschlugen die Chaldäer und brachten die Bronze nach Babel. Auch die Töpfe, Schaufeln, Messer, Schalen und alle Geräte aus Bronze, mit denen man den Dienst versah, nahmen sie weg.

So wurde Juda von seiner Heimat weggeführt.

aus 2 Könige 25,8–21

Die Heimkehr und der Tempelbau

Im ersten Jahr des Kyrus, des Königs von Persien, erweckte der Herr den Geist des Kyrus, des Königs von Persien. Kyrus ließ in seinem ganzen Reich einen Aufruf ergehen, und zwar auch schriftlich: So bestimmt Kyrus: Alle Reiche der Erde hat der Herr, der Gott des Himmels, mir gegeben. Er hat mich beauftragt, ihm ein Haus in Jerusalem zu bauen, das in Juda liegt. Wer immer von euch aus seinem ganzen Volk stammt – sein Gott sei mit ihm –, ziehe nach Jerusalem hinauf, das in Juda liegt, und baue das Haus des Herrn, des Gottes Israels. Er ist der Gott, der in Jerusalem wohnt. Jeden, der noch übrig geblieben ist, sollen an allen Orten, wo er ansässig war, die Ortsbewohner mit Silber, Gold, beweglicher Habe und Vieh unterstützen und dazu mit freiwilligen Gaben für das Haus des Gottes, der in Jerusalem wohnt!

Da erhoben sich die Familienhäupter von Juda und Benjamin sowie die Priester und Leviten, alle, deren Geist Gott erweckt hatte, um hinaufzuziehen und das Haus des Herrn zu bauen, der in Jerusalem wohnt. Alle Nachbarn unterstützten sie mit allem, mit Silber, Gold, beweglicher Habe, Vieh und Kostbarkeiten in Menge, dazu all das, was man freiwillig spendete. König Kyrus gab die Geräte des Hauses des Herrn zurück, die Nebukadnezzar aus Jerusalem weggeschafft und als Geschenk in das Haus seines Gottes gegeben hatte. Kyrus gab sie Scheschbazzar, dem Oberen von Juda. All dies brachte Scheschbazzar mit, als die Verbannten von Babel nach Jerusalem geführt wurden. *aus Esra 1,1–11*

Die Vollendung des Tempelbaus

Die Ältesten der Juden bauten nun erfolgreich, sie vollendeten den Bau nach dem Befehl des Gottes Israels und nach der Weisung des Kyrus. Dann feierten die Israeliten, die Priester, Leviten und die Übrigen, die aus der Verbannung zurückgekommen waren, voll Freude die Einweihung dieses Gotteshauses. Sie opferten zur Einweihung des Gotteshauses einhundert Stiere, zweihundert Widder und vierhundert Lämmer und als Sühnopfer für ganz Israel zwölf Ziegenböcke gemäß der Zahl der Stämme Israels.

Am vierzehnten des ersten Monats feierten die Heimkehrer das Pesach. Die Leviten schlachteten das Pesach für alle Heimkehrer, für ihre Brüder, die Priester und für sich selbst. Dieses Pesach aßen die Israeliten, die aus der Verbannung zurückgekehrt waren, sowie alle, die sich von der Unreinheit der Völker des Landes zu ihnen hingewandt hatten, um den Herrn, den Gott Israels, zu suchen. Voll Freude feierten sie sieben Tage lang das Fest der Ungesäuerten Brote. Denn der Herr hatte sie froh gemacht und ihnen das Herz des Königs von Assur zugewandt, sodass er sie bei der Arbeit am Haus Gottes, des Gottes Israels, unterstützte.

aus Esra 6,14–22

Sühnegottesdienst

Am vierundzwanzigsten Tag dieses Monats versammelten sich Israeliten unter Fasten, in Bußgewändern und das Haupt mit Staub bedeckt. Alle, die israelitischer Herkunft waren, hatten sich von den Fremden abgesondert. Nun stellten sie sich auf und bekannten ihre Sünden und die Sünden ihrer Väter. Dann erhoben sie sich von ihrem Platz und lasen den vierten Teil des Tages aus dem Gesetzbuch des Herrn, ihres Gottes, vor; ein weiteres Tagesviertel lang legten sie ein Sündenbekenntnis ab und warfen sich anbetend vor dem Herrn, ihrem Gott, nieder. Dann sagten die Leviten: Auf! Preist den Herrn, unseren Gott!

Gepriesen seist du, Herr, unser Gott von Ewigkeit zu Ewigkeit! Man preise den Namen deiner Herrlichkeit, der über allen Ruhm und alles Lob erhaben ist. Du, Herr, bist der Einzige! Du hast den Himmel geschaffen, den Himmel der Himmel und sein ganzes Heer, die Erde und alles, was auf ihr ist, die Wasser und alles, was in ihnen ist. Du belebtest sie alle. Das Heer des Himmels betet dich an. Herr, du bist der Gott, der Abraham auserwählt, ihn von Ur in Chaldäa hinausgeführt und ihm den Namen Abraham gegeben hat. Du hast sein Herz treu vor dir befunden und mit ihm einen Bund geschlossen, ihm das Land der Kanaaniter, Hetiter, Amoriter, Perisiter, Jebusiter und Girgaschiter zu geben, ihm und seinen Nachkommen. Dein Wort hast du gehalten. Denn du bist gerecht. Du sahst die Not unserer Väter in Ägypten und hörtest ihr Schreien am Schilfmeer. Du wirktest Zeichen und Wunder am Pharao, seinen Dienern und am ganzen Volk seines Landes. Denn du wusstest, dass sie an Israel frevelhaft gehandelt hatten. So bereitetest du dir einen Namen, wie er noch heute besteht. Du teiltest vor ihnen das Meer, sodass sie mitten durch das Meer auf dem Trockenen zogen. Ihre Verfolger aber warfst du in die Tiefen, wie einen Stein in reißendes Wasser. In einer Wolkensäule führtest du sie bei Tag und in einer Feuersäule bei Nacht, um ihnen den Weg zu erleuchten, den sie gehen sollten. Auf den Berg Sinai stiegst du hinunter und sprachst mit ihnen vom Himmel her. Du gabst ihnen gerechte Satzungen und zuverlässige Gesetze, gute Bestimmungen und Vorschriften. Deinen heiligen Sabbat hast du ihnen bekannt gemacht. Durch deinen Knecht Mose befahlst du ihnen Bestimmungen und Vorschriften und das Gesetz. Brot vom Himmel gabst du ihnen für ihren Hunger und aus dem Felsen ließest du Wasser hervorquellen für ihren Durst. Du sagtest ihnen, sie sollten kommen, das Land in Besitz zu nehmen, das du geschworen hattest, ihnen zu geben. Sie aber, unsere Väter, handelten trotzig, versteiften ihren Nacken und hörten nicht auf deine Weisungen. Sie weigerten sich zu gehorchen und dachten nicht an deine Wundertaten, die du an ihnen gewirkt hast. Sie versteiften ihren Nacken und bestellten einen Führer, um in ihre Knechtschaft nach Ägypten zurückzukehren. Du aber bist ein Gott voller Vergebung, gnädig und barmherzig, langmütig und voller Güte. Du hast sie nicht verlassen. Sogar ein gegossenes Kalb machten sie sich und sagten: Dies ist dein Gott, der dich aus Ägypten herausgeführt hat! Sie verübten große Gotteslästerung.

Du aber hast sie in deinem großen Erbarmen in der Wüste nicht verlassen. Die Wolkensäule wich nicht von ihnen bei Tag, sondern führte sie auf ihrem Weg; und die Feuersäule wich nicht bei Nacht, um ihnen den Weg zu erleuchten, auf dem sie gehen sollten. Deinen guten Geist gabst du ihnen zur Belehrung, dein Manna verweigertest du nicht ihrem Mund und Wasser gabst du ihnen für ihren Durst. Ihre Söhne vermehrtest du wie die Sterne des Himmels und führtest sie in das Land, von dem du ihren Vätern gesagt hattest, sie sollten kommen, um es in Besitz zu nehmen. Sie aßen, wurden satt und fett und lebten üppig dank deiner großen Güte. Aber sie wurden widerspenstig, empörten sich gegen dich und warfen dein Gesetz hinter sich. Sie ermordeten deine Propheten, die gegen sie Zeugnis ablegten, um sie zu dir zurückzuführen. So verübten sie große Gotteslästerungen. Da gabst du sie in die Gewalt ihrer Feinde, die sie bedrängten. Zur Zeit ihrer Bedrängnis aber riefen sie zu dir. Da hörtest du vom Himmel her wieder auf sie und in deinem großen Erbarmen gabst du ihnen immer wieder Retter, die sie aus der Gewalt ihrer Feinde befreiten.

Wegen alldem schlossen wir eine feste Vereinbarung und unterzeichneten sie.

Alle schließen sich ihren Brüdern, ihren Vornehmen, an. Sie übernehmen es unter Eid und Schwüren, nach dem Gesetz Gottes zu leben, das durch den Gottesknecht Mose gegeben worden war, und alle Vorschriften des Herrn, unseres Gottes, seine Rechte und Gesetze zu beachten und zu erfüllen.

Wir wollen das Haus unseres Gottes nicht vernachlässigen! *aus Nehemia 9,1–27;10,1.30.40*

Tobit

Buch der Geschichte Tobits aus dem Stamm Naftali. In den Tagen Salmanassars, des Königs von Assur, wurde er in die Gefangenschaft weggeführt.

Ich, Tobit, ging alle Tage meines Lebens auf den Wegen der Wahrheit. Ich beging gute Werke und spendete reichlich Almosen meinen Brüdern und dem Volk, die zusammen mit mir in das Land der Assyrer nach Ninive gezogen waren. Als ich ein Mann geworden war, nahm ich eine Frau aus unserem väterlichen Geschlecht, die Hanna hieß; sie schenkte mir einen Sohn, den ich Tobias nannte.

Als ich als Gefangener nach Assyrien weggeführt worden war, kam ich nach Ninive. Ich reiste nach Medien, wo ich bei Gabaël in der Stadt Rages in Medien zehn Talente Silber hinterlegte. *aus Tobit 1,1–14*

Die Erblindung

Unter der Regierung Asarhaddons kehrte ich in mein Haus zurück. An unserem Pfingstfest gab es ein Festmahl. Ich legte mich nieder, um zu essen. Man setzte mir das Mahl vor und brachte mir verschiedene Gerichte. Da sprach ich zu meinem Sohn: Geh hin, mein Sohn. Wenn du von unseren nach Ninive verschleppten Brüdern einen Armen findest, der dem Herrn treu ist, bring ihn herein, damit er an meinem Mahl teilnehme. Ich warte auf dich, mein Sohn! Tobias kam zurück und sprach: Vater, einer aus unserem Volk wurde erdrosselt auf den Marktplatz geworfen und dort liegt er noch. Da stand ich auf, bevor ich noch gegessen hatte, hob den Mann vom Markt auf um ihn zu begraben. In der gleichen Nacht legte ich mich an der Mauer des Hofes schlafen. Da es warm war, hatte ich mein Gesicht nicht bedeckt. Ich wusste nicht, dass über mir Spatzen in der Mauer waren. Warmer Kot fiel in meine Augen. Es entstanden weiße Flecken, die ich von den Ärzten behandeln lassen musste. Je mehr Salben sie anwendeten, desto mehr machten mich die Flecken blind, und zuletzt war die Blindheit vollständig.

Meine Frau Hanna sprach zu mir: Wo ist dein Lohn für deine Almosen und gerechten Taten? Siehe, es ist alles offenbar, was sie dir eingebracht haben! *aus Tobit 2,1–14*

Tobits Gebet

Da trauerte und weinte ich voller Betrübnis und begann dieses Klagegebet: Gerecht bist du, Herr! Alle deine Werke sind gerecht und deine Wege sind Barmherzigkeit und Treue. Du bist der Richter der Welt. Und nun, Herr, gedenke meiner und schau auf mich! Züchtige mich nicht nach meinen Sünden und Vergehen und auch nicht nach denen meiner Väter. Denn wir haben vor dir gesündigt und deine Gebote verletzt. Da gabst du uns preis zu Plünderung, Gefangenschaft und

Tod, zu Gerede, Spott und zum Vorwurf für alle Völker, unter die du uns zerstreut hast. Nun sind alle deine Strafen zu Recht eingetroffen, du lässt sie über mich kommen wegen meiner Sünden. Denn wir haben deine Gebote nicht gehalten und den Weg deiner Wahrheit verlassen. Tue mit mir, was dir gefällt! Lass meinen Geist von mir scheiden, damit ich sterbe und zu Staub werde! Denn es ist für mich besser zu sterben als zu leben, da ich ungerechte Verleumdungen hören musste und große Traurigkeit in mir ist. Herr, ich warte, dass deine Entscheidung mich erlöst von dieser Not. Lass mich hingehen zum ewigen Ort! Wende, Herr, dein Angesicht nicht vor mir ab! Denn besser ist es zu sterben als so viel Not in meinem Leben zu sehen; ich bin es müde, noch länger ungerechte Verleumdungen anhören zu müssen.

Das Gebet Tobits wurde vor der Herrlichkeit Gottes erhört. Rafael wurde gesandt, die weißen Flecken von Tobits Augen zu entfernen, damit er mit seinen Augen das Licht Gottes wieder sehen könne. Tobias sollte Sara zur Frau bekommen.

aus Tobit 3,1–17

Tobias

An jenem Tag erinnerte sich Tobit an das Geld, das er bei Gabaël in der Stadt Rages in Medien hinterlegt hatte. Er dachte bei sich: Ich habe mir den Tod gewünscht. Warum rufe ich nicht meinen Sohn Tobias, um ihm von diesem Geld zu berichten, bevor ich sterbe? Dann ließ er seinen Sohn Tobias zu sich kommen und sagte: Wenn ich sterbe, begrabe du mich, wie es sich gehört! Ehre deine Mutter! Verlass sie keinen Tag deines Lebens! Tue, was sie erfreut, und betrübe sie nicht! Mein Sohn, denke daran, sie hat deinetwegen viele Beschwerden erduldet, als du im Mutterschoß warst! Wenn sie stirbt, bestatte sie neben mir in meinem Grab! Sei alle Tage dem Herrn treu! Sündige nicht und übertritt nicht seine Gebote! Tue Gutes alle Tage deines Lebens und geh nicht auf den Wegen des Unrechts! Denn wenn du dich an die Wahrheit hältst, werden dir alle deine Werke gelingen. Allen, die Gerechtigkeit üben, gib Almosen von deinem Vermögen! Wende dich von keinem Armen ab! Dann wird sich Gottes Angesicht nicht von dir abwenden. Wenn du Vermögen besitzt, gib davon entsprechend seiner Größe Almosen! Wenn du viel hast, gib mehr; wenn du wenig besitzt, gib weniger, aber zögere nicht, Almosen zu geben. So sammelst du einen schönen Schatz für die Zeit der Not. Denn Almosen rettet vom Tod und bewahrt vor der Finsternis. Eine gute Opfergabe ist nämlich vor dem Allerhöchsten ein Almosen für alle, die es geben. Was du verabscheust, tue keinem anderen an! Betrink dich nicht, ein Rausch soll dir fremd sein! Von deinem Brot gib den Hungernden und von deinen Kleidern den Nackten! Alles, was du im Überfluss hast, gib als Almosen und sei nicht kleinlich, wenn du Almosen gibst! Begehre Rat von jedem Verständigen und verachte keinen nützlichen Rat! Und allezeit preise Gott, den Herrn, und von ihm erbitte, dass deine Wege gerade seien und allen deinen Plänen guter Erfolg beschieden! Denn die Weisheit wird nicht jedem Volk gegeben; der Herr selbst gibt alles Gute. Nun, Kind, denk an meine Belehrungen! Sie sollen nicht aus deinem Herzen getilgt werden!

Nun, mein Sohn, mach ich dir Mitteilung von den zehn Talenten Silber, die ich bei Gabaël, dem Sohn Gabrijas in Rages in Medien hinterlegt habe. Hab keine Angst, mein Sohn, weil wir arm geworden sind! Du besitzt viel, wenn du Gott fürchtest, dich fernhältst von jeder Sünde und das tust, was dem Herrn, deinem Gott, wohlgefällt! *aus Tobit 4,1–21*

Der Reisegefährte

Da antwortete Tobias seinem Vater Tobit: Vater, ich will alles tun, was du mir befohlen hast. Tobias ging hinaus, um einen guten Führer zu suchen, der ihn nach Medien begleiten konnte. Draußen fand er Rafael, den Engel, vor sich stehen, ohne zu wissen, dass dieser ein Engel Gottes war. Er fragte ihn: Kennst du den Weg nach Medien? Jener antwortete: Gewiss doch! Mehrere Male bin ich dort gewesen und alle Wege dorthin habe ich im Kopf. Ich bin oft nach Medien gegangen und bei Gabaël, als Gast aufgenommen worden.

aus Tobit 5,1–6

Wunderbare Heilmittel

Sie zogen beide ihres Wegs und kamen am ersten Abend an den Fluss Tigris, wo sie übernachteten. Der junge Tobias ging zum Fluss hinunter, um seine Füße zu waschen. Da schnellte ein Fisch aus dem Wasser empor und drohte seinen Fuß zu verschlingen. Der junge Mann schrie auf, aber der Engel sprach zu ihm: Ergreif den Fisch und lass ihn nicht los! Da packte er den Fisch und warf ihn ans Land. Dann sprach der Engel zu ihm: Zerschneide den Fisch! Nimm die Galle und bewahre sie sorgfältig auf; sie dient als Augensalbe, wenn man weiße Flecken in den Augen hat. Man braucht nur auf die Flecken zu blasen, um sie zu heilen. *aus Tobit 6,1–9*

Der Heiratsplan

Sie zogen durch Medien und näherten sich schon Ekbatana, als Rafael zum jungen Mann sprach: Bruder Tobias! Heute werden wir bei Raguël übernachten. Er ist dein Verwandter und hat eine Tochter namens Sara. Aber außer Sara hat er weder Sohn noch Tochter. Das Mädchen ist aufrichtig, klug und schön und ihr Vater liebt sie sehr. Du hast das Recht, sie zur Frau zu nehmen.

Sie kamen zum Haus Raguëls, den sie in der Tür des Hofes sitzend antrafen. Da sprach Raguël zu seiner Frau Edna: Wie ähnlich ist der Jüngling meinem Vetter Tobit! Darauf sagte Tobias: Er ist mein Vater. Da sprang Raguël auf, küsste ihn und weinte. Er sprach zu ihm: Sei gesegnet, mein Sohn! Du bist der Sohn eines edlen und guten Mannes! Welches Unglück, dass ein so gerechter und wohltätiger Mann blind geworden ist! Er fiel seinem Bruder Tobias um den Hals und weinte. Auch seine Frau Edna und seine Tochter Sara weinten. Er schlachtete einen Widder von der Herde und man bereitete ihnen einen herzlichen Empfang. *aus Tobit 6,10–12; 7,1–8*

Tobias und Sara

Da sagte Tobias zu Rafael: Bruder Asarja, bitte doch Raguël, mir meine Schwester Sara zur Frau zu geben. Raguël hörte dies und sprach zu dem jungen Mann: Iss und trink und sei fröhlich! Denn dir allein, Bruder, steht es zu, Sara, meine Tochter, zur Frau zu nehmen. Der Herr wird euch seine Gnade und seinen Frieden gewähren. Dann rief Raguël seine Tochter Sara, nahm ihre Hand und gab sie Tobias zur Frau. Er sprach: Ich vertraue sie dir an; Gesetz und Bestimmung im Buch des Mose weisen sie dir als Frau zu. Nimm sie und führe sie wohlbehalten zu deinem Vater! Der Gott des Himmels verleihe euch, in Frieden zu reisen.

Als die Eltern hinausgegangen waren und die Tür geschlossen hatten, erhob sich Tobias vom Lager und sagte zu Sara: Steh auf, Schwester! Beten wir beide gemeinsam und flehen wir zu unserem Herrn, um seine Gnade und Hilfe zu erlangen. Und er begann zu sprechen: Gepriesen seist du, Gott unserer Väter! Gepriesen sei dein Name in alle Ewigkeit! Preisen sollen dich die Himmel und alle deine Geschöpfe in alle Ewigkeit! Du hast Adam geschaffen und ihm als treue Hilfe seine Frau Eva gegeben. Aus ihnen stammt das Menschengeschlecht. Du sprachst: Es ist nicht gut, dass der Mensch allein ist. Wir wollen ihm eine Gehilfin machen, die ihm gleich ist! Jetzt aber, Herr, nicht aus unreiner Begierde nehme ich meine Schwester, sondern aus wahrer Liebe. Befiehl, dass ich Erbarmen finde und mit ihr alt werde! Sie sprachen gemeinsam: Amen, amen! Dann schliefen sie in der Nacht miteinander.

Raguël ließ seine Frau einen Ofen voll Brot backen, dann ging er zur Herde, suchte zwei Ochsen und vier Schafe aus, übergab sie der Küche und man feierte das Hochzeitsfest. Raguël erklärte Tobias: Vierzehn Tage lang darfst du nicht von hier fort. Bleibe bei mir, iss und trink! Du sollst meiner Tochter nach allem ihrem Leid wieder Freude schenken.

Tobias rief Rafael und sagte zu ihm: Bruder Asarja, reise nach Rages. Geh zu Gabaël, gib ihm den Schuldschein und nimm das Geld an dich; dann lade ihn ein, mit dir zu meiner Hochzeit zu kommen. Da reiste Rafael ab, übernachtete bei Gabaël. Gabaël zählte ihm die versiegelten Säcke vor und sie luden sie auf die Kamele. In der Frühe brachen sie zusammen zur Hochzeit auf. Sie kamen bei Raguël an und fanden Tobias beim Mahl. Er erhob sich und begrüßte ihn, Gabaël weinte und segnete ihn mit den Worten: Guter und vortrefflicher Sohn eines guten und vortrefflichen Mannes! Der Herr segne dich mit dem Segen des Himmels, dich und deine Frau, den Vater und die Mutter deiner Frau! Gepriesen sei Gott, der mich meinen Vetter Tobias schauen ließ, sein lebendiges Abbild!

Unterdessen zählte Tobit täglich die Reisetage, die für die Hin- und Rückreise erforderlich waren. Die Zeit war abgelaufen, ohne dass der Sohn zurückgekommen wäre. Da dachte er: Vielleicht sind sie dort unten abgewiesen worden! Vielleicht ist Gabaël gestorben und keiner ist da, der ihm das Geld gibt! Und er begann, sich große Sorgen zu machen.

aus Tobit 7,9–13; 8,4–9.19–20; 10,1–3

Die Heimreise

Als die vierzehn Tage der Hochzeitsfeierlichkeiten vorüber waren sagte Tobias zu Raguël: Entlass mich; denn mein Vater und meine Mutter haben sonst keine Hoffnung mehr, mich wiederzusehen. Da stand Raguël auf und übergab ihm seine Frau Sara und die Hälfte seines Vermögens: Knechte und Mägde, Ochsen und Schafe, Esel und Kamele, Kleider, Geld und Hausgerät. Und er ließ sie wohlbehalten ziehen. Tobias verabschiedete er mit den Worten: Gute Gesundheit, mein Sohn, und glückliche Reise! Der Herr des Himmels sei euch gnädig, dir und deiner Frau Sara! Hoffentlich sehe ich noch euere Kinder, bevor ich sterbe! Zu seiner Tochter Sara sagte er: Geh zu deinem Schwiegervater! Sie sind jetzt deine Eltern, wie die, die dir das Leben schenkten. Geh hin in Frieden! Lass mich nur Gutes von dir hören, solange ich lebe. Dann küsste er sie und verabschiedete sie. Edna sagte zu Tobias: Sohn und lieber Bruder, der Herr bringe dich zurück und gewähre mir, so lange zu leben, dass ich vor meinem Tod deine und Saras, meiner Tochter, Kinder sehe. Vor dem Angesicht des Herrn übergebe ich dir meine Tochter als ein anvertrautes Gut. Betrübe sie nicht, solange du lebst. Geh hin in Frieden, mein Sohn! Von nun an bin ich deine Mutter und Sara ist deine Schwester. Möchten wir doch alle so glücklich leben, alle Tage unseres Lebens! Sie umarmte alle beide und ließ sie wohlbehalten in Freude ziehen.

Tobias reiste zufrieden von Raguël ab. Fröhlich pries er den Herrn des Himmels und der Erde und den König des Alls für den glücklichen Erfolg seiner Reise. Er segnete auch Raguël und seine Frau Edna: Möchte ich das Glück haben, euch zu ehren alle Tage meines Lebens! *aus Tobit 10,8–14*

Tobits Heilung

Als sie in die Nähe von Ninive kamen, sprach Rafael: Weißt du nicht, wie du deinen Vater zurückgelassen hast? Wir wollen deiner Frau vorauseilen und das Haus einrichten, während sie mit den anderen nachkommt. Sie gingen beide zusammen und der Hund folgte ihnen.

Hanna aber saß da und hielt auf dem Weg Ausschau

nach ihrem Sohn. Da sah sie ihn kommen und sagte zu seinem Vater: Dein Sohn kommt und der Mann, der mit ihm gereist ist! Rafael sagte zu Tobias, noch bevor er seinen Vater erreichte: Ich weiß, dass dein Vater die Augen wieder öffnen wird. Streiche die Fischgalle auf seine Augen.

Die Mutter lief herbei und fiel ihrem Sohn um den Hals und sagte zu ihm: Ich habe dich wiedergesehen, nun kann ich sterben! Und sie weinte. Tobit stand auf und stolperte, konnte aber durch die Hoftür gehen. Da lief Tobias zu ihm, in der Hand hielt er die Fischgalle. Er hauchte auf seine Augen, hielt ihn und sprach: Mut, Vater! Dann strich er die Arznei auf, ließ sie einige Zeit wirken und entfernte schließlich mit der Hand ein Häutchen aus den Augenwinkeln. Da fiel ihm sein Vater um den Hals. Er weinte und rief: Ich sehe dich, mein Sohn, Licht meiner Augen! Und er sprach: Gepriesen sei Gott! Gepriesen sei sein gewaltiger Name! Gepriesen seien alle seine heiligen Engel! Gepriesen sei sein gewaltiger Name in alle Ewigkeit! Denn er hat mich gezüchtigt und sich meiner erbarmt. Siehe, ich schaue meinen Sohn Tobias. Tobias trat in das Haus und pries voller Freude Gott mit lauter Stimme. Dann erzählte er alles seinem Vater, wie seine Reise gut verlaufen sei und dass er das Geld mitbringe; wie er Sara, die Tochter Raguëls, geheiratet habe; bald käme auch sie, sie sei schon vor den Toren Ninives.

Da ging Tobit voller Freude seiner Schwiegertochter bis zum Tor von Ninive entgegen und lobte Gott. Die Leute von Ninive sahen ihn wie früher selbständig gehen, ohne Führer, und wunderten sich. Tobit erzählte ihnen, dass Gott sich seiner erbarmt und ihm die Augen geöffnet habe. Als Tobit bei seiner Schwiegertochter Sara ankam, segnete er sie und sagte: Sei willkommen, Tochter! Gepriesen sei Gott, der dich zu uns geführt hat, Tochter! Gepriesen sei dein Vater, gepriesen sei mein Sohn Tobias und gepriesen seist du, Tochter! Sei willkommen in deinem Haus, in Freude und Lobpreis! Tritt ein, Tochter! An jenem Tag herrschte unter allen Juden von Ninive große Freude. *aus Tobit 11,1–18*

Rafael

Danach rief Tobit seinen Sohn Tobias und sagte zu ihm: Mein Sohn, kümmere dich um den Lohn für den Mann, der mit dir gereist ist! Da nahm Rafael die beiden beiseite und sagte zu ihnen: Preist Gott und dankt ihm vor allen Lebewesen für das, was er an euch getan hat! Preist ihn und singt seinem Namen! Verherrlicht allen Menschen Gottes Werke und zögert nicht, ihm zu danken! Es gehört sich, eines Königs Geheimnis zu wahren; Gottes Werke aber zu offenbaren und zu rühmen, ist gut. Tut Gutes und das Böse wird euch nicht treffen. Besser ist Gebet mit Fasten und Almosen mit Gerechtigkeit als Reichtum mit Unrecht. Besser ist es, Almosen zu geben als Gold aufzuhäufen. Denn Almosen rettet vom Tod und befreit von jeder Sünde. Die Almosen spenden, werden ein langes Leben besitzen. Die aber sündigen und Böses tun, sind Feinde ihres eigenen Lebens. Ich will euch die ganze

Wahrheit sagen und nichts mehr vor euch verbergen! Wisst also: als ihr gebetet habt, du und Sara, brachte ich euere Bitten vor die Herrlichkeit des Herrn und las sie vor; ebenso, als du die Toten begrubst. Als du nicht zögertest, aufzustehen und deine Mahlzeit zu verlassen, um hinzugehen, den Toten zu bestatten, wurde ich gesandt, um deinen Glauben zu erproben. Nun sandte mich Gott, dich und deine Schwiegertochter Sara zu heilen. Ich bin Rafael, einer von den sieben Engeln, die allezeit bereitstehen, vor die Herrlichkeit des Herrn hinzutreten.

Da erschraken die beiden und fielen auf ihr Angesicht nieder, weil sie sich fürchteten. Er sprach zu ihnen: Fürchtet euch nicht! Friede sei mit euch! Nun preist den Herrn auf der Erde. *aus Tobit 12,1–20*

Tobits Lobgesang

Und Tobit betete:

Gepriesen sei der lebendige Gott; / denn seine Herrschaft währt in Ewigkeit!

Denn er ist es, der straft und sich erbarmt, / zur Unterwelt hinunter und aus dem Verderben wieder aufwärts führt; / niemand kann seiner Hand entrinnen.

Preist ihn, ihr Söhne Israels, vor den Völkern; / denn er hat uns unter sie zerstreut.

Er straft uns wegen unserer Sünden, / erbarmt sich dann

und sammelt uns aus allen Völkern, / wohin wir zerstreut wurden.
Wenn ihr schaut, was er an euch vollbringt, / dann dankt ihm aus vollem Mund, / und preist den Herrn der Gerechtigkeit, / rühmt den König der Ewigkeiten!
Die Gefangenen wird er in dir erfreuen / und Liebe erweisen den Bedrängten in dir / für alle Zeiten für immer.
Ein lebendiges Licht wird erleuchten alle Gegenden der Erde. / Von ferne kommen viele Völker, von allen Enden der Erde, / um zu wohnen beim heiligen Namen Gottes, des Herrn; / Geschenke halten sie in Händen, Gaben für den König des Himmels. / Generationen auf Generationen weihen dir Jubellieder; / und der Name des Auserwählten wird bleiben in allen Generationen, auf ewig.

So beendete Tobit sein Loblied. Tobit starb im Frieden, einhundertundzwölf Jahre alt, und wurde in Ninive ehrenvoll begraben. *aus Tobit 13,1–13; 14,1*

Ijobs Gottesfurcht

Es war ein Mann im Land Uz mit Namen Ijob. Er war untadelig und rechtschaffen, fürchtete Gott und mied das Böse. Ihm wurden sieben Söhne und drei Töchter geboren. Sein Besitz umfasste siebentausend Stück Kleinvieh, dreitausend Kamele, fünfhundert Joch Rinder, fünfhundert Eselinnen und ein zahlreiches Hausgesinde. So war der Mann mächtiger als alle Bewohner des Ostens. *Ijob 1,1–13*

Zwei Prüfungen

Verlust des Reichtums

Eines Tages geschah es, dass die Gottessöhne kamen, um vor den Herrn hinzutreten. In ihrer Mitte erschien auch der Satan. Da sprach der Herr zum Satan: Woher kommst du? Der Satan antwortete dem Herrn: Ich streifte auf der Erde umher und erging mich auf ihr. Da sprach der Herr zum Satan: Hast du auch auf meinen Knecht Ijob Acht gegeben? Denn es gibt niemand auf der Erde wie ihn. Er ist untadelig und rechtschaffen, fürchtet Gott und meidet das Böse. Der Satan erwiderte dem Herrn: Ist denn Ijob umsonst so gottesfürchtig? Hast du nicht selbst einen Zaun errichtet um ihn, sein Haus und all sein Eigentum ringsum? Das Werk seiner Hände hast du gesegnet und sein Besitz dehnt sich im Land aus. Doch strecke einmal deine Hand aus und rühre an all seinen Besitz.

Wahrhaftig, er wird dir ins Angesicht fluchen! Da sprach der Herr zum Satan: Siehe, alles, was er besitzt, ist in deine Hand gegeben. Nur gegen ihn selbst darfst du deine Hand nicht ausstrecken. Darauf ging der Satan vom Angesicht des Herrn fort.

Eines Tages aßen seine Söhne und Töchter im Haus ihres ältesten Bruders und tranken Wein. Da kam ein Bote zu Ijob und meldete: Die Rinder waren beim Pflügen und die Eselinnen weideten nebenan. Da fielen die Sabäer ein und raubten sie. Dieser hatte noch nicht ausgeredet, da kam schon ein anderer und sprach: Feuer Gottes fiel vom Himmel, flammte unter den Schafen und den Knechten auf und verbrannte sie. Dieser hatte noch nicht ausgeredet, da kam schon ein anderer und sprach: Die Chaldäer bildeten drei Heerhaufen, machten einen Überfall auf die Kamele und trieben sie fort. Sie erschlugen die Knechte mit scharfem Schwert. Dieser hatte noch nicht ausgeredet, da kam schon ein anderer und sprach: Deine Söhne und Töchter aßen und tranken Wein im Haus ihres ältesten Bruders. Da kam plötzlich ein gewaltiger Sturmwind von jenseits der Wüste her und erfasste die vier Ecken des Hauses, sodass es über den jungen Leuten zusammenbrach und diese starben. Da erhob sich Ijob, zerriss sein Obergewand, schor sein Haupt, fiel auf die Erde und betete. Dann sprach er: Nackt kam ich aus dem Schoß meiner Mutter; nackt kehre ich dorthin zurück. Der Herr hat gegeben, der Herr hat genommen; der Name des Herrn sei gepriesen. Bei alledem sündigte Ijob nicht und machte Gott keinen Vorwurf.

aus Ijob 1,6–22

Verlust der Gesundheit

Dann geschah es, dass der Satan Ijob mit bösartigem Geschwür von seiner Fußsohle bis zu seinem Scheitel schlug. Er nahm sich eine Scherbe, um sich damit zu schaben, während er mitten in der Asche saß. Da sagte seine Frau zu ihm: Hältst du noch immer an deiner Makellosigkeit fest? Fluche Gott und stirb! Er aber erwiderte ihr: Wie eine törichte Frau spricht, so redest auch du. Wenn wir das Gute von Gott annehmen, warum nicht auch das Böse? Bei all dem sündigte Ijob nicht mit seinen Lippen. *aus Ijob 2,1–10*

Der Besuch der drei Freunde

Drei Freunde Ijobs hörten von all dem Unglück, das über ihn gekommen war, und ein jeder kam von seiner Heimat, Elifas aus Teman, Bildad aus Schuach und Zofar aus Naama. Sie verabredeten untereinander, hinzugehen, um ihm ihre Teilnahme zu bezeigen und ihn zu trösten. Sieben Tage und sieben Nächte saßen sie neben ihm auf der Erde und keiner sprach ein Wort zu ihm. Denn sie sahen, dass sein Schmerz übergroß war. *aus Ijob 2,11–13*

Ijobs Klage – Die Last des Lebens

Danach öffnete Ijob seinen Mund und verfluchte den Tag seiner Geburt. Ijob ergriff das Wort und sprach:

Warum starb ich nicht vom Mutterschoß weg, / trat aus dem Mutterleib und starb dahin?
Warum kamen Knie mir entgegen / und warum Brüste, dass ich daran sog?
Dann läge ich jetzt still und hätte Ruhe, / entschlafen wäre ich und hätte Frieden.
Bevor ich noch esse, muss ich seufzen, / wie Wasser strömen meine Klagen aus.
Wovor mir bangte, das kam über mich, / was ich befürchtet, traf mich auch.
Ich finde keinen Frieden, keine Rast. / Noch war ich nicht zur Ruhe gekommen, schon kam (neues) Unheil.

Aus Ijob 3,1–26

Rede des Elifas – Die Vergeltung

Da antwortete Elifas und sprach:

Bedenke doch! Wer ging wohl ohne Schuld zugrunde? / Wo gingen Redliche einmal verloren?
Soviel ich wahrnahm: Die Unrecht pflügten, / und Mühsal säten, die ernteten es auch.

Durch Gottes Atem gehen sie zugrunde / und schwinden hin durch seines Zornes Hauch.
Ist wohl ein Mensch vor Gott gerecht? / Ist rein ein Mann vor seinem Schöpfer? *aus Ijob 4,1–17*

Ijobs Gegenrede

Dem Nächsten Mitleid zu verweigern, / das heißt die Furcht des Allmächtigen von sich zu werfen.
In ihrer Hoffnung werden sie betrogen, / bei ihnen angekommen, werden sie enttäuscht.
So seid ihr jetzt für mich geworden; / ihr schaut das Schreckliche und fürchtet euch.
Hab' ich denn je gebeten: Schenkt mir etwas, / von euerem Reichtum spendet was für mich?
Nun habt die Güte, wendet euch mir zu, / ich lüge euch gewiss nicht ins Gesicht.
Kehrt wieder um! Kein Unrecht soll geschehen. / Kehrt wieder um! Mein Recht besteht noch immer.
Ist Unrecht denn auf meiner Zunge, / oder schmeckt mein Gaumen das Verderben nicht? *aus Ijob 6,14–30*

Die Rede Bildads – Das Gesetz der Vergeltung

Da antwortete Bildad und sprach:

Wie lange noch willst du so reden?

Beugt etwa Gott das Recht? / Beugt der Allmächtige denn die Gerechtigkeit?

Wenn du selbst nach Gott suchst / und zum Allmächtigen um Gnade flehst,

wenn du lauter bist und redlich, / dann hält er Wache über dich / und stellt dein Heim gebührend wieder her.

Wäre auch dein erstes Glück gering gewesen, / dein Ende wäre groß und herrlich.

Sieh, Gott verwirft den Frommen nicht, / noch hält er fest die Hand der Übeltäter. *aus Ijob 8,1–20*

Ijobs Gegenrede – Gottes Allmacht

Da antwortete Ijob und sprach:

Wahrhaftig, ich weiß, dass es so ist. / Wie wäre ein Mensch vor Gott im Recht?

Selbst wenn er mit ihm streiten wollte, / auf keins von tausend könnte er ihm Rede stehen.

Wie könnte ich ihm Antwort stehen, / auswählen meine Worte gegen ihn?

Wär' ich im Recht, ich könnte nichts erwidern; / zu meinem Richter müsste ich um Gnade flehen.

Doch wenn ich riefe, würde er mir Antwort geben? / Ich glaube nicht, dass er auf
Unschuldig bin ich, doch kümmre ich mich nicht mehr um mein Leben, / mein Dasein achte ich gering.
Ich muss nun einmal schuldig sein. / Weshalb soll ich vergeblich mich bemühen? *aus Ijob 9,1–29*

Ijobs Klage

Es ekelt mich vor meinem eigenen Leben, / ich lasse meiner Klage freien Lauf, / will aus der Trübsal meiner Seele reden.
Beschwören will ich Gott: Verdamm mich nicht! / Lass wissen mich, warum du mich befehdest!
Sind deine Augen denn aus Fleisch gebildet, / und siehst du so, wie Menschenaugen sehen?
Sind Menschentagen deine Tage gleich / und deine Jahre wie des Mannes Tage,
dass du nach meiner Sünde suchst / und nur um meine Schuld dich kümmerst,
obschon du weißt, dass ich kein Sünder bin / und niemand mich aus deiner Hand befreit? *aus Ijob 10,1–7*

Die Rede Zofars – Die Weisheit Gottes

Da entgegnete Zofar und sprach:

Du sagtest also: Rein ist meine Lehre, / und lauter war ich stets in deinen Augen.
Indessen, wollte Gott doch einmal reden / und seine Lippen öffnen gegen dich!
Er würde dich der Weisheit Tiefen lehren, / die wie ein Wunder dem Verstande sind. / Und wisse: Gott zieht deine Schuld zur Rechenschaft!
Kannst du den Urgrund Gottes denn erforschen, / bis zur Vollkommenheit des Allmächtigen gelangen?
Höher als der Himmel ist sie – was willst du beginnen? / Tiefer als die Unterwelt – was kannst du wissen?
Nach ihrem Maße länger als die Erde / und breiter ist sie als das Meer.
Fährt er daher und nimmt gefangen / und überliefert dem Gericht – wer wird ihm wehren?
Er kennt die Menschen voller Falschheit / und sieht die Sünde, nimmt sie wahr. *aus Ijob 11,1–11*

Ijobs Gegenrede

Darauf erwiderte Ijob und sprach:

Wahrhaftig, ihr seid doch die rechten Leute. / Die Weisheit wird mit euch noch untergehen.

Ich habe auch Verstand wie ihr, / nicht steh' ich hinter euch zurück. / Wer wüsste wohl dergleichen nicht?
Ein Mann wird zum Gespött für seine Freunde, / wenn er Gott anruft, dass er ihn erhört. / Zum Spottlied wird der Fromme, der Gerechte!
Dem Unglück Hohn! So denkt, wer ohne Sorge ist. / Bereit ist er für solche, deren Füße wanken. *Ijob 12,1–5*

Das leere Gerede der Freunde

Doch ich will zum Allmächtgen reden; / mein Wunsch ist es, mich Gott gegenüber zu verteidigen.
Ihr aber, ihr seid doch nur Lügentüncher, / nur Ärzte, die nichts taugen, allesamt.
Dass ihr doch endlich schweigen wolltet! / Es würde euch als Weisheit gelten.
Hört nur meinen Rechtsbeweis, / merkt auf das Streiten meiner Lippen!
Wollt ihr zu Gunsten Gottes Falsches reden / und seinetwegen Lügen sprechen?
Wollt ihr für ihn Partei ergreifen, / vielleicht für Gott als Anwalt streiten?
Schweigt vor mir, auf dass ich reden kann! / Dann komme über mich, was kommen mag.
Seht doch, ich bringe meinen Rechtsfall vor. / Ich weiß, dass ich im Rechte bin.

Wie groß sind meine Sünden und Vergehen? / Tu meine Schuld und Missetat mir kund!
Warum verhüllst du denn dein Angesicht / und wertest mich als einen Feind für dich? *aus Ijob 13,3–24*

Die Not des Verzweifelten

Es schwinden meine Tage hin, / die Wünsche meines Herzens sind zerrissen.
Sie machen mir die Nacht zum Tage, / Licht sei näher mir als Dunkel.
Ich habe keine Hoffnung, / die Unterwelt, sie ist mein Haus, / im Finstern breite ich mein Lager aus.
Zur Grube spreche ich: Du bist mein Vater!, / und zum Gewürm: Meine Mutter, meine Schwester!
Wo bleibt denn eine Hoffnung noch für mich? / Mein Glück – wer kann es noch erspähen? *Ijob 17,11–15*

Das unbegreifliche Verhalten Gottes

Seht doch ein, dass Gott mein Recht gebeugt / und er mit seinem Netze mich umgarnte!
Ringsum zerbrach er mich, dass ich nun scheide, / riss meine Hoffnung aus wie einen Baum.

Sein Zorn entbrannte gegen mich; / er schätzt mich ein als seinen Feind.
Fern halten meine Brüder sich von mir, / und ganz entfremdet sind mir die Bekannten.
Fern bleiben, die mir nahe waren und bekannt; / die Gäste meines Hauses haben mich vergessen.
Selbst meine Mägde sehn mich an als Fremden; / ein Fremdling bin ich nun in ihren Augen.
Ich rufe meinen Knecht, er gibt nicht Antwort; / mit guten Worten muss ich ihn anflehen.
Mein Atem ist zuwider meiner Frau, / und übel rieche ich den eignen Brüdern.
Kinder selbst verachten mich, erheb' ich mich, dann höhnen sie mir nach.
Erbarmt, erbarmt euch meiner, meine Freunde! / Denn Gottes Hand hat mich getroffen. *aus Ijob 19,6–21*

Die früheren Tage

Darauf fuhr Ijob in seiner Rede fort und sprach:
Ach, wäre ich wie in vergangnen Monden, / wie in den Tagen, da mich Gott beschützte,
als seine Leuchte über meinem Haupt erstrahlte, / in seinem Licht ich durch das Dunkel schritt!
So wie ich in den Tagen meiner Frühzeit war, / als Gott noch mein Gezelt beschützte,

als der Allmächtige noch mit mir war / und meiner Kinder Schar mich rings umgab,
weil ich den Armen rettete, der schrie, / die Waise auch, die keinen Helfer fand.
Der Segen des Verlorenen kam über mich; / der Witwe gab ich Freude in ihr Herz.
Ich kleidete mich in Gerechtigkeit, / mein Recht galt mir als Mantel und als Turban.
Dem Blinden diente ich als Auge / und war ein Fuß für den Gelähmten.
Ein Vater war ich für die armen Leute; / des Fremden Streitfall untersuchte ich.
Ich lachte ihnen zu, wenn sie verzagten; / mein strahlend Antlitz konnten sie nicht trüben.
Ich wählte ihren Weg und war ihr Führer; / ich thronte wie ein König in der Schar / und führte überall sie nach Belieben. *aus Ijob 29,1–25*

Das jetzige Elend

Jetzt aber lachen Leute über mich, die jünger sind als ich an Jahren.
Ein Spottlied bin ich ihnen jetzt geworden, / muss ihnen zum Gerede dienen.
Sie ekeln sich vor mir und bleiben fern, / sie zögern nicht, mir ins Gesicht zu speien.

Es wandten gegen mich sich Schrecken, / mein Adel wurde wie vom Wind verjagt, / gleich einer Wolke zog mein Heil vorüber.
Und jetzt zerfließt in mir die Seele, / und Tage voller Elend packen mich.
Er hat mich in den Kot hineingestoßen, / und so erschien ich Staub und Asche gleich.
Ich schrei' zu dir, doch du gibst keine Antwort; / ich stehe da, doch du bleibst unbeteiligt.
Zum Wüterich hast du dich mir verwandelt, / befehdest mich mit deiner starken Hand.
Du hebst mich auf, lässt mich im Sturmwind fahren, / erzittern lässt du mich im Donnerkrachen.
Ich weiß es ja, du bringst mich in den Tod, / ins Haus, wo alle Lebenden sich sammeln.
Beweinte ich nicht den, den harte Tage trafen, / war meine Seele nicht in Trauer um den Armen?
Ja, Gutes hoffte ich, doch nahte Unglück. / Ich harrte auf das Licht, doch kam die Finsternis.
Mein Eingeweide siedet ruhelos; / es nahten sich mir Tage voller Elend.
So ward mein Zitherspiel zur Trauermelodie / und meiner Flöte Klang zum Klagelied. *aus Ijob 30,1–31*

Ijobs Warten auf Antwort

O wäre jemand da, dass Gott mich hörte! / Dies ist mein letztes Wort: jetzt gebe Antwort mir der Allmächtige! / Und hier das Schriftstück, das mein Gegner schrieb.

Ijob 31,35

Die Antwort Gottes – Die Weisheit in der Schöpfung

Da gab der Herr Ijob Antwort aus dem Gewittersturm und sprach:

Wo warst du denn, als ich die Erde gründete? / Sag an, wenn du so große Einsicht hast!
Wer setzte fest ihr Maß? Du weißt es ja. / Wer spannte über ihr die Messschnur aus?
Wer sperrte ab das Meer mit Toren, / als sprudelnd es dem Mutterschoß entsprang,
und sprach: Bis hierher kommst du und nicht weiter, / hier soll zerschellen deiner Wogen Stolz?
Gebotest du in deinem Leben je dem Morgen, / hast du der Morgenröte ihren Platz gewiesen?
Gelangtest du bis zu des Meeres Quellen? / Bist du gewandelt auf der Urflut Grund?
Hat man des Todes Tore dir gezeigt / und sahst du denn der Finsternisse Pforten?

Hast du denn Einsicht in den weiten Raum der Erde? / Gestehe es, ob du sie ganz begreifst!
Wo ist der Weg zum Aufenthalt des Lichtes, / die Finsternis, wo hat sie ihren Platz?
Kamst du bis zu den Speichern voller Schnee? / Hast du des Hagels Scheuern je gesehen?
Wo ist der Weg, da sich der Wind zerteilt, / der Ostwind auf die Erde sich zerstreut?
Wer brach dem Regengusse eine Rinne / und der Gewitterwolke einen Weg,
damit auf menschenleeres Land es regne / und auf die Steppe, die kein Mensch bewohnt,
zu sättigen die Wüste und die Wildnis, / im Ödland Wachstum frischem Pflanzenwuchs zu geben?
Gibt es denn für den Regen einen Vater, / und wer erzeugt des Taues Tropfen?
Aus wessen Schoß entspringt das Eis, / wer hat den Reif des Himmels denn geboren?
Wie zu Gestein verdichten sich die Wasser; / es zieht der Fluten Fläche sich zusammen.
Verknüpfst du die Bande der Plejaden, / hast du gelöst die Fesseln des Orion?
Führst du zur rechten Zeit heraus die Tierkreissterne / und leitest du den Löwen mit den Jungen?
Weißt du denn um die Ordnungen des Himmels, / bist du's, der seine Schrift auf Erden niederlegt?
Erhebst du deine Stimme zu den Wolken, / auf dass der Schwall des Wassers dich bedeckt?

Entsendest du die Blitze, dass sie ziehen / und zu dir sagen: Siehe, wir sind da!
Wer kann in Weisheit wohl die Wolken zählen, / wer kann des Himmels Schläuche denn entleeren,
wenn sich die Erde fügt zur harten Masse / und fest die Schollen aneinander kleben?
Bist du es, der der Löwin jagt die Beute, / kannst du die Gier der jungen Löwen stillen,
wenn sie sich in den Lagern niederducken, / im Dickicht auf der Lauer liegen?
Wer gibt dem Raben seine Nahrung, / wenn seine Jungen schrein zu Gott um Hilfe, / und sie umherirren ohne Fraß?
Weißt du die Zeiten, wann die Felsenziegen werfen? / Beachtest du es, wann die Hirschkuh kreißt?
Kannst du dem Rosse seine Stärke geben / und seinen Nacken mit der Mähne zieren?
Kannst du es springen lassen wie den Heuschreck? / Sein Schnauben voller Kraft verbreitet Schrecken.
Hebt sich auf dein Geheiß der Adler aufwärts, / bereitet auf den Höhen seinen Horst?

Da antwortete der Herr dem Ijob und sprach:

Will den Allmächtgen der Tadler zurechtweisen? / Wer Gott will tadeln, der muss Antwort stehen.

aus Ijob 38,1–40,2

Ijobs Antwort

Da antwortete Ijob dem Herrn und sprach:

Sieh, zu gering bin ich. Was soll ich dir erwidern? / Ich lege meine Hand auf meinen Mund.
Einmal hab' ich geredet, tu's nicht wieder; / sogar ein zweites Mal, doch fahre ich nicht fort.
Ich weiß nun, dass du alles kannst / und kein Gedanke dir unmöglich ist.
So sprach ich im Unverstand von dem, / was mir zu wunderbar und unbegreiflich war.
So höre doch, ich will nun reden! / Ich will dich fragen, du belehre mich!
Vom Hörensagen nur hab' ich von dir gewusst; / jetzt aber hat mein Auge dich geschaut.

aus Ijob 40,3–5; 42,2–5

Ijobs neues Glück

Als der Herr diese Worte zu Ijob geredet hatte, sprach der Herr zu Elifas: Mein Zorn ist gegen dich und deine beiden Freunde entbrannt, weil ihr über mich nicht die Wahrheit gesprochen habt wie mein Knecht Ijob.

Der Herr wendete das Geschick Ijobs, als er für seine Freunde Fürbitte einlegte, und vermehrte alles, was Ijob besessen hatte, auf das Doppelte. Da kamen zu ihm alle seine

Brüder und Schwestern und alle seine früheren Bekannten. Sie aßen mit ihm in seinem Haus, bezeigten ihm ihr Beileid und trösteten ihn wegen all des Unheils, das der Herr über ihn gebracht hatte. Der Herr aber segnete die folgende Lebenszeit Ijobs mehr als seine frühere: Er besaß vierzehntausend Schafe, sechstausend Kamele, tausend Joch Rinder und tausend Eselinnen. Er hatte auch sieben Söhne und drei Töchter. Danach lebte Ijob noch einhundertvierzig Jahre und sah seine Kinder und Kindeskinder, vier Generationen. Ijob starb alt und lebenssatt. *aus Ijob 42,7–17*

Die zwei Wege

Selig der Mann, / der nicht folgt dem Rate der Bösen, der nicht auf dem Weg der Sünder geht, / noch sitzt in der Runde der Spötter;
der aber Freude hat am Gesetz des Herrn / und sinnt darüber bei Tag und bei Nacht.
Er gleicht einem Baum, / gepflanzt am Rande der Wasser,
der Früchte trägt zu der Zeit und dessen Blätter nicht welken: / ja, alles, was er tut, es gelingt ihm.
Nicht so die Gottlosen, nicht so! / Sie sind wie Spreu, die im Winde verweht.
So werden die Gottlosen nicht bestehen im Gericht / noch die Sünder in der Gemeinde der Gerechten.
Denn der Herr behütet den Weg der Gerechten, / doch der Weg der Sünder führt in den Abgrund. *Psalm 1*

Abendgebet

[Dem Chormeister, mit Saitenspiel; ein Psalm von David.]
Wenn ich rufe zu dir, erhörst du mich, / mein Gott, der mir schafft Gerechtigkeit.
Du hast mir geholfen in meiner Bedrängnis, / erbarme dich meiner und erhöre mein Beten!

Ihr Menschen, wie lange verhärtet ihr euere Herzen! / Was liebt ihr eitlen Wahn, was sucht ihr Trug?
Wisst: Wunder vollbringt der Herr an seinem Getreuen; / der Herr wird mich hören, wenn ich ihn rufe.
Erschreckt doch und lasst die Sünde, bedenkt es recht im Herzen! / Auf euerem Lager sinnt nach und seid still; / bringt würdige Opfer und harrt des Herrn!
Viele sagen: Wer zeigt uns noch Gutes! / O Herr, lass über uns leuchten dein Angesicht!
Du erfüllst mein Herz mit Freude, / mehr, als hätten wir Wein und Weizen im Überfluss.
Ich lege mich nieder und schlafe in Frieden; / denn du allein, o Herr, lässt mich wohnen in Sicherheit.

Psalm 4

Die Herrlichkeit des Schöpfers und die Würde des Menschen

[Dem Chormeister, nach der Weise von Gat; ein Psalm von David.]

Herr, unser Gott! Wie wunderbar ist auf der ganzen Erde dein Name! / Deine Herrlichkeit hast Du ausgebreitet über die Himmel.
Aus dem Mund der Kinder und Kleinen hast du dir Lob bereitet, / zu beschämen die Feinde; / Widersacher und Gegner müssen verstummen.

Ich schaue den Himmel, das Werk deiner Finger, / den Mond und die Sterne, die du geschaffen.
Was ist der Mensch, dass du seiner gedenkst! / Des Menschen Sohn, dass du Sorge trägst um ihn!
Du hast ihn nur wenig unter die Engel gestellt, / hast ihn gekrönt mit Ehre und Herrlichkeit.
Du hast ihm Macht gegeben über das Werk deiner Hände, / alles hast du ihm zu Füßen gelegt:
All die Schafe und Rinder / und die Tiere des Feldes, die Vögel des Himmels und die Fische im Meer / und alles, was dahinzieht die Pfade der Meere.
Herr, unser Gott! / Wie wunderbar ist auf der ganzen Erde dein Name!

Psalm 23

Der gute Hirt

[Ein Psalm von David.]

Der Herr ist mein Hirte, ich leide nicht Not; / auf grünender Weide lässt er mich lagern.
Er führt mich an Wasser der Ruhe, / Erquickung spendet er meiner Seele.
Er leitet mich auf dem rechten Pfad, / getreu seinem Namen.
Und muss ich auch wandern im finsteren Tal, / ich fürchte kein Unheil, denn du bist bei mir.

Dein Stock und dein Hirtenstab, / die geben mir Zuversicht.
Du hast einen Tisch mir bereitet / vor den Augen der Feinde.
Du salbtest mein Haupt mit Öl, / mein Becher ist gefüllt bis zum Rand.
Es geleiten mich deine Gnade und Güte / durch alle Tag des Lebens.
Und wohnen darf ich im Hause des Herrn / solange ich lebe.

Geborgenheit in Gott

[Ein Psalm von David.]

Der Herr ist mein Licht und mein Heil, wen sollte ich fürchten! / Der Herr ist der Hort meines Lebens, vor wem sollte mir bangen!
Und steht gegen mich ein Kriegsheer, so wird mein Herz nicht verzagen; / entbrennt ein Kampf gegen mich, so bin ich dennoch getrost.
Eines erbitte ich mir vom Herrn, dies eine begehre ich: / zu wohnen im Hause des Herrn alle Tage des Lebens:
Auf dass ich koste die Wonne des Herrn, / dass ich schaue seinen heiligen Tempel.
In seiner Wohnung wird er mich bergen am Tag des Un-

heils, / er bewahrt mich in der Hut seines Zeltes, / er stellt mich empor auf sicheren Felsen.
So darf ich nun erheben mein Haupt / über die Feinde, die mich umringen.
In seinem Zelt weihe ich Opfer des Jubels, / Dem Herrn will ich singen und spielen.
Nicht verhülle vor mir dein Angesicht, / verstoße nicht im Zorn deinen Knecht!
Weise mir, Herr, deine Pfade; / um meiner Feinde willen führe mich auf ebener Bahn!
Ich bin gewiss, dass ich schaue die Güte des Herrn / im Lande der Lebenden.
So harre des Herrn und sei stark! / Sei tapferen Mutes und harre des Herrn! *aus Psalm 27*

Bitte um Vergebung (Miserere)

[Dem Chormeister, ein Psalm von David, als der Prophet Natan zu ihm kam, weil er zu Batseba gegangen war.]
Sei mir gnädig, o Gott, nach deiner Güte, / nach deiner reichen Barmherzigkeit lösche aus meine Schuld.
Bis auf den Grund wasche ab meine Missetat, / von meiner Sünde mache mich rein!
Denn meine Bosheit erkenne ich wohl, / immer steht vor Augen mir die Sünde.

Ich habe gesündigt an dir allein; / was böse vor dir, ich hab es getan.
Nun erweisest du dich in deinem Urteil gerecht, / und Recht behalten hast du in deinem Gericht.
Siehe, du hast Gefallen an der Wahrheit des Herzens; / in meinem Innern lehre mich Einsicht.
Besprenge mich mit Ysop, so werde ich rein; / wasche mich und ich werde weißer als Schnee.
Ein reines Herz erschaffe mir, Gott, / und einen festen Geist erwecke mir neu.
Von deinem Antlitz verstoße mich nicht, / nimm von mir nicht hinweg deinen heiligen Geist.
Deines Heiles Wonne schenke mir wieder, / in willigem Geist mache mich stark.
Herr, tu auf meine Lippen, / und mein Mund wird verkünden dein Lob. *aus Psalm 51*

Die Vergänglichkeit des Menschen

[Ein Gebet von Mose, dem Mann Gottes.]
Herr, du warst uns Zuflucht / von Geschlecht zu Geschlecht.
Ehe sich hoben die Berge, / ehe die Erde entstand und die Welt, / von Ewigkeit bist du, o Gott, bis in Ewigkeit.
Du lässt die Sterblichen wiederkehren zum Staub; / du sprichst: Ihr Menschenkinder, kehret zurück!

Denn tausend Jahre sind vor dir / wie der gestrige Tag, der verging, / nur einer Nachtwache gleich.
Du nimmst sie jählings hinweg, so dass sie werden wie der Schlaf; / am Morgen gleichen sie dem sprossenden Gras.
Es kommt hervor in der Frühe und grünt, / abgemäht ist es am Abend und welk.
Die Fülle unserer Jahre ist siebzig, / und ist Kraft uns beschieden, so kommen wir auf achtzig.
Die meisten von ihnen sind Plage und vergebliche Mühe; / rasch enteilen sie, im Fluge sind wir dahin.
Lehre uns zählen unsere Tage, / auf dass wir gelangen zur Weisheit des Herzens.
Wende dich wieder zu uns, o Herr! Wie lange noch? / Deinen Knechten sei gnädig!
Erquicke uns bald mit deinem Erbarmen, / so werden wir jubeln und froh sein all unsere Tage.
Dein Werk mache offenbar deinen Knechten / und ihren Kindern mache kund deine Herrlichkeit.
Und über uns sei die Güte Gottes, unseres Herrn. / Und dem Werk unserer Hände gib deinen Segen, / ja, segne das Werk unserer Hände! *aus Psalm 90*

Unter Gottes Flügeln

Der du wohnst im Schutz des Höchsten, / im Schatten des Allmächtigen weilst:
Sage zum Herrn: Du meine Burg, meine Zuflucht, / mein Gott, auf den ich vertraue!
Er ist es, der dich befreit aus der Schlinge des Jägers, / dich rettet vor Verderben und Unheil.
Mit seinen Flügeln beschirmt er dich, / unter seinen Fittichen bist du geborgen, / seine Treue ist dir ein schützender Schild.
Du musst nicht fürchten das nächtliche Grauen, / nicht am Tag den fliegenden Pfeil.
Und fallen auch tausend an deiner Seite, / zu deiner Rechten zehntausend: / dich wird es nicht treffen.
Denn er entbietet für dich seine Engel, / dich zu behüten auf all deinen Wegen.
Sie sollen auf den Händen dich tragen, / dass nicht an einem Stein sich stoße dein Fuß.
Er war mir treu, so will ich ihn retten; / ich will ihn schützen, denn er kennt meinen Namen.
Ruft er mich an, so höre ich ihn, / in allen Nöten bin ich ihm nahe, / ich befreie ihn und bringe ihn zu Ehren.
Ich verleihe ihm die Fülle der Tage / und lasse ihn schauen mein Heil.

aus Psalm 91

Wallfahrtslieder

Der Hüter Israels

[Ein Wallfahrtslied.]

Ich hebe meine Augen empor zu den Bergen: / woher wird Hilfe mir kommen?
Hilfe kommt mir vom Herrn, / der geschaffen hat Himmel und Erde.
Er lässt deinen Fuß nicht wanken; / der dich behütet, er schläft nicht.
Siehe, es wird nicht schlafen, nicht ruhn, / der Wache hält über Israel.
Der Herr ist dein Hüter! / Zu deiner Rechten wird der Herr dich beschützen.
Am Tag wird dich nicht versengen die Sonne, / nicht schadet dir der Mond in der Nacht.
Vor allem Übel wird der Herr dich bewahren, / der Herr behütet dein Leben.
Der Herr behütet dein Gehen und Kommen / von nun an bis in Ewigkeit. *Psalm 121*

Gruß der Pilger an Jerusalem

[Ein Wallfahrtslied, von David.]

Voll Freude war ich, da sie mir sagten: / Wir ziehen zum Hause des Herrn!
Schon treten unsere Füße / in deine Tore, Jerusalem.

Jerusalem, du Stadt, so herrlich erbaut, / fest gefügt und geschlossen.
Dorthin ziehen die Stämme hinauf, die Stämme des Herrn, / nach Israels Gesetz, den Namen des Herrn zu lobpreisen.
Aufgestellt sind dort die Throne der Richter, / die Throne des Hauses David.
Erfleht für Jerusalem, was ihm dient zum Frieden! / Allen, die dich lieben, ergehe es wohl!
Friede herrsche in deinen Mauern, / Sicherheit in deinen Palästen!
Ich rufe wegen meiner Brüder und Freunde: / Über dich komme Friede.
Ich flehe wegen dem Haus des Herrn, unseres Gottes: / Segen sei dir beschieden. *Psalm 122*

Aus tiefer Not

[Ein Wallfahrtslied.]

Aus der Tiefe, o Herr, ruf ich zu dir: / Höre, o Herr, meine Stimme!
Möge achten dein Ohr / auf mein flehendes Rufen!
Wolltest du, Herr, der Sünde immer gedenken: / Herr, wer könnte bestehen?
Doch bei dir ist Vergebung der Sünden, / auf dass man in Ehrfurcht dir diene.
Ich hoffe auf den Herrn, / es hofft meine Seele, / ich warte auf sein Wort.

Meine Seele erwartet den Herrn, / mehr als der Wächter das Morgenrot.
Ja, mehr als der Wächter das Morgenrot / erwartet Israel seinen Herrn!
Denn beim Herrn ist Erbarmen, / bei ihm ist reiche Erlösung.
Ja, er wird Israel erlösen / von all seiner Missetat.

Psalm 130

Huldigung an den Allwissenden

[Dem Chormeister, von David, ein Psalm.]
Herr, du erforschest mich und du kennst mich. / Wenn ich sitze und wenn ich stehe, du weißt es. / Meine Gedanken schaust du von ferne,
du schaust mich, wenn ich gehe und ruhe; / all meine Wege sind dir vertraut.
Ehe noch auf der Zunge das Wort liegt, / siehe, Herr, schon weißt du um alles.
Von rückwärts und vorne schließt du mich ein / und du legst auf mich deine Hand.
Wunderbar ist solches Wissen für mich, / zu hoch, ich kann es nicht begreifen.
Wohin soll ich flüchten vor deinem Geist, / wohin vor deinem Antlitz entfliehen?

Stiege ich zum Himmel empor, so bist du zugegen; / wollte ich in der Unterwelt lagern, so bist du auch dort.
Wollte ich Flügel mir leihen vom Morgenrot / und ließe mich nieder am fernsten Gestade,
auch dort noch wird deine Hand mich geleiten / und halten mich deine Rechte.
Und sagte ich auch: Es soll mich Finsternis bergen / und Nacht mich umgeben, wie sonst das Licht,
so ist doch Finsternis selbst nicht dunkel für dich, / Nacht ist dir hell wie der Tag, / das Dunkel ist vor dir wie das Licht.
Du hast gebildet mein Innerstes; / du hast mich im Schoß meiner Mutter gewoben.
Ich preise dich, dass ich geschaffen bin so wunderbar, / dass wunderbar all deine Werke, / und meine Seele erkennt es sehr wohl. / Nicht verborgen war vor dir mein Gebein,
als ich gebildet wurde im Verborgenen, / gewoben in den Tiefen der Erde.
Wie unergründlich sind mir, o Gott, deine Pläne, / wie unermesslich ist ihre Zahl!
Wollte ich sie zählen, sie sind mehr als Körner im Sand; / und käme ich ans Ende, ich wäre erst am Beginn.
Durchforsche mich, Gott, und durchschaue mein Herz, / prüfe mich und erkenne meine Gedanken!
Und siehe, ob ich wandle den Weg des Verderbens, / und führe mich den ewigen Weg! *aus Psalm 139*

Das große Halleluja

Halleluja!
Lobt den Herrn in seinem Heiligtum, / lobt den Herrn in seiner mächtigen Feste!
Lobt ihn für seine gewaltigen Taten, / lobt ihn in seiner herrlichen Macht!
Lobt ihn mit dem Hall der Posaunen, / lobt ihn mit Psalter und Harfe!
Lobt ihn mit Pauken und Reigen, / lobt ihn mit Flöten und Saitenspiel!
Lobt ihn mit klingenden Zimbeln, / lobt ihn mit dem Schall der rauschenden Zimbeln!
Alles, was Atem hat, / lobe den Herrn! Halleluja!

Psalm 150

Alles hat seine Stunde

Alles hat seine Stunde und für jedes Vorhaben unter dem Himmel gibt es eine Zeit:

eine Zeit zum Gebären und eine Zeit zum Sterben, / eine Zeit zum Pflanzen und eine Zeit, die Pflanzen abzuernten,
eine Zeit zum Töten und eine Zeit zum Heilen, / eine Zeit zum Einreißen und eine Zeit zum Bauen,
eine Zeit zum Weinen und eine Zeit zum Lachen, / eine Zeit zum Klagen und eine Zeit zum Tanzen,
eine Zeit zum Steinewerfen und eine Zeit zum Steinesammeln, / eine Zeit zum Umarmen und eine Zeit, sich der Umarmung zu enthalten,
eine Zeit zum Suchen und eine Zeit zum Verlieren, / eine Zeit zum Aufbewahren und eine Zeit zum Wegwerfen,
eine Zeit zum Zerreißen und eine Zeit zum Nähen, / eine Zeit zum Schweigen und eine Zeit zum Reden,
eine Zeit zum Lieben und eine Zeit zum Hassen, / eine Zeit für den Krieg und eine Zeit für den Frieden.

Kohelet 3,1–8

Die Nutzlosigkeit des Reichtums

Wer das Geld liebt, / bekommt nie Geld genug;
und wer Luxus liebt, / hat nie genug Einkünfte – auch dies ist Windhauch.
Mehrt sich das Gut, / so vermehren sich auch die Verzehrer.
Welchen Genuss hat der Besitzer davon, / als dass seine Augen zusehen dürfen?
Süß ist der Schlaf des Schaffenden, / ob er wenig, ob er reichlich zu essen hat.
Den Reichen lässt die Sattheit keinen Schlaf finden.

Kohelet 5,9–11

Das Geheimnis der Weisheit

Alle Weisheit stammt vom Herrn / und ist bei ihm für immer.
Den Sand des Meeres, die Tropfen des Regens / und die Tage der Vorzeit, wer kann sie zählen?
Die Höhe des Himmels, die Breite der Erde / und die Tiefe des Meeres, wer kann sie ergründen?
Früher als alle Dinge ist die Weisheit erschaffen, / die verständige Einsicht seit Ewigkeit.
[Die Quelle der Weisheit ist das Wort Gottes in den Höhen, / und ihre Wege sind die ewigen Gebote.]

Die Wurzel der Weisheit, wem wurde sie enthüllt, / ihre Pläne, wer hat sie durchschaut?
[Die Lehre der Weisheit, wem wurde sie offenbart, / ihre vielfältigen Wege, wer hat sie erkannt?]
Nur einer ist weise, Ehrfurcht gebietend: / der da sitzt auf seinem Thron, der Herr.
Er hat sie geschaut und gezählt, / er hat sie ausgegossen über all seine Werke
und alles Fleisch, gemäß seiner Gabe, / er spendet sie denen, die ihn fürchten. *Jesus Sirach 1,1–10*

Gottesfurcht bei der Prüfung

Mein Sohn, wenn du dem Herrn dienen willst, / dann mach dich gefasst auf Prüfungen.
Sei tapfer und stark, / auch überstürze nichts in der Zeit der Heimsuchung.
Hänge ihm an und weiche nicht ab, / damit du erhöht wirst an deinem Ende.
Alles, was über dich kommen mag, nimm an, / halt aus in der Bedrängnis.
So vertrau auf Gott und er wird sich deiner annehmen, / geh auf geraden Wegen und hoffe auf ihn.
Die ihr den Herrn fürchtet, hofft auf sein Erbarmen. / weicht nicht ab, damit ihr nicht fallt.

Die ihr den Herrn fürchtet, vertraut auf ihn, / und euer Lohn wird euch nicht entgehen.
Die ihr den Herrn fürchtet, hofft auf Gutes, / auf immerwährende Freude und Erbarmen.
Denn gnädig und barmherzig ist der Herr; / er lässt die Sünden nach und hilft in bedrängten Zeiten.
Die den Herrn fürchten, machen ihre Herzen bereit / und ergeben sich ihm demütig.
Wir wollen in die Hände Gottes fallen, / aber nicht in die Hände von Menschen.
Denn wie seine Größe, so ist auch sein Erbarmen, / und wie sein Name, so sind auch seine Werke.

aus Jesus Sirach 2,1–18

Pflichten gegen die Eltern

Hört, ihr Kinder, auf mich, den Vater, / und handelt danach, dass ihr das Heil erlangt.
Denn der Herr ehrt den Vater in seinen Kindern, / und er stellt das Recht der Mutter über die Söhne sicher.
Wer den Vater ehrt, erlangt Verzeihung der Sünden, / und einem, der Schätze sammelt, gleicht, wer seine Mutter achtet.
Wer den Vater ehrt, wird selbst Freude an Kindern erleben, / und wenn er betet, wird er erhört werden.

Wer den Vater hoch schätzt, wird viele Tage sehen, / wer auf den Herrn hört, erweist seiner Mutter Ehre.
Wer den Herrn fürchtet, ehrt seinen Vater. / Er dient seinen Eltern wie Herren.
Mein Sohn, in Wort und Werk ehre deinen Vater, damit sein Segen auf dich herabkommt.
Suche deinen Ruhm nicht in der Schmähung deines Vaters, / denn deines Vaters Schande bringt kein Ansehen für dich.
Mein Sohn, nimm dich deines Vaters im Alter an / und betrübe ihn nicht, solange er lebt.
Auch wenn sein Verstand abnimmt, sieh es ihm nach, / und verachte ihn nicht, wenn du in der Blüte deiner Jahre stehst.
Mitleid gegen den Vater wird nicht in Vergessenheit geraten. *aus Jesus Sirach 3,1–14*

Liebe zu den Armen

Mein Sohn, verweigere dem Armen nicht den Lebensunterhalt, / und lass die Augen des Bedrückten nicht verschmachten.
Lass den Hungrigen nicht leiden, / und verbittere niemand in seiner Ausweglosigkeit.
Sei nicht hart gegen das Herz eines Unglücklichen / und verweigere dem Bedürftigen nicht deine Gabe.

Den Bedrängten, der hilflos ist, weise nicht ab, / und wende deinen Blick nicht weg von dem Armen.
Wende dein Auge nicht weg vom Bedürftigen, / und gib ihm keinen Grund, dich zu verfluchen.
Denn wenn er dich verflucht im Schmerz seiner Seele, / so wird sein Schöpfer sein Flehen erhören.
Mach dich beliebt in der Gemeinde, / und beuge das Haupt vor dem Hochgestellten.
Öffne dem Armen dein Ohr, / und erwidere ihm leutselig den Gruß.
Rette den Bedrängten vor seinen Bedrängern, / und sei nicht kleinmütig in deinem Urteilsspruch.
Sei wie ein Vater den Waisen / und wie ein Gatte den Witwen.
Dann wirst du wie ein Sohn des Höchsten sein.

aus Jesus Sirach 4,1–10

Die Freundschaft

Sanfte Rede erwirbt viele Freunde, / und eine freundliche Zunge vermehrt die Umgänglichkeit.
Viele mögen es sein, die in Frieden mit dir leben, / dein Vertrauter aber sei nur einer unter tausend.
Erwirbst du einen Freund, erwirb ihn durch Erprobung, / und schenk ihm dein Vertrauen nicht allzu schnell.

Denn mancher ist ein Freund je nach der Zeit / und hält nicht stand am Tag der Not.
Mancher Freund wird zum Feind / und bringt den schmählichen Streit mit dir an den Tag.
Mancher ist nur Freund als Tischgenosse, / aber am Tag des Unheils ist er nicht mehr zu finden.
In deinem Glück ist er eins mit dir / und tritt freimütig vor deinem Gesinde auf.
Wenn es dir schlecht geht, dann wendet er sich gegen dich / und hält sich vor dir verborgen.
Von deinen Feinden halte dich fern, / und vor deinen Freunden sei auf der Hut.
Ein treuer Freund ist ein starke Stütze, / wer einen solchen findet, hat ein Vermögen gefunden.
Für einen treuen Freund gibt es keinen Preis, / und nichts wiegt seinen Wert auf.
Wie Lebensbalsam ist ein treuer Freund; / wer den Herrn fürchtet, findet ihn.
Wer den Herrn fürchtet, hält rechte Freundschaft, / denn wie er selbst, so ist auch sein Freund.

Jesus Sirach 6,5–17

Die Freiheit des Menschen

Sage nicht: Vom Herrn kommt meine Sünde; / denn was er hasst, bewirkt er nicht.
Sage nicht: Er hat mich zu Fall gebracht; / denn er bedarf der schlechten Menschen nicht.
Allen Gräuel hasst der Herr, / und gar keinen lieben die, die ihn fürchten.
Er schuf am Anfang den Menschen / und überließ ihn der Macht der eigenen Entscheidung.
Wenn du willst, kannst du die Gebote halten, / und Treue zu üben liegt in deiner Macht.
Hingeschüttet hat er vor dich Feuer und Wasser, / wonach dich verlangt, streck deine Hand aus.
Vor dem Menschen liegen Leben und Tod; / was er will, wird ihm gegeben.
Reich ist die Weisheit des Herrn, / er ist stark an Macht und sieht alles.
Seine Augen schauen auf die, die ihn fürchten, / und jede Tat des Menschen ist ihm bekannt.
Niemandem hat er befohlen zu freveln, / und keinem Erlaubnis gegeben zu sündigen. *Jesus Sirach 15,11–20*

Das Lob des Schöpfers in der Natur

Gedenken will ich der Werke des Herrn, / und was ich gesehen habe, will ich erzählen.
Durch die Worte des Herrn sind seine Werke geschaffen, / und die Schöpfung gehorcht seinem Willen.
Die strahlende Sonne erblickt alle Dinge, / und das Werk des Herrn ist erfüllt von seiner Herrlichkeit.
Die Heiligen sind nicht in der Lage, / alle Wunder des Herrn zu verkünden,
die der Herr, der Allherrscher, fest begründet hat, / damit das All vor seiner Herrlichkeit bestehen kann.
Meerestiefe und Herz erforscht er, / und all ihre Geheimnisse sind ihm bekannt.
Denn der Höchste hat Kenntnis von allem / und schaut auf die Zeichen der Zeit.
Er kündet Vergangenes und Künftiges / und enthüllt die verborgenen Rätsel.
Kein einziger Gedanke entgeht ihm, / kein einziges Wort bleibt ihm verborgen.
Die Wunder seiner Weisheit hat er geordnet, / denn von Ewigkeit zu Ewigkeit ist er.
Nichts ist hinzuzufügen und nichts wegzunehmen, / und nicht bedarf er eines Lehrers.
Wie lieblich sind all seine Werke, / und wie leuchtende Funken ist ihr Anblick!
Alles lebt und besteht für immer, / für jeden Zweck ist alles bereit.

Alle Dinge sind verschieden, das eine vom andern, / und nichts hat er geschaffen, das versagt.
Das eine bestärkt den Wert des anderen, / und wer kann sich satt sehen am Anblick ihrer Schönheit?

Jesus Sirach 42,15–25

Das Los der Gerechten und der Gottlosen

Die Seelen der Gerechten aber sind in Gottes Hand, / und keine Qual kann sie berühren.
In den Augen der Toren schienen sie tot zu sein; / ihr Ende wurde als Unglück angesehen
und ihr Weggehen von uns als Vernichtung; / sie aber sind im Frieden.
Denn wenn sie auch nach der Ansicht der Menschen gestraft wurden, / so war doch ihre Hoffnung von Unsterblichkeit erfüllt.
Die auf ihn vertrauten, werden die Wahrheit erkennen, / und die treu gewesen sind, werden in Liebe bei ihm verweilen; / denn Gnade und Erbarmen wird seinen Auserwählten zuteil.
Die Gottlosen aber werden gemäß ihrer Gesinnung Strafe erleiden, / sie, die den Gerechten verachteten und vom Herrn abgefallen sind.
Denn unglücklich ist, wer Weisheit und Zucht verschmäht; / nichtig ist ihre Hoffnung, vergeblich ihr Mühen, / und unnütz sind ihre Werke.
Ja, die Hoffnung der Gottlosen gleicht der Spreu, die der Wind verweht, / dem leichten Schnee, den der Sturm verjagt, / dem Rauch, den der Wind zerstäubt, / der Erinnerung an einen Gast, der nur einen Tag verweilte.
Die Gerechten aber leben in Ewigkeit, / und ihr Lohn ist im Herrn / und die Sorge für sie beim Höchsten.

aus Weisheit 3,1–11; 5,14–15

Die Weisheit

Strahlend und unverwelklich ist die Weisheit / und wird leicht von denen erkannt, die sie lieben, / und von denen gefunden, die sie suchen.
Sie gibt sich denen, die nach ihr verlangen, / schon im Voraus zu erkennen.
Wer am frühen Morgen nach ihr ausschaut, braucht sich nicht abzumühen, / denn sie sitzt an seiner Tür.
Über sie nachdenken, ist vollendete Einsicht, / und wer um ihretwillen wacht, ist bald aller Sorgen ledig.
Denn sie selbst geht umher, um die zu suchen, die ihrer würdig sind, / und erscheint ihnen freundlich auf den Wegen / und begegnet ihnen in jedem Vorhaben.
Denn ihr sicherster Anfang ist Verlangen nach Bildung, Sorge um Bildung aber ist Liebe zu ihr, / Liebe aber ist Beachtung ihrer Gebote, / Beachtung der Gebote aber ist Sicherung der Unsterblichkeit, / Unsterblichkeit aber bringt in Gottes Nähe.
Gälte einer bei den Menschen auch als vollkommen, / fehlte ihm aber die von dir ausgehende Weisheit, / er müsste für nichts geachtet werden.
Bei dir ist die Weisheit, die deine Werke kennt / und zugegen war, als du die Welt erschufst,
die weiß, was in deinen Augen wohlgefällig ist / und was recht ist nach deinen Geboten.
Sende sie vom heiligen Himmel herab / und schicke sie vom Thron deiner Herrlichkeit,

dass sie mir bei meiner Arbeit hilft / und ich erkenne, was dir wohlgefällt.
Wer hat je deinen Willen erkannt, wenn nicht du die Weisheit gegeben / und aus der Höhe deinen heiligen Geist gesandt hast? *aus Weisheit 6,12–19; 9,6–17*

Gottes Liebe zur Schöpfung

Doch du hast alles nach Maß und Zahl und Gewicht geordnet. Denn es liegt jederzeit bei dir, deine große Macht zu entfalten, und wer könnte der Kraft deines Arms widerstehen? Ist doch die ganze Welt vor dir wie ein Stäubchen auf der Waage und wie ein Tropfen Tau, der am Morgen auf die Erde fällt. Aber du hast mit allen Erbarmen, weil du alles vermagst, und siehst über die Sünden der Menschen hinweg, damit sie Buße tun. Denn du liebst alles, was da ist, und verabscheust nichts von dem, was du gemacht hast. Hättest du etwas gehasst, du hättest es nicht geschaffen. Wie hätte etwas Bestand gehabt, wenn du es nicht gewollt, oder wie wäre etwas erhalten worden, wenn es nicht von dir gerufen wäre? Du aber schonst alles, weil es dir gehört, Herr, Freund des Lebens.

Denn dein unvergänglicher Geist ist in allen. Deshalb strafst du auch die Fehlenden gering und mahnst sie durch die Erinnerung an ihre Sünden, damit sie von der Bosheit ablassen und an dich glauben, Herr.

Doch weil du gerecht bist, ordnest du alles mit Gerechtigkeit, erachtest es unvereinbar mit deiner Macht, den zu verurteilen, der keine Strafe verdient hat. Deine Stärke ist ja Grund deiner Gerechtigkeit und der Umstand, dass du alles beherrschst, gestattet dir, alles zu schonen.

Durch solches Verfahren hast du dein Volk belehrt, dass der Gerechte menschenfreundlich sein soll, und hast deine Söhne mit der frohen Hoffnung erfüllt, dass du nach Sünden Zeit zur Buße schenkst. *aus Weisheit 11,10–12,19*

Die Untreue des Volkes

Hört, ihr Himmel, horche auf, du Erde, / denn der Herr spricht:
Söhne habe ich aufgezogen und groß gemacht; / sie aber sind mir untreu geworden.
Israel besitzt keine Erkenntnis, / mein Volk hat keine Einsicht.
Weh, sündiges Volk!
Sie haben den Herrn verlassen, / verschmäht den Heiligen Israels, / ihm den Rücken gekehrt.
Hört das Wort des Herrn, / ihr Fürsten Sodoms,
vernimm unseres Gottes Weisung, / du Gomorravolk!
Was soll mir die Menge euerer Schlachtopfer? / spricht der Herr.
Bringt mir nicht dauernd vergebliche Gaben, / ihr Rauch ist mir ein Gräuel.
Mögt ihr noch so viel beten, / ich höre nicht hin. / Euere Hände sind voll Blut.
Wascht und reinigt euch! / Schafft euere schlechten Werke aus meinen Augen! / Hört auf, Böses zu tun!
Lernt Gutes tun, / und trachtet nach Gerechtigkeit!
Helft dem Bedrückten, / schafft Recht den Waisen, / und seid ein Anwalt der Witwen! *aus Jesaja 1,2–17*

Die Berufung Jesajas

Im Todesjahr des Königs Usija sah ich den Herrn auf einem hohen und erhabenen Thron sitzen; seine Schleppe füllte das Heiligtum. Serafim standen vor ihm; jeder hatte sechs Flügel. Mit zweien bedeckte er sein Angesicht, mit zweien bedeckte er seine Füße, und mit zweien flog er.

Und immerfort rief einer dem anderen zu:

Heilig, heilig, heilig ist der Herr der Heerscharen, / die ganze Erde ist voll seiner Herrlichkeit.

Von der Stimme der Rufenden erbebten die Türschwellen und der Tempel füllte sich mit Rauch. Da sprach ich:

Wehe mir, ich bin verloren.

Denn ich bin ein Mann mit unreinen Lippen / und wohne unter einem Volk mit unreinen Lippen / und meine Augen haben den König, den Herrn der Heerscharen, geschaut!

Da schwebte einer der Serafim auf mich zu, eine glühende Kohle in seiner Hand, die er mit einer Zange vom Altar genommen hatte. Er berührte damit meinen Mund und sprach:

Siehe, dies hat deine Lippen berührt. / Deine Schuld ist weggenommen und deine Sünde getilgt.

Dann hörte ich die Stimme des Herrn, der sprach:

Wen soll ich senden? / Wer wird für uns gehen?

Da antwortete ich: / Hier bin ich, sende mich!

Jesaja 6,1–8

Die Weissagung über den Immanuel

Da sprach [der Herr]: Hört, ihr vom Haus Davids! Ist es euch nicht genug, Menschen zu ermüden, dass ihr auch meinen Gott ermüdet? Darum wird euch der Herr selbst ein Zeichen geben: Seht, die junge Frau wird empfangen und einen Sohn gebären und ihm den Namen Immanuel geben.

Das Volk, das im Finstern wandelt, / schaut ein großes Licht;
über denen, die im Land der Dunkelheit wohnen, / erstrahlt ein Licht.
Du machst groß ihren Jubel / und gewaltig ihre Freude.
Sie freuen sich vor dir, / wie man sich in der Ernte freut, / wie man frohlockt beim Teilen der Beute.
Denn sein drückendes Joch, die Stange auf seinem Nacken, / den Stock seines Bedrückers zerbrichst du wie am Tag von Midian.
Denn jeder Soldatenstiefel, der dröhnend auftritt, / und jeder Mantel, in Blut gewälzt, / wird verbrannt und ein Opfer des Feuers.
Denn ein Kind ist uns geboren, / ein Sohn ist uns geschenkt; / die Herrschaft ruht auf seinen Schultern.
Man ruft seinen Namen aus: / Wunderbarer Ratgeber, Starker Gott, / Ewiger Vater, Friedensfürst.
Groß ist die Herrschaft / und endlos der Friede / für Davids Thron / und sein Königreich,
das er aufrichtet und festigt / in Recht und Gerechtigkeit / von nun an bis in Ewigkeit.

Der leidenschaftliche Eifer des Herrn der Heerscharen / wird dies bewirken. *Jesaja 7,13–14; 9,1–6*

Das messianische Heil

Jauchzen sollen Wüste und dürres Land, / jubeln soll die Steppe und erblühen.
Wie eine Lilie soll sie blühen / und jauchzen in hellem Jubel.
Die Pracht des Libanon wird ihr geschenkt, / die Schönheit von Karmel und Scharon.
Nun schauen sie die Herrlichkeit des Herrn, / den Glanz unseres Gottes.
Stärkt die erschlafften Hände, / und festigt die wankenden Knie!
Sagt den verzagten Herzen: / Mut! Fürchtet euch nicht!
Seht da, euer Gott! / Es kommt die Rache, es naht Gottes Vergeltung! / Er selber kommt, um euch zu retten.
Dann öffnen sich die Augen der Blinden / und tun sich die Ohren der Tauben auf.
Dann springt der Lahme wie ein Hirsch, / und die Zunge der Stummen jubelt.
Denn in der Wüste brechen Wasser hervor / und Bäche in der Steppe.
Der dürre Boden wird zum See / und das lechzende Land zu Wasserquellen.

An dem Ort, wo Schakale hausten, / sprossen grünes Gras und Schilf.
Dort entsteht eine reine Straße, / man nennt sie Heiliger Weg.
Kein Unreiner darf ihn betreten, / und Toren irren nicht auf ihm herum.
Dort gibt es keine Löwen, / ihn betritt kein wildes Tier; / nur die Erlösten gehen auf ihm.
Die Befreiten des Herrn kehren heim / und kommen mit Jauchzen nach Zion, / ewige Freude auf ihrem Haupt.
Sie erlangen Freude und Wonne, / es fliehen Kummer und Seufzen. *Jesaja 35,1–10*

Gottes Trost für sein Volk

Tröstet, tröstet mein Volk! / spricht euer Gott.
Redet Jerusalem zu Herzen / und ruft ihm zu:
Eine Stimme ruft: / Bahnt in der Wüste eine Straße für den Herrn, / macht in der Steppe einen ebenen Weg für unseren Gott!
Jedes Tal soll aufgefüllt, / jeder Berg und Hügel abgetragen werden;
was krumm ist, soll gerade, / was zerklüftet ist, zu einem Talgrund werden.
Dann wird die Herrlichkeit des Herrn offenbar / und

schauen soll ihn alles Fleisch. / Denn der Mund des Herrn hat gesprochen.
Seht, Gott, der Herr kommt mit Macht / und sein Arm unterwirft ihm alles.
Seht, mit ihm kommt sein Siegeslohn, / und seine Siegeszeichen gehen vor ihm her.
Wie ein Hirt lenkt er seine Herde, / auf seinen Arm nimmt er die Lämmer;
er trägt sie im Bausch seines Gewandes / und leitet sorgsam die Mutterschafe. *aus Jesaja 40,1–11*

Das vierte Lied vom Gottesknecht

Seht, mein Knecht wird erfolgreich sein, / erhöht werden, hoch emporsteigen und sehr erhaben sein.
Wie sich viele über ihn entsetzten / – so unmenschlich entstellt war sein Aussehen, / und seine Gestalt war nicht mehr die eines Menschen –,
so werden viele der Völker in Staunen geraten; / Könige werden vor ihm ihren Mund verschließen;
denn was ihnen noch nie verkündet wurde, sehen sie, / und was sie niemals gehört haben, vernehmen sie.
Er wuchs empor vor uns wie ein Spross, / wie eine Wurzel aus dürrem Erdreich.
Keine Gestalt besaß er, noch Schönheit, / so dass wir ihn anschauen mochten.

Verachtet war er und von den Menschen gemieden, / ein Mann von Schmerzen, leiderfahren;
wie einer, vor dem man sein Angesicht verhüllt, / verabscheut, von niemand beachtet.
Aber unsere Krankheiten hat er getragen, / unsere Schmerzen hat er auf sich geladen;
doch wir hielten ihn für einen Geschlagenen, / den Gott getroffen und gebeugt hat.
Er wurde durchbohrt um unserer Sünden willen, / zerschlagen wegen unserer Missetaten.
Zu unserem Heil lag die Strafe auf ihm; / durch seine Wunden ist uns Heilung geworden.
Wir alle irrten umher wie die Schafe, / jeder ging seine eigenen Wege.
Aber der Herr ließ ihn treffen / die Schuld von uns allen.
Er wurde misshandelt, doch er beugte sich. / Er öffnete nicht seinen Mund.
Wie ein Lamm, das man zur Schlachtbank führt, / wie ein Schaf vor dem Scherer verstummt, / so öffnete (auch) er nicht seinen Mund.
Durch Gewalt und Gericht wurde er hinweggerafft; / wer kümmert sich um seinen Rechtsfall?
Er wurde herausgerissen aus dem Land der Lebendigen; / unserer Sünden wegen wurde er zu Tode getroffen.
Bei Verbrechern bestimmte man sein Grab / und bei Übeltätern seine Gruft,
obgleich er niemals Unrecht getan hat / und kein Trug in seinem Mund war.

Aber der Herr fand Gefallen an seinem Zerschlagenen, / er rettet den, der sein Leben als Sühnopfer hingab.
Er wird Nachkommen sehen, lange leben, / und das Vorhaben des Herrn wird durch ihn gelingen.
Nach seiner Mühsal wird er Licht sehen / und sich an Erkenntnis sättigen.
Mein Knecht, der Gerechte, rechtfertigt die Vielen / und nimmt ihre Schuld auf sich.
Darum will ich ihm die Vielen als Anteil geben / und die Mächtigen fallen ihm als Beute zu,
dafür, dass er sein Leben in den Tod dahingegeben hat / und unter die Übeltäter gezählt wurde,
während er doch die Schuld der Vielen trug / und für die Sünder eintrat. *aus Jesaja 52,13–53,12*

Drohung gegen die Führenden

Die Wächter des Volkes sind alle blind und haben keine Einsicht.
Sie passen nicht auf, / sondern denken nur an ihre eigenen Wege / und jedermann nur an seinen eigenen Gewinn.
Der Gerechte kommt um / und niemand nimmt es sich zu Herzen.
Ja, der Bosheit wegen wird der Gerechte hinweggerafft, / um einzugehen zum Frieden.

Macht die Bahn frei, ebnet den Weg / und räumt weg jedes Hindernis aus dem Weg meines Volkes!
Ich bin bei den Zerknirschten und Demütigen, / um den Mut der Gebeugten zu beleben, / zu beleben das Herz der Zerschlagenen.
Denn nicht auf ewig will ich anklagen, / und nicht endlos will ich zürnen.
Friede, ja Friede den Fernen und den Nahen, / spricht der Herr; ich werde sie heilen.
Für die Gottlosen gibt es keinen Frieden, / spricht mein Gott.
Nein, euere Frevel sind zur Scheidewand geworden / zwischen euch und euerem Gott.
Denn euere Hände sind mit Blut besudelt / und mit Unrecht euere Finger;
euere Lippen reden Lügen / und euere Zunge flüstert Bosheit.
Unheilsvoll sind ihre Werke / und Gewalttat ist in ihren Händen.
Ihre Füße laufen dem Bösen nach / und eilen, unschuldiges Blut zu vergießen.
Ihre Gedanken sind Gedanken des Unheils; / Verheerung und Zerstörung sind auf ihren Wegen.
Den Weg des Friedens kennen sie nicht, / auf ihren Bahnen gibt es kein Recht. *aus Jesaja 56,10–57,21; 59,1–8*

Das endzeitliche Heil

Denn die früheren Nöte werden vergessen sein, / verschwunden vor meinen Augen.
Denn ich will einen neuen Himmel und eine neue Erde schaffen, / an das Frühere wird man nicht mehr denken, / es kommt nicht mehr in den Sinn.
Vielmehr wird man sich freuen und ohne Ende jubeln / über das, was ich schaffe.
Denn seht, ich mache aus Jerusalem Jubel / und aus meinem Volk Freude.
Ich selbst will über Jerusalem jubeln / und mich über mein Volk freuen;
niemals mehr soll man darin vernehmen / lautes Weinen und Wehklagen.
Dort wird es kein Kind mehr geben, / das nur wenige Tage lebt,
und keinen Alten, / der nicht seine Jahre voll auslebt.
Denn als jung wird gelten, wer als Hundertjähriger stirbt, / und wer die hundert Jahre nicht erreicht, gilt als verflucht.
Sie werden Häuser bauen und darin wohnen, / Weinberge pflanzen und ihre Frucht selbst genießen.
Nicht werden sie bauen und ein anderer darin wohnen, / nicht werden sie pflanzen und andere davon genießen.
Denn die Tage meines Volkes / werden wie die Lebenstage eines Baumes sein.

Was ihre Hände erarbeitet haben, / werden meine Auserwählten selbst verbrauchen.
Nicht umsonst werden sie sich mühen / und nicht Kinder zu jähem Tod gebären;
denn sie sind ein Geschlecht der Gesegneten des Herrn, / und ihre Sprösslinge zusammen mit ihnen.
Bevor sie noch rufen, werde ich ihnen antworten, / und während sie noch reden, werde ich sie schon erhören.
Wolf und Lamm werden beieinander weiden, / der Löwe wird Stroh fressen wie das Rind / [und Staub wird die Speise der Schlange sein].
Nicht werden sie Schaden und Unheil stiften / auf meinem ganzen heiligen Berg, spricht der Herr.

Jesaja 65,16e–25

Die Berufung des Propheten

Das Wort des Herrn erging an mich:

Bevor ich dich im Mutterleib bildete, habe ich dich erwählt; / bevor du aus dem Mutterschoß hervorgingst, habe ich dich geheiligt. / Zum Völkerpropheten habe ich dich bestellt.

Da sagte ich: Mein Gott, mein Herr, ich kann doch nicht reden, / ich bin noch so jung.

Da sprach der Herr zu mir: / Sag nicht: Ich bin noch so jung.

Nein, wohin immer ich dich sende, dahin wirst du gehen, / und was immer ich dir auftrage, das wirst du reden.

Fürchte dich nicht vor ihnen; / denn ich bin mit dir, um dich zu retten – Spruch des Herrn.

Darauf streckte der Herr seine Hand aus und berührte meinen Mund. / Dann sprach der Herr zu mir: / So lege ich meine Worte in deinen Mund.

Siehe, ich setze dich heute über Völker und Königreiche ein, / auszurotten und niederzureißen, / zu verderben und zu zerstören, / aufzubauen und einzupflanzen.

Jeremia 1,4–10

Die Tempelrede

Das Wort, das vom Herrn an Jeremia erging: Stell dich ins Tor des Hauses des Herrn und verkünde dort dieses Wort und sprich: Hört das Wort des Herrn, alle Leute von Juda, die ihr durch diese Tore eintretet, um den Herrn anzubeten. So spricht der Herr der Heerscharen, der Gott Israels: Bessert euer Verhalten und euer Tun, dann will ich mit euch wohnen an diesem Ort. Denn nur wenn ihr ernsthaft euer Verhalten und euer Tun bessert, wenn ihr wirklich untereinander Recht tut, wenn ihr Fremde, Witwen und Waisen nicht bedrückt, kein unschuldiges Blut vergießt an diesem Ort und keinen fremden Göttern nachlauft zu euerem eigenen Unglück, dann will ich bei euch wohnen an diesem Ort, in dem Land, das ich eueren Vätern gegeben habe seit langem und für immer. Ist denn dieses Haus da, über dem mein Name ausgerufen ist, in eueren Augen eine Räuberhöhle? Und jetzt, weil ihr ganz dieselben Taten begangen habt obwohl ich unermüdlich zu euch gesprochen habe, ohne dass ihr darauf gehört, und euch gerufen habe, ohne dass ihr Antwort gegeben habt, jetzt werde ich euch von meinem Angesicht verstoßen.

aus Jeremia 7,1–15

Die Götzenbilder und der wahre Gott

Hört das Wort, das der Herr zu euch spricht, ihr vom Haus Israel. So spricht der Herr:

Gewöhnt euch nicht an den Weg der Völker / und lasst euch nicht in Schrecken setzen durch die Zeichen des Himmels. / Davor erschrecken die Völker.

Denn der Schrecken der Völker ist ein reines Nichts, / ist nur Holz, das man im Wald gefällt hat,

ein Werk von Künstlerhänden, / mit dem Schnitzmesser verfertigt,

geschmückt mit Silber und Gold, / befestigt mit Nägeln und Hammer, damit es nicht wackelt.

Vogelscheuchen im Gurkenfeld gleichen sie, / vermögen nicht zu reden.

Man muss sie tragen, denn selbst können sie nicht gehen. / Fürchtet sie nicht, sie können euch nichts Böses zufügen. / Aber auch Gutes zu tun steht nicht in ihrer Gewalt.

Der Herr aber ist wahrer Gott. / Er ist der lebendige Gott und der ewige König.

Er ist es, der die Erde erschaffen hat in seiner Kraft, / der in seiner Weisheit das Festland gegründet / und in seiner Einsicht den Himmel ausgespannt hat.

Lässt er seine Donnerstimme erschallen, / so antwortet Wassergebraus am Himmel,

und Wolken führt er herauf vom Ende der Erde. / Er

schleudert Blitze zum Regen, / lässt die Winde aus seinen Kammern hervorgehen.
Da steht jedem Menschen der Verstand still, er kann es nicht begreifen. / Und jeder
Denn er ist der Schöpfer des Alls, Israel ist der Stamm seines Erbteils. / Herr der Heerscharen ist sein Name.

aus Jeremia 10,1–16

Gegner Jeremias

Sie aber sagten: Auf, wir wollen gegen Jeremia einen Plan schmieden. Denn dem Priester wird die Tora nicht fehlen, dem Weisen der Rat und dem Propheten das Wort. Auf! Wir wollen ihn mit seiner eigenen Zunge schlagen und Acht geben auf jedes seiner Worte.

Herr, achte auf mich / und höre, was meine Gegner sagen. *Jeremia 18,18–19*

Das Prophetenschicksal

Du hast mich verführt, Herr, und ich ließ mich verführen; / du hast mich gepackt und überwältigt.
Ich bin zum Gelächter geworden tagaus tagein, / jedermann verhöhnt mich.

Denn sooft ich reden will, muss ich aufschreien: /
Gewalt und Untergang! muss ich rufen.
Ist doch das Wort des Herrn für mich zum / Hohn und Spott geworden den ganzen Tag.
Sooft ich mir vornahm: Ich will nicht mehr an ihn denken / und nicht mehr in seinem Namen reden,
da brannte es in meinem Innern wie ein verzehrendes Feuer, / eingeschlossen in meinem Gebein.
Ich wurde müde, es auszuhalten, / ich konnte es nicht ertragen.
Ich hörte das Zischeln der Vielen: Grauen ringsum! /
Zeigt ihn an, wir wollen ihn anzeigen!
Alle meine Vertrauten warten auf einen Fehltritt von mir: / Vielleicht lässt er sich verführen, / dann gewinnen wir Macht über ihn und nehmen Rache an ihm!
Aber der Herr ist mit mir wie ein mächtiger Held. /
Darum werden meine Verfolger straucheln und nicht siegen.
Lobsingt dem Herrn, preist den Herrn! / Denn er hat das Leben des Armen herausgerissen aus der Gewalt der Gottlosen.

aus Jeremia 20,7–13

Der König der Zukunft

Wehe den Hirten, die die Schafe meiner Herde zugrunde gehen und sich zerstreuen lassen – Spruch des Herrn. Darum –

so spricht der Herr, der Gott Israels, über die Hirten, die mein Volk weiden: Ihr habt meine Schafe zerstreut und auseinander getrieben und euch nicht um sie gekümmert. Deshalb zahle ich euch jetzt euere bösen Taten heim – Spruch des Herrn. Ich selbst aber sammle den Rest meiner Schafe aus allen Ländern, wohin ich sie versprengt habe, und führe sie auf ihre Weideplätze zurück. Da sollen sie fruchtbar sein und sich mehren. Ich werde sie Hirten anvertrauen, die sie wirklich weiden, sodass sie nichts mehr zu fürchten und vor nichts mehr zu erschrecken brauchen und nicht mehr verloren gehen – Spruch des Herrn.

Seht, es kommen Tage – Spruch des Herrn –, / in denen ich dem David einen gerechten Spross erstehen lasse.
Er wird als König herrschen und weise handeln, / für Recht und Gerechtigkeit wird er im Land sorgen.

Jeremia 23,1–5

Der neue Bund

Seht, es kommen Tage – Spruch des Herrn –, da werde ich mit dem Haus Israel und dem Haus Juda einen neuen Bund schließen. Nicht wie der Bund war, den ich mit ihren Vätern geschlossen habe, damals, als ich sie bei der Hand nahm und aus dem Land Ägypten herausführte, diesen meinen Bund haben sie gebrochen, obwohl ich ihr Gebieter war – Spruch des Herrn. Sondern das ist der Bund, den ich mit dem Haus

Israel nach jenen Tagen schließen werde – Spruch des Herrn: Ich lege mein Gesetz in ihr Inneres und schreibe es in ihr Herz. Ich werde ihr Gott sein und sie werden mein Volk sein. Dann brauchen sie sich nicht mehr gegenseitig zu belehren und einer zum anderen zu sagen: Erkennt den Herrn!, sondern sie alle werden mich erkennen, Klein und Groß – Spruch des Herrn. Denn ich vergebe ihre Schuld und denke nicht mehr an ihre Sünde. *Jeremia 31,31–34*

Die Berufung des Propheten

Am fünften Tag des Monats – es war das fünfte Jahr nach der Verschleppung –, da erging das Wort des Herrn an Ezechiel, den Priester, im Land der Chaldäer. *aus Ezechiel 1,2–3*

Die Vision vom Thronwagen des Herrn

Ich schaute und siehe, ein Sturmwind kam von Norden und eine große Wolke, rings von Lichtglanz umgeben und loderndes Feuer und aus seinem Innern, aus der Mitte des Feuers, leuchtete es hervor wie glänzendes Gold. Mitten aus ihm heraus wurde etwas sichtbar, das vier Lebewesen glich, und dies war ihr Aussehen: Sie hatten Menschengestalt. Ein jedes aber hatte vier Gesichter und ebenso vier Flügel. Ihre Beine waren gerade und ihre Füße waren wie die Füße eines Kalbes und sie leuchteten wie der Glanz polierter Bronze. Sie hatten Menschenhände unter ihren Flügeln an ihren vier Seiten. Was die Gesichter und die Flügel bei jedem von den Vieren betrifft, so berührten ihre Flügel einander; sie wandten sich nicht beim Gehen; ein jedes ging gerade vor sich hin. Ihre Gesichter aber sahen so aus: ein Menschengesicht und ein Löwengesicht zur Rechten bei allen Vieren, ein Stiergesicht zur Linken bei allen Vieren und ein Adlergesicht bei allen Vieren. Ihre Flügel waren nach oben hin ausgespannt; je zwei berührten einander und je zwei bedeckten ihre Leiber.

Wenn sie gingen, hörte ich das Rauschen ihrer Flügel wie das Rauschen vieler Wasser, wie die Stimme des Allmächtigen, ein brausendes Geräusch wie das Geräusch eines Heerlagers; wenn sie aber standen, ließen sie die Flügel sinken.

Oberhalb der Platte, die sich über ihren Köpfen befand, war etwas, das aussah wie Saphir und einem Thron glich, und auf diesem Gebilde, das einem Thron glich, war eine Gestalt, die das Aussehen eines Menschen hatte. Und ich sah es funkeln wie glänzende Bronze, wie Feuer, das ringsum eingeschlossen ist, oberhalb von dem, was wie seine Hüften aussah, und unterhalb von dem, was wie seine Hüften aussah, sah ich etwas, was wie Feuer aussah und ringsumher einen Lichtglanz hatte. Wie die Erscheinung des Bogens, der an einem Regentag in den Wolken steht, so war die Erscheinung des Lichtglanzes ringsum. Das war die Erscheinung der Gestalt der Herrlichkeit des Herrn. Als ich sie sah, fiel ich auf mein Gesicht und hörte die Stimme von jemandem, der redete.

aus Ezechiel 1,4–28

Die Sendung Ezechiels

Er sprach zu mir: Menschensohn, stell dich auf deine Füße, ich will mit dir reden. Er sprach zu mir: Menschensohn, ich sende dich zu dem Haus Israel, zu den Empörern, die sich gegen mich aufgelehnt haben; sie und ihre Väter sind mir abtrünnig geworden bis auf den heutigen Tag. Söhne mit frechem Gesicht und hartem Herzen, zu ihnen sende ich dich. Du sollst zu ihnen sagen: So spricht Gott, der Herr. Ob sie hören oder ob sie es lassen – denn ein widerspenstiges Haus sind sie –, so sollen sie doch wissen, dass ein Prophet unter ihnen war. Du aber, Menschensohn, fürchte dich nicht vor ihnen und hab keine Furcht vor ihren Worten; denn Dornen umgeben dich und du sitzt auf Skorpionen. Du aber, Menschensohn, höre, was ich dir sage. Sei nicht widerspenstig wie das widerspenstige Haus. Öffne deinen Mund und iss, was ich dir gebe. Da sah ich, wie eine Hand nach mir ausgestreckt war, und es war eine Buchrolle darin. Er breitete sie vor mir aus, sie war sowohl auf der Vorderseite wie auf der Rückseite beschrieben und auf ihr waren Klagen, Seufzer und Weherufe geschrieben.

Er sprach zu mir: Menschensohn, iss, was immer du dort findest, iss! Iss diese Rolle und geh und rede zum Haus Israel. Ich öffnete den Mund und er gab mir die Rolle zu essen und sprach zu mir: Menschensohn, gib deinem Leib zu essen und fülle dein Inneres mit dieser Rolle, die ich dir gebe. Da aß ich sie und sie war in meinem Mund süß wie Honig.

Er sprach zu mir: Menschensohn, nimm dir alle meine Worte, die ich zu dir rede, zu Herzen und höre mit deinen Ohren. Mach dich auf, geh zu den Verbannten, zu den Söhnen deines Volkes, und rede zu ihnen und sage zu ihnen: So spricht Gott, der Herr –, ob sie nun hören oder es lassen.

aus Ezechiel 2,1–3,11

Symbolische Zeichenhandlung

Belagerung Jerusalems

Du, Menschensohn, nimm dir einen Ziegel und leg ihn vor dich hin und zeichne darauf eine Stadt [nämlich Jerusalem]. Dann belagere sie, bau einen Wall gegen sie, schütte einen Damm gegen sie auf, errichte Heerlager gegen sie und stelle ringsum Sturmböcke auf gegen sie. Dann nimm dir eine eiserne Pfanne und mache sie zu einer eisernen Mauer zwischen dir und der Stadt. Richte deinen Blick auf sie; sie soll im Belagerungszustand sein und du sollst sie belagern. Das ist ein Zeichen für das Haus Israel. *Ezechiel 4,1–3*

Die Vernichtung

Du, Menschensohn, nimm dir ein scharfes Schwert, als Schermesser sollst du es benutzen und damit über dein Haupt und deinen Bart fahren. Dann nimm dir eine Waage und teile die Haare auf. Ein Drittel verbrenne inmitten der Stadt, wenn die Tage der Belagerung zu Ende sind. Ein Drittel nimm und zerhaue es mit dem Schwert rings um die Stadt und ein Drittel streue in den Wind. Ich will das Schwert hinter ihnen zücken. Dann nimm davon eine kleine Anzahl und binde sie in den Zipfel deines Gewandes. *Ezechiel 5,1–3*

Deutung

So spricht Gott, der Herr: Das ist Jerusalem: Mitten unter die Völker habe ich es gestellt und es mit Ländern umgeben. Aber es lehnte sich auf gegen meine Rechtsvorschriften, schlimmer als die Völker, und gegen meine Satzungen, ärger als die Länder, die es umgeben; denn meine Rechtsvorschriften haben sie verworfen und nicht nach meinen Satzungen gelebt.

Darum – so spricht Gott, der Herr: Ich gehe gegen dich [Jerusalem] vor und will in deiner Mitte vor den Augen der Völker das Strafgericht vollziehen. Wegen aller deiner Gräueltaten werde ich an dir tun, was ich noch nie getan habe und auch nie wieder tun werde. Darum, so wahr ich lebe – Spruch Gottes, des Herrn –, weil du mein Heiligtum mit allen deinen Scheußlichkeiten und Gräueln verunreinigt hast, will auch ich scheren; mein Auge wird nicht erbarmend blicken und ich werde keine Schonung kennen. Ein Drittel von dir wird an der Pest sterben und durch Hunger in deiner Mitte umkommen, ein Drittel wird durch das Schwert fallen um dich herum und ein Drittel werde ich in alle Winde zerstreuen und ich werde das Schwert hinter ihnen zücken, damit ihr erkennt, dass ich der Herr bin. *aus Ezechiel 5,5–12; 6,7b*

Volkssprichwörter

Das Wort des Herrn erging an mich: Menschensohn, was habt ihr denn da für ein Sprichwort im Land Israel: Die Tage ziehen sich in die Länge und die Visionen erfüllen sich nie? Darum sag zu ihnen: So spricht Gott, der Herr: Ich will diesem Sprichwort ein Ende machen, man wird es in Israel nicht mehr gebrauchen! Vielmehr sage zu ihnen: Nahe herbeigekommen sind die Tage und alles, was die Visionen verkünden. Denn wichtige Visionen und trügerische Orakel wird es im Haus Israel geben. Denn ich, der Herr, rede; was ich rede, das geschieht auch und wird nicht hinausgeschoben, denn noch in eueren Tagen, du widerspenstiges Volk, werde ich reden und handeln – Spruch Gottes, des Herrn.

Das Wort des Herrn erging an mich: Menschensohn, das Haus Israel sagt: Die Visionen, die er schaut, haben noch viele Tage Zeit, für ganz ferne Zeiten weissagt er. Darum sag ihnen: So spricht Gott, der Herr: Keines meiner Worte wird sich mehr verzögern. Was ich sage, geschieht – Spruch Gottes, des Herrn.

Ezechiel 12,21–28

Persönliche Verantwortung

Das Wort des Herrn erging an mich: Was fällt euch ein, dass ihr im Land Israel das Sprichwort im Mund führt: Unsere Väter essen saure Trauben und den Söhnen werden die Zähne stumpf. So wahr ich lebe – Spruch Gottes, des Herrn –, dieses Sprichwort sollt ihr nicht mehr in Israel gebrauchen. Alles Leben ist mein, das Leben des Vaters sowohl wie das Leben des Sohnes, sie sind mein; nur wer sündigt, der soll sterben.

Ist nun jemand gerecht und übt Recht und Gerechtigkeit, isst nicht auf den Bergen und erhebt seine Augen nicht zu den Götzen des Hauses Israel, macht nicht die Frau seines

Nächsten unrein und naht sich nicht einer Frau während der Menstruation, bedrückt niemand, gibt sein Pfand zurück, begeht keinen Raub, gibt sein Brot dem Hungrigen und kleidet den Nackten, leiht nicht gegen Wucher und nimmt keinen Zins, hält seine Hand von Ungerechtigkeit zurück und hält ehrlich Gericht zwischen den Parteien, folgt meinen Satzungen und hält treu meine Gebote – der ist ein Gerechter, der wird sicher am Leben bleiben – Spruch Gottes, des Herrn.

Aber wenn er einen gewalttätigen Sohn zeugt, der Blut vergießt, oder eine von diesen Sünden begeht – während er (der Vater) doch alle diese Dinge nicht getan hat – wird der am Leben bleiben? Er wird nicht am Leben bleiben. Alle diese Gräuel hat er verübt, darum muss er sterben; seine Blutschuld liegt auf ihm.

Zeugt er aber einen Sohn, der alle die Sünden seines Vaters sieht; der sie sieht, aber nicht danach handelt, der wird nicht wegen der Schuld seines Vaters sterben, er wird am Leben bleiben. Ihr sagt: Warum trägt nicht der Sohn die Schuld des Vaters? Der Sohn hat Recht und Gerechtigkeit geübt, er hat alle meine Satzungen gehalten und ausgeführt, er wird am Leben bleiben. Wer sündigt, der soll sterben. Aber der Sohn soll nicht die Schuld des Vaters tragen und der Vater nicht die Schuld seines Sohnes. Die Gerechtigkeit des Gerechten liegt auf ihm und die Gottlosigkeit des Gottlosen liegt auf ihm.

Wenn der Gottlose von allen Sünden, die er getan hat, umkehrt, alle meine Satzungen hält und Recht und Gerechtigkeit übt, so soll er am Leben bleiben und nicht sterben.

Keine der Untaten, die er begangen hat, wird ihm vorgeworfen werden; um der Gerechtigkeit willen, die er geübt hat, soll er leben. Habe ich etwa Gefallen am Tod des Gottlosen – Spruch Gottes, des Herrn – und nicht vielmehr daran, dass er von seinem Weg umkehrt und lebt?

Bekehrt euch, wendet euch ab von allen eueren Vergehen, dass sie euch kein Anstoß zur Schuld werden.

aus Ezechiel 18,1–30

Neues Heil im Land

Das Wort des Herrn erging an mich: Menschensohn, als das Haus Israel in seinem Land lebte, da machten sie es durch ihr Verhalten und ihre Taten unrein. Da goss ich meinen Grimm über sie aus wegen des Blutes, das sie im Land vergossen hatten, und weil sie es mit ihren Götzen unrein gemacht hatten. Ich zerstreute sie unter die Völker und sie wurden in die Länder versprengt; nach ihrem Wandel und ihren Taten habe ich sie gerichtet. Darum sage zum Haus Israel: So spricht Gott, der Herr: Nicht um euretwillen handle ich, sondern um meines heiligen Namens willen, den ihr unter den Völkern, zu denen ihr gekommen seid, entweiht habt. Ich will meinen großen Namen heiligen. Dann werden die Völker erkennen, dass ich der Herr bin – Spruch Gottes, des Herrn –, wenn ich mich an euch vor ihren Augen als heilig erweise. Ich hole euch aus den Völkern, ich sammle euch aus allen Ländern und bringe euch in euer Land zurück. Dann sprenge ich reines Wasser über euch, dass ihr rein werdet; von aller Unreinheit und von allen eueren Götzen reinige ich euch. Ich gebe euch ein neues Herz und lege einen neuen Geist in euer Inneres; ich entferne euer steinernes Herz aus euerer Brust und gebe euch ein Herz von Fleisch. Ich lege meinen Geist in euer Inneres und bewirke, dass ihr nach meinen Satzungen lebt, meine Vorschriften haltet und danach handelt.

aus Ezechiel 36,16–28

Die Auferweckung des toten Israel

Die Hand des Herrn kam über mich und er führte mich im Geist hinaus und versetzte mich mitten in die Talebene. Sie aber war voll von Gebeinen. Er ließ mich an ihnen vorübergehen; sie lagen in sehr großer Zahl über die Ebene verstreut und waren ganz verdorrt. Er fragte mich: Menschensohn, werden diese Gebeine wieder zum Leben zurückkehren? Ich antwortete: Herr und Gott, du weißt es. Da sprach er zu mir: Weissage über diese Gebeine und rede zu ihnen: Ihr dürren Gebeine, hört das Wort des Herrn! So spricht Gott, der Herr, zu diesen Gebeinen: Ich bringe Lebensatem in euch, dass ihr lebendig werdet. Ich umgebe euch mit Sehnen und bekleide euch mit Fleisch; ich überziehe euch mit Haut und bringe Lebensatem in euch, dass ihr lebendig werdet. Dann sollt ihre erkennen, dass ich der Herr bin.

Ich weissagte, wie mir befohlen war, und noch während ich redete, entstand ein Rauschen, die Gebeine rückten zusammen, eines an das andere. Als ich hinsah, kamen Sehnen und Fleisch über sie und Haut zog sich darüber, aber Lebensatem war noch nicht in ihnen. Da sprach er zu mir: Weissage über den Lebensatem, weissage, Menschensohn, und rede zum Lebensatem: So spricht Gott, der Herr: Von den vier Winden komm, Lebensatem, und hauch diese Erschlagenen an, dass sie lebendig werden! Da weissagte ich, wie er mir geboten hatte, und der Lebensatem kam in sie; sie wurden lebendig und stellten sich auf ihre Füße, ein gewaltig großes Heer.

Er sprach zu mir: Menschensohn, diese Gebeine sind das ganze Haus Israel. Sie sagen: Verdorrt sind unsere Gebeine, dahin ist unsere Hoffnung, es ist aus mit uns! Darum weissage und rede zu ihnen: So spricht Gott, der Herr: Ich öffne euere Gräber und hole euch heraus aus eueren Gräbern als mein Volk; ich bringe euch in das Land Israel. Dann werdet ihr erkennen, dass ich der Herr bin, wenn ich euere Gräber öffne und euch aus eueren Gräbern heraushole als mein Volk. Ich lege meinen Lebensatem in euch hinein, dass ihr lebendig werdet, und bringe euch in euer Land. Dann werdet ihr erkennen, dass ich, der Herr, gesprochen und gehandelt habe – Spruch Gottes, des Herrn. *Ezechiel 37,1–14*

Gottes Prozess mit Israel

Hört das Wort des Herrn, ihr Söhne Israels! / Einen Rechtsstreit führt der Herr mit den Bewohnern des Landes;
denn es ist keine Treue und Liebe, / keine Gotteserkenntnis mehr im Land.
Fluch und Betrug, / Mord, Diebstahl und Ehebruch herrschen im Land; / Blutschuld reiht sich an Blutschuld.
Ja, sie haben den Herrn verlassen. *Hosea 4,1–10*

Gottes große Liebe

Als Israel noch jung war, gewann ich ihn lieb, / aus Ägypten rief ich meinen Sohn.
Aber je mehr ich sie rief, / desto mehr liefen sie von mir weg.
Sie opferten den Baalen, / den Götzenbildern brachten sie Rauchopfer dar.
Aber sie erkannten nicht, dass ich sie pflegte.
Mit menschlichen Banden zog ich sie, / mit Seilen der Liebe.
Ich war für sie wie einer, / der einen Säugling an seine Wange hebt.
Ich beugte mich zu ihm / und gab ihm zu essen.

Ins Land Ägypten muss er zurück; / Assur wird sein König sein, / weil sie nicht umkehren wollten.
Aber mein Volk hält fest an seinem Abfall; / zum Baal rufen sie, / doch der richtet sie nicht auf.
Wie könnte ich von dir lassen, Efraim, / dich preisgeben, Israel?
Mein Herz kehrt sich um in mir, / und zugleich regt sich mein Mitleid.
Ich kann meinen glühenden Zorn nicht vollstrecken, / kann Efraim nicht wieder verderben.
Denn Gott bin ich und nicht ein Mensch, / in deiner Mitte der Heilige. / Ich lasse Zornesglut nicht aufkommen.
Ich lasse sie heimkehren zu ihren Häusern – / Spruch des Herrn. *aus Hosea 11,1–11*

Die Beugung des Rechts

Weh denen, die das Recht in Wermut verwandeln / und die Gerechtigkeit zu Boden stoßen.
Sie hassen den, der im Tor Recht spricht / und verabscheuen den, der die Wahrheit sagt.
Denn ich kenne euere zahlreichen Sünden / und die Größe euerer Freveltaten.
Ihr bedrückt den Gerechten, / nehmt Bestechungsgelder an / und weist ab den Armen im Tor.

Hasst das Böse und liebt das Gute! / Richtet im Tor das Recht auf. *aus Amos 5,7.10–15*

Gegen veräußerlichten Opferkult

Ich hasse und verwerfe euere Feste, / ich kann euere Festversammlungen nicht riechen.
Denn bringt ihr mir Brandopfer dar – / an eueren Gaben habe ich kein Gefallen, / und das Opfer euerer Mastkälber sehe ich nicht an.
Hinweg von mir mit dem Lärm euerer Lieder! / Das Spiel euerer Harfen will ich nicht hören.
Aber wie Wasser flute das Recht / und die Gerechtigkeit wie ein nie versiegender Bach! *Amos 5,21–24*

Gegen Betrüger und Ausbeuter

Hört dies, die ihr den Armen zertretet / und die Geringen im Land unterdrückt.
Ihr sagt: Wann ist der Neumond vorüber, / damit wir Getreide verkaufen können,
und wann der Sabbat, / damit wir Korn anbieten können?
Wir wollen das Hohlmaß verkleinern und den Ge-

wichtsstein vergrößern / und die Waage fälschen zum Betrug.
Mit Geld wollen wir die Dürftigen kaufen / und die Armen für ein Paar Sandalen.
Selbst den Abfall vom Getreide / machen wir noch zu Geld.
Geschworen hat der Herr beim Stolz Jakobs: / Niemals kann ich alle ihre Taten vergessen.
Sollte darüber nicht die Erde erbeben, / und sollten nicht alle ihre Bewohner trauern?
An jenem Tag – Spruch Gottes, des Herrn – / lasse ich die Sonne untergehen am Mittag / und verfinstere die Erde am hellen Tag.
Ich verwandle euere Feste in Trauer / und all euere Lieder in Totenklage.
Seht, es kommen Tage – Spruch Gottes, des Herrn –, / da schicke ich den Hunger ins Land,
nicht den Hunger nach Brot / und nicht den Durst nach Wasser, / sondern nach einem Wort des Herrn.
Da werden sie irren von Meer zu Meer / und vom Norden zum Osten streifen,
um das Wort des Herrn zu hören, / aber sie werden es nicht finden. *aus Amos 8,4–12*

Das künftige Heil

Dann wende ich das Geschick meines Volkes Israel: /
Sie bauen die zerstörten Städte wieder auf und wohnen darin;
sie pflanzen Weinberge und trinken ihren Wein; / sie legen Gärten an und essen die Früchte.
Und ich pflanze sie ein in ihr Land, / und sie werden nie mehr ausgerissen
aus ihrem Land, das ich ihnen gegeben habe, / spricht der Herr, dein Gott. *Amos 9,14–15*

Die Berufung Jonas

Das Wort des Herrn erging an Jona: Auf, geh nach Ninive, in die große Stadt, und predige gegen sie; denn ihre Bosheit ist bis zu mir gedrungen. Da machte sich Jona auf, um nach Tarschisch zu fliehen, weg vom Herrn. Er ging nach Jafo hinab, fand ein Schiff, das nach Tarschisch fuhr. Er bezahlte das Fahrgeld und ging an Bord, um mit ihnen nach Tarschisch zu fahren, weg vom Herrn.

Da warf der Herr einen starken Wind auf das Meer, und es entstand ein gewaltiger Sturm, sodass das Schiff auseinander zu brechen drohte. Jona aber war in den untersten Teil des Schiffes hinabgestiegen, hatte sich hingelegt und war eingeschlafen. Da kam der Kapitän zu ihm und sagte: Was schläfst du? Steh auf und ruf zu deinem Gott! Vielleicht kümmert sich dieser Gott um uns, sodass wir nicht umkommen.

Er antwortete ihnen: Nehmt mich und werft mich ins Meer, damit das Meer sich beruhigt und von euch ablässt; denn ich weiß, dass dieser große Sturm durch mich über euch gekommen ist. Da riefen sie zum Herrn: Ach Herr, lass uns doch nicht zugrunde gehen wegen des Lebens dieses Mannes da und bringe nicht unschuldiges Blut über uns; denn du, Herr, handelst, wie es dir gefällt. Dann nahmen sie Jona und warfen ihn ins Meer, und das Meer ließ ab von seinem Toben. Der Herr aber bestimmte einen großen Fisch, Jona zu verschlingen. Jona war drei Tage und drei Nächte im Bauch des Fisches. Und Jona betete aus dem Bauch des Fisches zum Herrn, seinem Gott:

> Ich rief in meiner Not zum Herrn, / und er hat mich erhört.
> Du hast mich in die Tiefe geworfen, / in das Herz der Meere, dass mich die Fluten umschlossen.
> Alle deine Wogen und Wellen / gingen über mich dahin.
> Als der Atem mir schwand, da dachte ich an den Herrn. / Mein Gebet drang zu dir in deinen heiligen Tempel.
> Was ich gelobt habe, will ich erfüllen. / Die Rettung kommt vom Herrn.

Da gebot der Herr dem Fisch, und er spie Jona ans Land.

aus Jona 1,1–2,11

Jona in Ninive

Das Wort des Herrn erging an Jona zum zweiten Mal: Steh auf und geh nach Ninive, in die großen Stadt, und predige ihr, wie ich dir auftragen werde. Da machte Jona sich auf und ging nach Ninive, wie der Herr ihm aufgetragen hatte. Ninive aber war eine große Stadt vor Gott; drei Tage brauchte man, um sie zu durchwandern. Jona ging eine Tagereise weit in die Stadt hinein und rief: Noch vierzig Tage und Ninive ist zerstört. Die Männer von Ninive aber glaubten Gott, riefen ein Fasten aus und zogen Bußgewänder an, Groß und Klein. Als die Kunde davon bis zum König von Ninive drang, erhob er sich von seinem Thron, legte seinen Königsmantel ab, hüllte sich in ein Bußgewand und setzte sich in die Asche. Er ließ in Ninive ausrufen: Befehl des Königs und seiner Großen: Menschen und Tiere, Rinder und Schafe sollen nicht das Geringste essen, nicht weiden und kein Wasser trinken. Sie sollen sich in Bußgewänder hüllen, Menschen und Tiere, und mit Macht zu Gott rufen. Ein jeder soll umkehren von seinem bösen Tun und von dem Unrecht, das an seinen Händen klebt. Vielleicht reut es Gott noch einmal und er lässt ab von seinem glühenden Zorn, sodass wir nicht zugrunde gehen. Als nun Gott sah, dass sie von ihrem bösen Tun umkehrten, da reute ihn das Böse, das er ihnen angedroht hatte, und er tat es nicht. *Jona 3,1–10*

Der Unmut des Propheten und Gottes Antwort

Das aber verdross Jona sehr, und er wurde zornig. Er betete zum Herrn und sagte: Ach Herr, habe ich das nicht gesagt, als ich noch in meiner Heimat war? Deshalb wollte ich das erste Mal nach Tarschisch fliehen; denn ich wusste, dass du ein gerechter und barmherziger Gott bist, zögernd im Zorn und reich an Gnade, und dass dich das Unheil reut. So nimm denn nun, Herr, mein Leben von mir; denn es ist besser, ich sterbe, als dass ich am Leben bleibe. Da antwortete der Herr: Ist es wohl recht, dass du zornig bist?

Da ging Jona zur Stadt hinaus und ließ sich im Osten der Stadt nieder. Er machte sich dort eine Hütte und saß in ihrem Schatten, um abzuwarten, was mit der Stadt geschehen würde. Da ließ Gott, der Herr, eine Rizinusstaude über Jona emporwachsen, die seinem Kopf Schatten spenden und ihn von seinem Unmut befreien sollte. Jona freute sich sehr über die Rizinusstaude. Am anderen Morgen aber, als die Morgenröte emporstieg, schickte Gott einen Wurm, der die Rizinusstaude annagte, sodass sie verdorrte. Als nun die Sonne aufging, schickte Gott einen glühenden Ostwind, und die Sonne stach Jona auf den Kopf, dass er ganz ermattete, sich den Tod wünschte und sagte: Es ist besser, ich sterbe, als dass ich am Leben bleibe. Da sprach Gott zu Jona: Ist es wohl recht, dass du wegen der Rizinusstaude zornig bist? Jona erwiderte: Mit Recht bin ich zornig und wünsche mir den Tod. Da sprach der Herr: Du hast Mitleid mit der Rizinusstaude, um die du dich nicht gemüht und die du nicht herangezogen hast, die in einer Nacht heranwuchs und in einer Nacht verging. Ich aber sollte nicht Mitleid haben mit Ninive, der großen Stadt, in der mehr als einhundertzwanzigtausend Menschen leben, die nicht einmal zwischen rechts und links unterscheiden können, und dazu so viel Vieh? *Jona 4,1–11*

Hoffnung für die Verbannten

Sammeln will ich ganz Jakob, / versammeln will ich den Rest Israels.
Ich will sie zusammenbringen wie Schafe im Pferch, / wie eine Herde auf der Weide, / eine tosende Menschenmenge.
Vor ihnen her geht einer, der bricht ihnen die Bahn. / Sie breiten sich aus, durchschreiten das Tor und ziehen hinaus.
Ihr König geht vor ihnen her, / der Herr an ihrer Spitze.
Micha 2,12–13

Die Völkerwallfahrt zum Zion

Es wird geschehen am Ende der Tage, / da steht der Berg des Hauses des Herrn
fest gegründet als Gipfel der Berge, / erhaben über die Hügel. / Völker werden zu ihm strömen,
und viele Nationen kommen und sagen: / Kommt, lasst uns hinaufziehen zum Berg des Herrn / und zum Haus des Gottes Jakobs,
dass er uns in seinen Wegen unterweise / und wir auf seinen Pfaden gehen!
Denn von Zion geht Weisung aus, / und das Wort des Herrn von Jerusalem.
Er richtet zwischen vielen Völkern / und weist mächtige Nationen zurecht [bis in die Ferne].
Dann schmieden sie ihre Schwerter zu Pflugscharen um / und ihre Speere zu Winzermessern.
Nicht mehr erhebt dann ein Volk gegen das andere das Schwert, / und sie erlernen nicht mehr das Kriegshandwerk.
Jeder sitzt unter seinem Weinstock / und unter seinem Feigenbaum,
ohne dass jemand ihn stört. / Ja, der Mund des Herrn der Heerscharen hat gesprochen.
Wenn auch alle Völker (noch) ihren Weg gehen, / ein jedes im Namen seines Gottes,
so gehen wir im Namen des Herrn, unseres Gottes, / für immer und ewig. *Micha 4,1–5*

Der Rechtsstreit des Herrn mit seinem Volk

Hört doch, was der Herr sagt!
Denn der Herr hat einen Streit mit seinem Volk, / mit Israel geht er ins Gericht.
Mein Volk, was habe ich dir getan, / oder womit bin ich dir lästig gefallen? Antworte mir!
Ich habe dich doch aus dem Land Ägypten heraufgeführt, / aus dem Haus den Knechtschaft habe ich dich losgekauft.
Ich habe vor dir hergesandt / Mose, Aaron und Mirjam.
Womit soll ich vor den Herrn hintreten, / mich beugen von dem Gott in der Höhe?
Soll ich mit Brandopfern vor ihn treten, / mit einjährigen Kälbern?
Hat der Herr Gefallen an Tausenden Widdern, / an Zehntausenden Strömen von Öl?
Soll ich meinen Erstgeborenen opfern für meine Verfehlung, / die Frucht meines Leibes für mein sündenhaftes Leben?
Es ist dir gesagt, Mensch, / was gut ist und was der Herr von dir fordert:
Nichts als Recht tun und Güte lieben / und in Demut wandeln mit deinem Gott. *aus Micha 7,1–8*

Der Friedenskönig

Juble laut, Tochter Zion, / jauchze, Tochter Jerusalem! Sieh, dein König kommt zu dir, / gerecht und siegreich. Demütig ist er und reitet auf einem Esel, / auf dem Füllen einer Eselin.
Ich schaffe die Streitwagen fort aus Efraim / und die Pferde aus Jerusalem, / vernichtet wird der Kriegsbogen. Er verkündet den Völkern Frieden, / und seine Herrschaft reicht von Meer zu Meer, / vom Strom bis zu den Enden der Erde.
Wegen des Blutes deines Bundes / lasse ich deine Gefangenen frei aus der Grube, der leeren Zisterne.
Kehrt zur Festung zurück, / ihr Gefangenen voll Hoffnung!
Ja, heute verkünde ich dir: / Doppelt leiste ich dir Ersatz. Der Herr wird über ihnen erscheinen. / wie der Blitz fliegt sein Pfeil dahin.
Gott, der Herr, stößt in das Horn / und kommt mit den Stürmen des Südens.
Der Herr der Heerscharen beschützt die Seinen.
Der Herr, ihr Gott, verleiht ihnen an jenem Tag den Sieg; / er rettet sein Volk wie eine Herde. / Wie Edelsteine glänzen sie auf seinem Land.
Ja, wie groß ist seine Güte, wie herrlich seine Schönheit!

aus Sacharja 9,9–17

Neues Testament

Das Vorwort

Nachdem es schon viele unternommen haben, einen Bericht über die Ereignisse abzufassen, die sich in unserer Mitte erfüllt haben – entsprechend der Überlieferung jener, die von Anfang an Augenzeugen und Diener des Wortes waren –, habe auch ich mich entschlossen, allem von Anfang an sorgfältig nachzugehen, und es für dich, bester Theophilus, der Reihe nach aufzuschreiben, damit du dich von der Zuverlässigkeit der Lehre, in der du unterwiesen wurdest, überzeugen kannst. *Lukas 1,1–4*

Die Verheißung der Geburt Johannes' des Täufers

In den Tagen des Herodes, des Königs von Judäa, lebte ein Priester namens Zacharias aus der Priesterklasse des Abija. Seine Frau stammte aus dem Geschlecht Aaron und ihr Name war Elisabet. Beide waren gerecht vor Gott, lebten streng nach allen Geboten und Satzungen des Herrn. Sie hatten kein Kind, weil Elisabet unfruchtbar war, und beide waren schon in vorgerücktem Alter.

Eines Tages, als er nach der Ordnung seiner Klasse Priesterdienst vor Gott tat, traf ihn nach dem Brauch der Priesterschaft das Los, in den Tempel des Herrn einzutreten und das Rauchopfer darzubringen. Das ganze Volk aber stand zur Stunde des Rauchopfers draußen und betete. Da erschien ihm ein Engel des Herrn, der zur Rechten des Rauchopferaltars stand. Zacharias erschrak, als er ihn sah, und Furcht überfiel ihn. Doch der Engel sagte zu ihm: Fürchte dich nicht, Zacharias; denn dein Gebet ist erhört worden. Elisabet, deine Frau, wird dir einen Sohn gebären und du sollst ihm den Namen Johannes geben. Er wird dir Freude und Jubel sein und viele werden sich über seine Geburt freuen; denn er wird groß sein vor dem Herrn. Wein und (andere) berauschende Getränke wird er nicht trinken; schon vom Mutterschoß an wird er mit Heiligem Geist erfüllt werden und viele Söhne Israels wird er zum Herrn, ihrem Gott, bekehren. Er wird ihm mit Geist und Kraft des Elija vorangehen und die Herzen der Väter den Kindern zuwenden und Ungehorsame zur Einsicht der Gerechten, um so dem Herrn ein bereites Volk zu schaffen. Zacharias sagte zu dem Engel: Woran soll ich dies erkennen? Denn ich bin alt und meine Frau ist in vorgerücktem Alter. Der Engel antwortete ihm: Ich bin Gabriel, der vor Gott steht, und ich bin gesandt, zu dir zu reden und dir diese frohe Botschaft zu bringen. Aber, du wirst stumm sein und nicht sprechen können bis zu dem Tag, an dem dies geschehen wird, weil du meinen Worten nicht geglaubt hast, die sich zu ihrer Zeit erfüllen werden. Inzwischen wartete das Volk auf Zacharias; sie wunderten sich, dass er so lange im Heiligtum verweilte. Als er dann heraustrat, konnte er nicht zu ihnen reden. Da erkannten sie, dass er im Heiligtum eine Erscheinung gehabt hatte. Er gab ihnen Zeichen und blieb stumm.

Lukas 1,5–25

Die Verheißung der Geburt Jesu

Im sechsten Monat wurde der Engel Gabriel von Gott in eine Stadt in Galiläa namens Nazaret zu einer Jungfrau gesandt, die mit einem Mann namens Josef aus dem Haus Davids verlobt war. Der Name der Jungfrau war Maria. Er trat bei ihr ein und sagte: Sei gegrüßt, du Begnadete, der Herr ist mit dir. Sie erschrak über das Wort und sann nach, was dieser Gruß bedeuten solle. Der Engel sagte zu ihr: Fürchte dich nicht, Maria; denn du hast bei Gott Gnade gefunden. Du wirst ein Kind empfangen, einen Sohn wirst du gebären; ihm sollst du den Namen Jesus geben. Er wird groß sein und Sohn des Höchsten genannt werden. Gott, der Herr, wird ihm den Thron seines Vaters David geben. Er wird herrschen über das Haus Jakob in Ewigkeit und seine Herrschaft wird kein Ende haben. Maria sagte zu dem Engel: Wie soll dies geschehen, da ich keinen Mann erkenne? Der Engel antwortete ihr: Heiliger Geist wird über dich kommen und Kraft des Höchsten wird dich überschatten. Deshalb wird auch das Kind heilig und Sohn Gottes genannt werden. Auch Elisabet, deine Verwandte, hat noch einen Sohn empfangen in ihrem Alter und dies ist schon der sechste Monat für sie, die als unfruchtbar galt. Denn für Gott ist nichts unmöglich. Da sagte Maria: Ich bin die Magd des Herrn; mir geschehe nach deinem Wort. Dann verließ sie der Engel. *Lukas 1,26–38*

Die Begegnung zwischen Maria und Elisabet

Maria machte sich in diesen Tagen auf und eilte in eine Stadt im Gebirge von Judäa. Sie trat in das Haus des Zacharias und begrüßte Elisabet. Als Elisabet den Gruß Marias hörte, hüpfte das Kind in ihrem Leib; Elisabet wurde vom Heiligen Geist erfüllt und rief mit lauter Stimme: Gesegnet bist du unter den Frauen und gesegnet ist die Frucht deines Leibes! Woher wird mir dies zuteil, dass die Mutter meines Herrn zu mir kommt? Denn als der Klang deines Grußes in mein Ohr drang, hüpfte das Kind vor Freude in meinem Leib. Selig, die geglaubt hat, dass sich erfüllt, was ihr vom Herrn gesagt wurde. Da sagte Maria:

Hochpreist meine Seele den Herrn / und mein Geist jubelt über Gott, meinen Retter.
Denn er hat geschaut auf die Niedrigkeit seiner Magd. / Siehe, von nun an preisen mich selig alle Geschlechter.
Denn Großes hat an mir getan der Mächtige / und heilig ist sein Name.
Seine Barmherzigkeit währt von Geschlecht zu Geschlecht / allen, die ihn fürchten.
Er hat Machttaten vollbracht mit seinem Arm, / er zerstreut, die im Herzen voll Hochmut sind.
Gewaltige hat er vom Thron gestürzt / und Niedrige erhöht.
Hungrige hat er erfüllt mit Gütern / und Reiche leer davongeschickt.

Angenommen hat er sich Israels, seines Knechtes, / eingedenk seiner Barmherzigkeit,
wie er gesprochen hat zu unseren Vätern, / Abraham und seinen Nachkommen in Ewigkeit.

Und Maria blieb ungefähr drei Monate bei ihr und kehrte dann in ihr Haus zurück. *Lukas 1,39–56*

Die Geburt Johannes' des Täufers

Für Elisabet kam die Zeit, dass sie gebären sollte, und sie gebar einen Sohn. Ihre Nachbarn und Verwandten hörten, dass der Herr ihr große Barmherzigkeit erwiesen hatte, und freuten sich mit ihr.

Am achten Tag kamen sie, um das Kind zu beschneiden, und wollten ihm den Namen seines Vaters Zacharias geben. Seine Mutter aber entgegnete: Nein, er soll Johannes heißen. Sie antworteten ihr: Niemand ist in deiner Verwandtschaft, der diesen Namen trägt. Sie winkten nun seinem Vater, wie er ihn nennen lassen wollte. Er verlangte ein Täfelchen und schrieb die Worte: Johannes ist sein Name. Alle wunderten sich. Sogleich wurde sein Mund aufgetan und seine Zunge (gelöst) und er sprach und pries Gott. Alle Nachbarn ringsum wurden von Furcht ergriffen und im ganzen Bergland von Judäa sprach man von allen diesen Dingen. Und alle, die davon hörten, machten sich Gedanken darüber und sagten:

Was wird wohl aus diesem Kind werden? Denn die Hand des Herrn war mit ihm.

Sein Vater Zacharias wurde vom Heiligen Geist erfüllt und weissagte:

Gepriesen sei der Herr, der Gott Israels! / Denn er hat sein Volk besucht und ihm Erlösung bereitet.
Er hat uns ein Horn des Heils aufgerichtet / im Haus Davids, seines Knechtes,
wie er verkündet hat von alters her / durch den Mund seiner heiligen Propheten,
um uns Rettung zu schaffen vor unseren Feinden / und aus der Hand aller, die uns hassen.
Barmherzigkeit zu üben an unseren Vätern / und seines heiligen Bundes zu gedenken,
des Eides, den er unserem Vater Abraham geschworen hat, / uns zu verleihen, dass wir, erlöst aus der Hand unserer Feinde, ohne Furcht
ihm dienen in Heiligkeit und Gerechtigkeit / vor ihm alle unsere Tage.
Und du, Kind, wirst Prophet des Höchsten genannt werden; / denn du wirst dem Herrn vorangehen, zu bereiten seine Wege,
um seinem Volk Erkenntnis des Heiles zu geben / in der Vergebung seiner Sünden,
durch das innige Erbarmen unseres Gottes, / mit dem er uns besuchen wird als Aufgang aus der Höhe,
zu leuchten denen, die in Finsternis und in Todesschatten

sitzen, / und unsere Füße zu lenken auf den Weg des Friedens.

Das Kind aber wuchs und erstarkte im Geist. Und er lebte in der Wüste bis zum Tag, an dem er vor Israel auftrat.

Lukas 1,57–80

Die Geburt Jesu

In jenen Tagen erging ein Erlass des Kaisers Augustus, den ganzen Erdkreis (in Steuerlisten) einzutragen. Diese Aufzeichnung war die erste und geschah, als Quirinius Statthalter von Syrien war. Alle gingen hin, sich eintragen zu lassen, ein jeder in seine Stadt. Auch Josef zog von der Stadt Nazaret in Galiläa hinauf nach Judäa in die Stadt Davids, die Betlehem heißt. Denn er war aus dem Haus und Geschlecht Davids. Er wollte sich mit Maria eintragen lassen, seiner Verlobten, die schwanger war. Während sie dort waren, kam für Maria die Zeit ihrer Niederkunft, und sie gebar ihren Sohn, den Erstgeborenen, wickelte ihn in Windeln und legte ihn in eine Krippe, weil in der Herberge für sie kein Platz war.

In derselben Gegend waren Hirten auf dem Feld, die bei ihrer Herde Nachtwache hielten. Da trat der Engel des Herrn zu ihnen und die Herrlichkeit des Herrn umstrahlte sie und sie fürchteten sich sehr. Der Engel aber sagte zu ihnen: Fürchtet euch nicht! Denn ich verkünde euch eine große Freude, die dem ganzen Volk zuteil werden soll. Heute ist euch in der Stadt Davids der Retter geboren, nämlich der Messias, der Herr. Und dies soll euch das Zeichen sein: Ihr werdet ein Kind finden, in Windeln gewickelt und in einer Krippe liegend. Und plötzlich war bei dem Engel eine Menge himmlischer Heerscharen, die Gott lobten und sprachen: Herrlichkeit in den Höhen für Gott und auf der Erde Friede den Menschen seines Wohlgefallens!

Als die Engel von ihnen in den Himmel gegangen waren, sagten die Hirten zueinander: Lasst uns nach Betlehem gehen und sehen, was geschehen ist und was der Herr uns kundgetan hat. Sie kamen eilends hin und fanden Maria und Josef und das Kind, das in der Krippe lag. Als sie es sahen, berichteten sie von dem Wort, das ihnen über dieses Kind gesagt worden war. Und alle, die es hörten, wunderten sich über das, was ihnen von den Hirten erzählt wurde. Maria aber bewahrte alle diese Worte und erwog sie in ihrem Herzen. Die Hirten kehrten zurück, priesen und lobten Gott für alles, was sie gehört und gesehen hatten, so wie es ihnen gesagt worden war.

Lukas 2,1–20

Der Besuch der Magier

Als nun Jesus geboren war, zu Betlehem im Land Juda in den Tagen des Königs Herodes, da kamen Magier aus dem Osten nach Jerusalem und fragten: Wo ist der neugeborene König der Juden? Wir haben seinen Stern aufgehen sehen und sind gekommen, ihm zu huldigen. Als König Herodes das hörte, erschrak er und ganz Jerusalem mit ihm. Er ließ alle Hohenpriester und Schriftgelehrten des Volkes zusammenkommen und forschte sie aus, wo der Messias geboren werden solle. Sie antworteten ihm: In Betlehem in Judäa. Denn so steht beim Propheten geschrieben: Du, Betlehem im Land Juda, bist keineswegs die geringste unter den führenden Städten Judas; denn aus dir wird ein Herrscher hervorgehen, der mein Volk Israel weiden wird.

Da rief Herodes die Magier heimlich zu sich und horchte sie aus, wann ihnen der Stern erschienen war. Dann schickte er sie nach Betlehem und sagte: Geht und forscht sorgfältig nach dem Kind; und sobald ihr es gefunden habt, lasst es mich wissen, damit auch ich komme und ihm huldige. Nachdem sie den König angehört hatten, brachen sie auf. Und der Stern, den sie hatten aufgehen sehen, zog vor ihnen her, bis er ankam und über dem Ort stehen blieb, wo das Kind war. Als sie den Stern erblickten, hatten sie eine überaus große Freude. Sie traten in das Haus ein und sahen das Kind mit Maria, seiner Mutter, fielen nieder und huldigten ihm. Dann öffneten sie ihre Schätze und brachten ihm Geschenke dar, Gold, Weihrauch und Myrrhe. Und da sie im Traum die Weisung empfingen, nicht zu Herodes zurückzukehren, zogen sie auf einem anderen Weg heim in ihr Land. *Matthäus 2,1–12*

Die Zeugen Simon und Hanna

Als die Tage ihrer Reinigung nach dem Gesetz des Mose erfüllt waren, brachten sie ihn hinauf nach Jerusalem, um ihn dem Herrn darzustellen – wie im Gesetz des Herrn geschrieben steht: Jedes Männliche, das den Mutterleib öffnet, soll dem Herrn heilig heißen.

Damals lebte in Jerusalem ein Mann namens Simeon. Er war gerecht und gottesfürchtig und wartete auf den Trost Israels und der Heilige Geist ruhte auf ihm. Ihm war vom Heiligen Geist offenbart worden, er werde den Tod nicht schauen, bevor er den Messias des Herrn gesehen habe. Er kam vom Geist getrieben in den Tempel und als die Eltern das Kind Jesus hereinbrachten, um nach dem Brauch des Gesetzes an ihm zu tun, nahm er es in seine Arme und lobte Gott:

Nun entlässt du deinen Diener, Herr, / nach deinem Wort in Frieden;
denn meine Augen haben dein Heil gesehen, / das du vor allen Völkern bereitet hast,
ein Licht zur Offenbarung für die Heiden / und als Herrlichkeit für dein Volk Israel.

Sein Vater und seine Mutter wunderten sich über das, was von ihm gesagt wurde. Und Simeon segnete sie und sagte zu Maria, seiner Mutter: Dieser ist gesetzt zu Fall und Aufstehen vieler in Israel und zu einem Zeichen, dem widersprochen wird.

Nachdem sie alles nach dem Gesetz des Herrn erfüllt hatten, kehrten sie nach Galiläa in ihre Stadt Nazaret zurück.

Das Kind wuchs heran und erstarkte, erfüllt von Weisheit, und Gottes Gnade ruhte auf ihm.

Lukas 2,22–23. 25–34. 39–40

Der zwölfjährige Jesus im Tempel

Seine Eltern zogen jedes Jahr am Paschafest nach Jerusalem. Als er zwölf Jahre alt war, gingen sie der Festsitte gemäß wieder hinauf. Als die Tage vorüber waren und sie heimkehrten, blieb der Junge Jesus in Jerusalem und seine Eltern wussten es nicht. In der Meinung, er sei bei der Pilgergruppe, gingen sie eine Tagreise weit und suchten ihn unter den Verwandten und Bekannten. Als sie ihn nicht fanden, kehrten sie nach Jerusalem zurück und suchten ihn dort.

Nach drei Tagen fanden sie ihn im Tempel, wie er mitten unter den Lehrern saß, ihnen zuhörte und Fragen stellte. Alle, die ihn hörten, staunten über seine Einsicht und über seine Antworten. Als seine Eltern ihn sahen, waren sie fassungslos, und seine Mutter sagte zu ihm: Kind, warum hast du uns das angetan? Dein Vater und ich haben dich mit Schmerzen gesucht. Da sagte er zu ihnen: Warum habt ihr mich gesucht? Wusstet ihr nicht, dass ich in dem sein muss, was meinem Vater gehört? Doch sie verstanden nicht, was er damit meinte.

Dann ging er mit ihnen nach Nazaret zurück und war ihnen gehorsam. Seine Mutter bewahrte alles in ihrem Herzen. Jesus aber nahm zu an Weisheit und Alter und Gefallen bei Gott und den Menschen. *Lukas 2,41–52*

Die Predigt Johannes' des Täufers

Im fünfzehnten Jahr der Regierung des Kaisers Tiberius, als Pontius Pilatus Statthalter von Judäa war, Herodes Tetrarch von Galiläa, sein Bruder Philippus Tetrarch von Ituräa und Trachonitis und Lysanias Tetrarch von Abilene, unter den Hohenpriestern Hannas und Kajaphas, erging in der Wüste das Wort Gottes an Johannes, den Sohn des Zacharias. Er kam in das Land am Jordan und predigte eine Taufe der Umkehr zur Vergebung der Sünden, wie im Buch der Reden des Propheten Jesaja geschrieben steht:

> Eine Stimme ruft in der Wüste: / Bereitet den Weg des Herrn! / Macht seine Straßen eben!
> Jedes Tal soll aufgefüllt / und jeder Berg und Hügel abgetragen werden.
> Was krumm ist, soll gerade, / und was rau ist, zu ebenen Wegen werden, / und alles Fleisch soll Gottes Heil schauen!

Er sagte [dies] zu den Volksscharen, die hinausgekommen waren, um sich von ihm taufen zu lassen.

Da fragten ihn die Volksscharen: Was sollen wir also tun? Er antwortete ihnen: Wer zwei Röcke hat, gebe (einen) dem, der keinen hat, und wer zu essen hat, handle ebenso. Es kamen auch Zöllner, um sich taufen zu lassen, und sagten zu ihm: Meister, was sollen wir tun? Er sagte zu ihnen: Fordert nicht mehr, als euch festgesetzt ist. Es fragten ihn aber auch Soldaten: Was sollen denn wir tun? Und er sagte zu ihnen: Begeht gegen niemand Gewalttat und Erpressung, seid zufrieden mit euerem Sold!

Da aber das Volk voller Erwartung war und sich alle über Johannes Gedanken machten, ob er selbst nicht vielleicht der Messias sei, gab Johannes allen zur Antwort: Ich taufe euch mit Wasser; es kommt aber einer, der stärker ist als ich, und ich bin nicht wert, ihm die Riemen seiner Schuhe zu lösen. Er wird euch mit Heiligem Geist und mit Feuer taufen.

Lukas 3,1–7a. 10–16

Die Taufe Jesu

Als das ganze Volk getauft wurde und auch Jesus sich taufen ließ und betete, öffnete sich der Himmel, und der Heilige Geist schwebte in leiblicher Gestalt wie eine Taube auf ihn herab und eine Stimme sprach aus dem Himmel: Du bist mein geliebter Sohn, an dir habe ich Gefallen gefunden.

Lukas 3, 21–22

Die Versuchung in der Wüste

Erfüllt vom Heiligen Geist kehrte Jesus vom Jordan zurück und wurde vom Geist vierzig Tage lang in der Wüste umhergeführt und vom Teufel versucht. Er aß nichts in dieser Zeit, aber als sie vorüber waren, hatte er Hunger. Da sagte der Teufel zu ihm: Wenn du Gottes Sohn bist, befiehl diesem Stein, zu Brot zu werden. Jesus antwortete ihm: Es steht geschrieben: Nicht vom Brot allein lebt der Mensch. Dann führte ihn der Teufel hinauf und zeigte ihm in einem Augenblick alle Reiche der Erde, und er sagte zu ihm: Dir will ich alle diese Macht und ihre Herrlichkeit geben; denn mir ist sie verliehen und ich gebe sie, wem ich will. Wenn du mich anbetest, soll sie ganz dein sein. Da entgegnete ihm Jesus: Es steht geschrieben: Du sollst dem Herrn, deinem Gott, huldigen und ihm allein dienen. Dann führte er ihn nach Jerusalem, stellte ihn auf die Zinne des Tempels und sagte zu ihm: Wenn du Gottes Sohn bist, stürz dich von hier hinunter; denn es steht geschrieben: Seinen Engeln wird er deinetwegen Befehl geben, dich zu behüten, und: Auf den Händen werden sie dich tragen, damit du deinen Fuß nicht an einen Stein stößt. Jesus antwortete ihm: Es heißt: Du sollst den Herrn, deinen Gott, nicht versuchen. Als der Teufel mit aller Versuchung am Ende war, ließ er von ihm eine Zeit lang ab. *Lukas 4,1–13*

Jesus beginnt zu predigen

Erfüllt von der Kraft des Geistes, kehrte Jesus nach Galiläa zurück; und die Kunde von ihm verbreitete sich im ganzen Umkreis. Von allen gepriesen, lehrte er in ihren Synagogen.

Lukas 4,14–15

Jesus in Nazaret

Er kam nach Nazaret, wo er aufgewachsen war. Nach seiner Gewohnheit ging er am Sabbat in die Synagoge und stand auf, um vorzulesen. Es wurde ihm das Buch des Propheten Jesaja gereicht. Er öffnete das Buch und fand die Stelle, wo geschrieben stand: Der Geist des Herrn ruht auf mir, weil er mich gesalbt hat. Er hat mich gesandt, den Armen frohe Botschaft zu bringen, den Gefangenen Befreiung zu verkünden und den Blinden das Augenlicht, die Zerschlagenen in Freiheit zu entlassen, auszurufen ein Gnadenjahr des Herrn. Nachdem er das Buch zusammengerollt hatte, gab er es dem Diener zurück und setzte sich. Die Augen aller in der Synagoge waren auf ihn gerichtet. Da begann er, zu ihnen zu sprechen: Heute ist dieses Schriftwort vor eueren Ohren erfüllt worden. Alle stimmten ihm bei und staunten über die Worte voll Anmut, die aus seinem Mund kamen, und sagten: Ist das nicht der Sohn Josefs? Er erwiderte ihnen: Ihr werdet mir sicher dieses Sprichwort entgegenhalten: Arzt, heile dich selbst! Was wir in Kafarnaum geschehen hörten, tu auch hier in deiner Vaterstadt! Und er fügte hinzu: Amen, ich sage euch: Kein Prophet ist in seiner Vaterstadt willkommen. Wahrhaftig, ich sage euch: Viele Witwen gab es in den Tagen des Elija in Israel, als der Himmel drei Jahre und sechs Monate verschlossen war und große Hungersnot über das ganze Land kam. Doch zu keiner von ihnen wurde Elija gesandt, sondern nur zu einer Witwe in Sarepta im Gebiet von Sidon. Ebenso gab es viele Aussätzige in Israel zur Zeit des Propheten Elischa, aber keiner von ihnen wurde rein, sondern nur der Syrer Naaman. Als sie das hörten, gerieten alle in der Synagoge in Zorn, standen auf, stießen ihn zur Stadt hinaus und führten ihn bis zum Abhang des Berges, auf dem ihre Stadt erbaut war, um ihn hinunterzustürzen. Er aber schritt mitten durch sie hindurch und ging weg. *Lukas 4,16–30*

Die Berufung der ersten Jünger

Als er am See von Galiläa entlang wanderte, sah er zwei Brüder: Simon, der Petrus genannt wird, und seinen Bruder Andreas. Sie warfen ein Netz in den See, denn sie waren Fischer. Da sagte er zu ihnen: Kommt, folgt mir nach. Ich will euch zu Menschenfischern machen. Sofort verließen sie ihre Netze und folgten ihm. Als er weiterging, sah er zwei andere Brüder: Jakobus, den Sohn des Zebedäus, und seinen Bruder Johannes. Sie waren mit ihrem Vater Zebedäus im Boot und besserten ihre Netze aus. Er rief sie und sofort verließen sie das Boot und ihren Vater und folgten ihm.

Matthäus 4,18–22

Jesus lehrt und heilt

Er durchzog ganz Galiläa, lehrte in ihren Synagogen, verkündete das Evangelium vom Reich und heilte jede Krankheit und jedes Gebrechen im Volk. Und sein Ruf verbreitete sich in ganz Syrien. Sie brachten alle Leidenden zu ihm, alle, die von den verschiedensten Krankheiten und Schmerzen geplagt waren, Besessene, Mondsüchtige und Gelähmte, und er heilte sie. Ganze Scharen aus Galiläa, der Dekapolis, aus Jerusalem, Judäa und aus dem Gebiet jenseits des Jordan folgten ihm.

Matthäus 4,23–25

Die Heilung eines Gelähmten

Eines Tages, als er lehrte, saßen auch Pharisäer und Gesetzeslehrer da, die aus allen Orten von Galiläa und Judäa und aus Jerusalem gekommen waren. Und die Kraft des Herrn drängte ihn zum Heilen. Da brachten Männer auf einem Bett einen Menschen, der gelähmt war; sie versuchten, ihn hineinzubringen und vor ihn hinzulegen. Da sie aber wegen der

Menge keinen Weg fanden, ihn hineinzubringen, stiegen sie auf das Haus und ließen ihn samt dem Bett durch das Ziegeldach hinunter, gerade vor Jesus hin. Als er ihren Glauben sah, sagte er: Mensch, deine Sünden sind dir vergeben. Da begannen die Schriftgelehrten und Pharisäer sich Gedanken zu machen und sagten: Wer ist das, der solche Lästerungen wagt? Wer kann Sünden vergeben als Gott allein? Doch Jesus erkannte ihre Gedanken und sagte zu ihnen: Was denkt ihr in eueren Herzen? Was ist leichter, zu sagen: Deine Sünden sind dir vergeben!, oder zu sagen: Steh auf und geh umher? Damit ihr aber wisst, dass der Menschensohn Vollmacht hat, auf der Erde Sünden zu vergeben – sagte er zu dem Gelähmten: Ich sage dir, steh auf, nimm dein Bett und geh heim! Sofort stand er vor ihren Augen auf, nahm (das Bett), worauf er gelegen hatte, und ging heim, Gott preisend. Da gerieten alle vor Staunen außer sich, priesen Gott, wurden von Furcht erfüllt und sagten: Unfassbares haben wir heute gesehen.

Lukas 5,17–26

Die Berufung des Levi und das Mahl mit den Zöllnern

Darauf ging er hinaus und sah einen Zöllner namens Levi am Zoll sitzen und sagte zu ihm: Folge mir nach! Da verließ er alles, stand auf und folgte ihm. Und Levi gab für ihn ein großes Gastmahl in seinem Haus; eine große Schar von Zöllnern und anderen (Gästen) lag mit ihnen zu Tisch. Da murrten die Pharisäer und ihre Schriftgelehrten und sagten zu seinen Jüngern: Warum esst und trinkt ihr mit Zöllnern und Sündern? Jesus antwortete ihnen: Nicht die Gesunden brauchen den Arzt, sondern die Kranken. Ich bin nicht gekommen, Gerechte zu berufen, sondern Sünder zur Umkehr.

Lukas 5,27–32

Die Berufung der Zwölf

In diesen Tagen ging er auf den Berg, um zu beten, und er verbrachte die ganze Nacht im Gebet zu Gott. Als es Tag geworden war, rief er seine Jünger herbei und wählte zwölf aus ihnen aus, die er auch Apostel nannte: Simon, den er auch Petrus nannte, und seinen Bruder Andreas, Jakobus und Johannes, Philippus und Bartolomäus, Matthäus und Thomas, Jakobus, den Sohn des Alphäus, und Simon mit dem Beinamen Zelot, und Judas, den Sohn des Jakobus, und Judas Iskariot, der zum Verräter wurde. *Lukas 6,12–16*

Der Andrang des Volkes

Er stieg mit ihnen hinunter und blieb auf einem ebenen Platz stehen und (mit ihm) eine große Schar seiner Jünger und eine große Volksmenge aus ganz Judäa, aus Jerusalem und von der Meeresküste von Tyrus und Sidon, die gekommen waren, ihn zu hören und sich von ihren Krankheiten heilen zu lassen. Auch die von unreinen Geistern Geplagten wurden geheilt. Alles Volk versuchte ihn anzurühren; denn eine Kraft ging von ihm aus, die alle heilte. *Lukas 6,17–19*

Die Bergpredigt – die Feldrede

Als er aber die Volksscharen sah, stieg er auf den Berg, und als er sich gesetzt hatte, traten seine Jünger zu ihm. Und er öffnete seinen Mund und lehrte sie.

Matthäus 5,1–2

Die Seligpreisungen

Er sagte:

Selig die Armen im Geist; denn ihnen gehört das Himmelreich.
Selig die Trauernden; denn sie werden getröstet werden.
Selig die Sanftmütigen; denn sie werden das Land erben.
Selig, die hungern und dürsten nach der Gerechtigkeit; denn sie werden satt werden.

Selig die Barmherzigen; denn sie werden Barmherzigkeit erlangen.
Selig, die ein reines Herz haben; denn sie werden Gott schauen.
Selig die Friedensstifter; denn sie werden Söhne Gottes heißen.
Selig, die verfolgt werden um der Gerechtigkeit willen; denn ihnen gehört das Himmelreich.
Selig seid ihr, wenn sie euch um meinetwillen schmähen und verfolgen und euch alles lügnerische nachsagen. Freut euch und jubelt, denn euer Lohn ist groß im Himmel. Denn ebenso haben sie auch die Propheten vor euch verfolgt.

Matthäus 5,3–12

Salz der Erde und Licht der Welt

Ihr seid das Salz der Erde. Wenn aber das Salz fade geworden ist, womit soll man es salzen? Es taugt zu nichts mehr, als dass es hinausgeworfen und von den Leuten zertreten wird.

Ihr seid das Licht der Welt. Eine Stadt, die auf dem Berg liegt, kann nicht verborgen bleiben. Auch zündet man nicht ein Licht an und stellt es unter den Scheffel, sondern (man stellt es) auf den Leuchter; dann leuchtet es allen, die im Haus sind. So soll euer Licht vor den Menschen leuchten, damit sie euere guten Werke sehen und eueren Vater im Himmel preisen.

Matthäus 5,13–16

Von der Feindesliebe

Euch, die ihr zuhört, sage ich: Liebt euere Feinde, tut Gutes denen, die euch hassen. Segnet die, die euch verfluchen, und betet für die, die euch verleumden. Wer dich auf die eine Wange schlägt, dem halte auch die andere hin, und dem, der dir den Mantel nimmt, verweigere auch nicht den Rock. Jedem, der dich bittet, gib; und von dem, der dir das Deine nimmt, fordere es nicht zurück. Wie ihr wollt, dass euch die Leute tun, ebenso sollt auch ihr ihnen tun. Wenn ihr die liebt, die euch lieben, welchen Dank habt ihr da? Denn auch die Sünder lieben die, von denen sie geliebt werden. Wenn ihr denen Gutes tut, die euch Gutes tun, welchen Dank habt ihr da? Denn auch die Sünder tun das. Wenn ihr denen leiht, von denen ihr es zurückzuerhalten hofft, welchen Dank habt ihr da? Denn auch Sünder leihen Sündern, um das Gleiche zurückzuerhalten. Vielmehr liebt euere Feinde, tut Gutes und leiht, ohne etwas zurückzuerwarten. Dann wird euer Lohn groß sein und ihr werdet Söhne des Höchsten sein; denn er ist gütig gegen die Undankbaren und Bösen. Seid barmherzig, wie euer Vater barmherzig ist!

Lukas 6,27–36

Vom Richten

Richtet nicht und ihr werdet nicht gerichtet werden; verurteilt nicht und ihr werdet nicht verurteilt werden; vergebt und euch wird vergeben werden. Gebt, so wird euch gegeben werden: Ein gutes, zusammengedrücktes, gerütteltes, überfließendes Maß wird man euch in den Schoß geben; denn mit dem Maße, womit ihr messt, wird auch euch gemessen werden.

Er brachte auch einen Vergleich: Kann ein Blinder einen Blinden führen? Werden nicht beide in eine Grube fallen? Der Jünger steht nicht über dem Meister; ist er ganz vollendet, so wird er wie sein Meister sein. Was siehst du den Splitter im Auge deines Bruders, doch den Balken in deinem Auge nimmst du nicht wahr? Wie kannst du zu deinem Bruder sagen: Bruder, lass mich den Splitter aus deinem Auge herausziehen, während du den Balken in deinem eigenen Auge nicht siehst? Du Heuchler, zieh zuerst den Balken aus deinem Auge. Dann magst du sehen, wie du den Splitter aus dem Auge deines Bruders wegnimmst. *Lukas 6,37–42*

Das Vaterunser

So sollt ihr beten:

Unser Vater im Himmel, / geheiligt werde dein Name,
dein Reich komme, / dein Wille geschehe / wie im
Himmel, so auch auf Erden.
Unser tägliches Brot gib uns heute,
und vergib uns unsere Schuld, / wie auch wir unsern
Schuldnern vergeben haben.
Und führe uns nicht in Versuchung, / sondern erlöse uns
von dem Bösen.

Wenn ihr nämlich den Menschen ihre Verfehlungen vergebt, wird euer himmlischer Vater auch euch vergeben. Wenn ihr aber den Menschen nicht vergebt, dann wird euer Vater auch euere Verfehlungen nicht vergeben. *Matthäus 6,9–15*

Von falscher und rechter Sorge

Sammelt euch nicht Schätze auf der Erde, wo Motte und Wurm sie zerstören und wo Diebe einbrechen und stehlen. Sammelt euch vielmehr Schätze im Himmel, wo weder Motte noch Wurm sie zerstören und wo Diebe nicht einbrechen und stehlen. Denn wo dein Schatz ist, da wird auch dein Herz sein.

Darum sage ich euch: Sorgt euch nicht um euer Leben, was ihr essen werdet, noch um eueren Leib, was ihr anziehen werdet. Ist nicht das Leben wichtiger als die Nahrung und der Leib wichtiger als das Kleid? Schaut auf die Vögel des Himmels: Sie säen nicht, sie ernten nicht und sammeln nicht in Scheunen und euer himmlischer Vater ernährt sie. Seid ihr nicht viel mehr wert als sie? Wer aber von euch kann mit seinen Sorgen seiner Lebenslänge eine einzige Elle hinzufügen? Und was sorgt ihr euch wegen der Kleidung? Betrachtet die Lilien des Feldes, wie sie wachsen: Sie arbeiten nicht und spinnen nicht. Ich sage euch aber: selbst Salomo in all seiner Pracht war nicht gekleidet wie eine von ihnen. Wenn aber Gott das Gras des Feldes, das heute steht und morgen in den Ofen geworfen wird, so kleidet, wie viel mehr euch, ihr Kleingläubigen! Sorgt euch also nicht und sagt nicht: Was werden wir essen? oder: Was werden wir trinken? oder: Was werden wir anziehen? Denn nach all dem trachten die Heiden. Euer himmlischer Vater weiß ja, dass ihr das alles braucht. Sucht vielmehr zuerst das Reich und seine Gerechtigkeit: dann wird euch all das dazugegeben. Sorgt euch also nicht um den morgigen Tag; denn der morgige Tag wird für sich selber sorgen. Jeder Tag hat genug eigene Plage. *Matthäus 6,19–21.25–34*

Von der Kraft des Betens

Bittet und es wird euch gegeben; sucht und ihr werdet finden, klopft an und es wird euch aufgetan. Denn jeder, der bittet, empfängt, und wer sucht, findet, und wer anklopft, dem wird aufgetan. Oder wer von euch wird, wenn ihn sein Sohn um Brot bittet, ihm einen Stein geben? Oder wenn er ihn um einen Fisch bittet, eine Schlange? Wenn nun ihr, die ihr böse seid, eueren Kindern gute Gaben zu geben wisst, wie viel mehr wird euer Vater im Himmel denen Gutes geben, die ihn bitten. *Matthäus 7,7–11*

Die Wirkung der Bergpredigt

Als Jesus diese Worte beendet hatte, waren die Volksscharen ganz betroffen von seiner Lehre. Denn er lehrte sie wie einer, der Vollmacht hat, und nicht wie ihre Schriftgelehrten.

Matthäus 7,28–29

Der Hauptmann von Karfanaum

Als er seine Rede vor dem Volk beendet hatte, ging er nach Kafarnaum hinein. Der Knecht eines Hauptmanns war krank und lag im Sterben; er war ihm lieb und wert. Als er von Jesus hörte, schickte er jüdische Älteste zu ihm mit der Bitte, zu kommen und seinen Knecht zu heilen. Sie kamen zu Jesus und baten ihn inständig und sagten: Er verdient es, dass du ihm dies gewährst; denn er liebt unser Volk und er hat uns die Synagoge erbaut. Jesus ging mit ihnen. Als er nicht mehr weit von dem Haus entfernt war, schickte der Hauptmann Freunde zu ihm und ließ ihm sagen: Herr, bemüh dich nicht; denn ich bin es nicht wert, dass du unter mein Dach kommst. Deswegen habe ich mich auch nicht für würdig gehalten, selbst zu dir zu kommen. Aber sprich nur ein Wort, so ist mein Knecht geheilt. Denn auch ich bin ein Mann, der unter Befehlsgewalt steht, und habe Soldaten unter mir. Sage ich nun zu einem: Geh!, so geht er, und zu einem anderen: Komm!, so kommt er, und zu meinem Knecht: Tu das!, so tut er es. Als Jesus das hörte, staunte er über ihn und wandte sich zu den Scharen, die ihm folgten, und sagte: Ich sage euch, nicht einmal in Israel habe ich so großen Glauben gefunden. Als dann die Abgesandten in das Haus zurückkamen, fanden sie den Knecht gesund. *Lukas 7,1–10*

Die Anfrage des Täufers und die Antwort Jesu

Alles dies wurde Johannes von seinen Jüngern berichtet. Da rief Johannes zwei seiner Jünger zu sich und sandte sie zum Herrn mit der Frage: Bist du es, der kommen soll, oder müssen wir auf einen anderen warten? Als die Männer bei Jesus eintrafen, sagten sie: Johannes der Täufer hat uns zu dir gesandt und lässt fragen: Bist du der Kommende oder müssen wir auf einen anderen warten? Damals heilte er viele von Krankheiten, Qualen und bösen Geistern und vielen Blinden schenkte er das Augenlicht. Er antwortete ihnen: Geht hin und berichtet Johannes, was ihr gesehen und gehört habt: Blinde sehen, Lahme gehen, Aussätzige werden rein, und Taube hören; Tote werden auferweckt, Armen wird das Evangelium verkündet. Und wohl dem, der an mir keinen Anstoß nimmt. *Lukas 7,18–23*

Der Sünderin wird vergeben, weil sie liebt

Ein Pharisäer lud Jesus zum Essen ein. Er ging in das Haus des Pharisäers und legte sich zu Tisch. Da erfuhr eine Frau in der Stadt, eine Sünderin, dass er im Haus des Pharisäers zu Tisch lag. Sie brachte ein Alabastergefäß mit Salböl, trat weinend von hinten an ihn heran und begann seine Füße mit ihren Tränen zu benetzen. Sie trocknete seine Füße mit ihrem Haar, küsste sie und salbte sie mit dem Öl. Als der Pharisäer, der ihn eingeladen hatte, das sah, dachte er: Wenn er ein Prophet wäre, so würde er doch wissen, wer und was das für eine Frau ist, die ihn berührt; sie ist ja eine Sünderin. Da wandte sich Jesus an ihn und sagte: Simon, ich habe dir etwas zu sagen. Er erwiderte: Meister, sprich! Ein Gläubiger hatte zwei Schuldner, der eine schuldete ihm fünfhundert Denare, der andere fünfzig. Da sie aber nicht bezahlen konnten, schenkte er es beiden. Welcher von ihnen wird ihn nun mehr lieben? Simon antwortete: Ich denke der, dem er mehr geschenkt hat. Er sagte zu ihm: Du hast richtig geurteilt. Und sich zu der Frau hinwendend, sagte er zu Simon: Siehst du diese Frau? Ich kam in dein Haus: Wasser für die Füße hast du mir nicht gegeben; sie aber hat meine Füße mit ihren Tränen benetzt und mit ihren Haaren getrocknet. Einen Kuss hast du mir nicht gegeben; sie aber hat, seitdem sie eingetreten ist, nicht aufgehört, meine Füße zu küssen. Du hast mir nicht das Haar mit Öl gesalbt; sie aber hat meine Füße mit Öl gesalbt. Deshalb sage ich dir: Ihre vielen Sünden sind ihr vergeben, weil sie viel geliebt hat; wem aber nur wenig vergeben wird, der liebt auch wenig. Zu ihr aber sagte er: Deine Sünden sind dir vergeben. Da dachten die (anderen) Tischgenossen: Wer ist das, der sogar Sünden vergibt? Er aber sagte zu der Frau: Dein Glaube hat dich gerettet. Geh hin in Frieden! *Lukas 7,36–50*

Die Jüngerinnen Jesu

Bald darauf wanderte er durch Städte und Dörfer, predigte und verkündete das Evangelium vom Reich Gottes. Die Zwölf begleiteten ihn außerdem einige Frauen, die von bösen Geistern und Krankheiten geheilt worden waren: Maria mit dem Beinamen Magdalene, aus der sieben Dämonen ausgefahren waren, Johanna, die Frau des Chuzas, eines Verwalters des Herodes, Susanna und viele andere, die mit ihrem Vermögen für sie sorgten. *Lukas 8,1–3*

Das Gleichnis vom Sämann

Als viel Volk zusammenkam und die Leute aus allen Städten ihm zuströmten, erzählte er ihnen ein Gleichnis: Ein Sämann ging aus, um seinen Samen zu säen. Als er säte, fiel einiges auf den Weg, wurde zertreten, und die Vögel des Himmels fraßen es auf. Anderes fiel auf Felsen und als es aufgegangen war, verdorrte es, weil es keine Feuchtigkeit hatte. Anderes fiel mitten unter die Dornen, die Dornen wuchsen mit auf und erstickten es. Anderes fiel schließlich auf gutes Erdreich, ging auf und brachte hundertfache Frucht. Als er dies gesagt hatte, rief er: Wer Ohren hat zu hören, der höre!

Lukas 8,4–8

Deutung des Gleichnisses vom Sämann

Dies aber bedeutet das Gleichnis: Der Same ist das Wort Gottes. Die auf dem Weg sind die, die es gehört haben. Dann aber kommt der Teufel und nimmt das Wort aus ihrem Herzen weg, damit sie nicht glauben und gerettet werden. Die auf dem Felsen aber sind die, die das Wort mit Freuden aufnehmen, wenn sie es hören; aber sie haben keine Wurzel, sie, die nur für den Augenblick glauben, aber im Augenblick der Versuchung abfallen. Was aber unter die Dornen fiel, das sind die, die es gehört haben, aber in ihrem Wandel von den Sorgen, vom Reichtum und den Genüssen des Lebens erstickt werden und die Frucht nicht zur Reife bringen. Das in dem guten Erdreich aber, das sind die, die das Wort, das sie gehört haben, in einem edlen und guten Herzen bewahren und Frucht bringen in Beharrlichkeit. *Lukas 8,11–15*

Die Stillung des Seesturms

Eines Tages stieg er mit seinen Jüngern in ein Boot und sagte zu ihnen: Wir wollen an das andere Ufer des Sees hinüberfahren. Und sie fuhren ab. Während sie fuhren, schlief er ein. Da stieß ein Sturm auf den See hinunter, sie wurden überflutet und kamen in Gefahr. Da traten sie zu ihm, weckten ihn und riefen: Meister, Meister, wir gehen zugrunde! Er aber erhob sich, schalt den Wind und die Wogen; sie legten sich und es trat Stille ein. Da sagte er zu ihnen: Wo ist euer Glaube? Sie aber gerieten in Furcht und Staunen und sagten zueinander: Was ist das für ein Mann, dass er selbst den Winden und dem Wasser gebietet und sie ihm gehorchen? *Lukas 8,22–25*

Die Heilung einer blutflüssigen Frau und die Auferweckung der Tochter des Jaïrus

Als Jesus zurückkam, empfing ihn das Volk; denn alle erwarteten ihn. Da kam ein Mann mit Namen Jaïrus, der Vorsteher der Synagoge war, warf sich Jesus zu Füßen und bat ihn, in sein Haus zu kommen; denn er hatte eine einzige Tochter von ungefähr zwölf Jahren und sie lag im Sterben. Während er hinging, umdrängten ihn die Volksscharen.

Da war eine Frau, die seit zwölf Jahren an Blutungen litt und von niemand Heilung fand; sie trat von hinten hinzu und berührte den Saum seines Gewandes und sogleich hörten ihre Blutungen auf. Da fragt Jesus: Wer hat mich berührt? Als es alle verneinten, sagten Petrus und seine Begleiter: Meister, die Volksscharen drängen und stoßen dich. Jesus erwiderte: Es hat mich jemand berührt; denn ich fühlte, dass eine Kraft von mir ausging. Als die Frau sah, dass sie nicht verborgen bleiben konnte, kam sie zitternd herbei, fiel vor ihm nieder und bekannte vor allem Volk, weshalb sie ihn berührt hatte und wie sie sofort geheilt worden war. Er aber sagte zu ihr: Tochter, dein Glaube hat dir Heilung gebracht. Geh hin in Frieden!

Noch während er sprach, kam jemand von den Leuten des Synagogenvorstehers und sagte: Deine Tochter ist gestorben, bemühe den Meister nicht weiter. Jesus aber hörte das und antwortete ihm: Fürchte dich nicht, glaube nur, und sie wird gerettet. Als er das Haus betrat, ließ er niemand mit sich hineingehen außer Petrus, Jakobus, Johannes und den Vater und die Mutter des Mädchens. Alle weinten und klagten um sie. Er aber sagte: Weint nicht, sie ist nicht tot, sondern sie schläft. Da verlachten sie ihn, weil sie wussten, dass sie gestorben war. Er aber ergriff ihre Hand und rief: Mädchen, steh auf! Da kehrte ihr Geist zurück und sie stand sogleich auf.

Und er befahl, ihr zu essen zu geben. Ihre Eltern waren außer sich; er aber gebot ihnen, niemand zu erzählen, was geschehen war. *Lukas 8,40–56*

Die Aussendung der Zwölf

Er rief die Zwölf zusammen und gab ihnen Kraft und Vollmacht über alle Dämonen und zur Heilung von Krankheiten. Und er sandte sie aus, das Reich Gottes zu verkünden und zu heilen. Er sagte zu ihnen: Nehmt nichts mit auf den Weg, weder Stab noch Tasche, noch Brot, noch Geld; auch sollt ihr nicht zwei Röcke haben. Und in dem Haus, in das ihr einkehrt, da bleibt, und von dort wandert weiter. Wo man euch aber nicht aufnimmt, da geht fort aus jener Stadt und schüttelt den Staub von eueren Füßen zum Zeugnis gegen sie. Da zogen sie aus und wanderten von Ort zu Ort, verkündeten das Evangelium und heilten überall. *Lukas 9,1–6*

Die Rückkehr der Jünger und die Speisung der Fünftausend

Die Apostel kehrten zurück und erzählten ihm alles, was sie getan hatten. Dann nahm er sie mit sich und zog sich mit ihnen allein in eine Stadt namens Betsaida zurück. Als aber die Volksscharen das merkten, folgten sie ihm. Er nahm sie auf und sprach zu ihnen vom Reich Gottes und die der Heilung bedurften, machte er gesund.

Als sich der Tag zu neigen begann, kamen die Zwölf zu ihm hin und sagten: Entlass das Volk, damit sie in die umliegenden Dörfer und Höfe gehen und Unterkunft und Speise finden; denn hier sind wir in einer einsamen Gegend. Doch er sagte zu ihnen: Gebt ihr ihnen zu essen! Sie aber sagten: Wir haben nicht mehr als fünf Brote und zwei Fische; es sei denn, dass wir hingingen und für diese ganze Menge Nahrung kauften. Es waren nämlich etwa fünftausend Männer. Er aber sagte zu seinen Jüngern: Lasst sie sich lagern in Gruppen zu etwa je fünfzig. Sie taten, was er ihnen sagte, und ließen alle sich lagern. Da nahm er die fünf Brote und die zwei Fische, blickte zum Himmel auf, sprach das Segensgebet, brach sie und gab sie den Jüngern, sie dem Volk vorzulegen. Und sie aßen und wurden alle satt. Die übrig gebliebenen Brocken sammelte man auf: zwölf Körbe voll. *Lukas 9,10–17*

Das Messiasbekenntnis des Petrus und die Leidensankündigung

Als er in der Einsamkeit betete, waren die Jünger bei ihm, und er fragte sie: Für wen halten mich die Volksscharen? Sie antworteten: Für Johannes den Täufer, andere für Elija, wieder andere (sagen), einer der alten Propheten sei auferstanden. Da sagte er zu ihnen: Ihr aber, für wen haltet ihr mich? Petrus antwortete: Für den Messias Gottes. Doch er schärfte ihnen aufs Strengste ein, dies niemand zu sagen. Und er fuhr fort: Der Menschensohn muss vieles erleiden und von den Ältesten und Hohenpriestern und Schriftgelehrten verworfen werden; er wird getötet werden, aber am dritten Tag wird er auferweckt. *Lukas 9,18–22*

Der Rangstreit der Jünger

Es kam die Überlegung bei ihnen auf, wer wohl der Größte von ihnen sei. Jesus, der die Gedanken ihres Herzens kannte, nahm ein Kind, stellte es neben sich und sagte zu ihnen: Wer dieses Kind in meinem Namen aufnimmt, der nimmt mich auf; und wer mich aufnimmt, der nimmt den auf, der mich gesandt hat. Denn wer unter euch allen der Kleinste ist, der ist groß. *Lukas 9,46–48*

Die ungastliche Aufnahme in einem Dorf

Als die Zeit seiner Aufnahme (in den Himmel) herankam, nahm er entschlossen seinen Weg nach Jerusalem. Er schickte Boten vor sich her und sie kamen in ein Dorf der Samariter, um für ihn Herberge zu bereiten. Doch sie nahmen ihn nicht auf, weil er auf dem Weg nach Jerusalem war. Als die Jünger Jakobus und Johannes das sahen, sagten sie: Herr, sollen wir befehlen, dass Feuer vom Himmel fällt und sie verzehrt? Da wandte er sich um und wies sie zurecht. Und sie gingen in ein anderes Dorf. *Lukas 9,51–56*

Das Gleichnis vom barmherzigen Samariter

Ein Gesetzeslehrer trat auf, um ihn auf die Probe zu stellen, und sagte: Meister, was muss ich tun, um das ewige Leben zu erlangen? Er aber sagte zu ihm: Was steht im Gesetz geschrieben? Was liest du dort? Er antwortete: Du sollst den Herrn, deinen Gott, lieben mit deinem ganzen Herzen und mit deiner ganzen Seele und mit deiner ganzen Kraft und mit deinem ganzen Denken und deinen Nächsten wie dich selbst. Da sagte er zu ihm: Du hast richtig geantwortet: Handle danach und du wirst leben.

Er aber wollte sich rechtfertigen und sagte zu Jesus: Und wer ist mein Nächster? Jesus erwiderte: Ein Mann ging von Jerusalem hinunter nach Jericho und fiel unter die Räuber. Sie plünderten ihn aus, schlugen ihn, machten sich davon und ließen ihn halb tot liegen. Zufällig ging ein Priester denselben Weg hinunter. Er sah ihn und ging vorüber. Ebenso kam ein Levit an der Stelle vorbei, sah ihn und ging vorüber. Ein Samariter aber, der des Weges zog, kam in seine Nähe, sah ihn und wurde von Mitleid bewegt. Er ging zu ihm hin, goss Öl und Wein auf seine Wunden und verband sie. Dann setzte er ihn auf sein eigenes Lasttier, brachte ihn in eine Herberge und trug Sorge für ihn. Am nächsten Morgen zog er zwei Denare heraus, gab sie dem Wirt und sagte: Sorge für ihn und was du noch darüber aufwendest, werde ich dir erstatten, wenn ich wiederkomme. Wer von diesen dreien hat sich deiner Meinung nach als der Nächste dessen erwiesen, der unter die Räuber gefallen war? Er antwortete: Der, der Barmherzigkeit an ihm geübt hat. Da sagte Jesus zu ihm: Geh und handle genauso. *Lukas 10,25–37*

Warnung vor Bindung an den Besitz

Dann sprach er zu ihnen: Gebt Acht und hütet euch vor jeglicher Habsucht! Denn auch mitten im Überfluss ist das Leben eines Menschen nicht durch seine Güter gesichert.

Er erzählte ihnen ein Gleichnis: Das Land eines reichen Mannes hatte gut getragen. Da überlegte er: Was soll ich tun, da ich nicht genug Raum habe, meine Ernte unterzubringen? Schließlich sagte er: So will ich es machen; ich werde meine Scheunen abreißen und größere bauen und dort mein ganzes Getreide und alle meine Güter unterbringen. Dann kann ich zu mir sagen: Du hast großen Vorrat für viele Jahre; ruh dich aus, iss, trink und lass dir wohl sein! Da sagte Gott zu ihm: Du Tor, diese Nacht noch wird man dein Leben von dir fordern! Wem aber wird gehören, was du angesammelt hast? So geht es dem, der für sich Schätze sammelt, aber vor Gott nicht reich ist. *Lukas 12,15–21*

Das Gleichnis vom Senfkorn

Er sprach nun: Wem ist das Reich Gottes gleich und womit soll ich es vergleichen? Es ist gleich einem Senfkorn, das einer nahm und in seinen Garten säte. Es wuchs und wurde zu einem Baum und die Vögel des Himmels nisteten in seinen Zweigen. *Lukas 13,18–19*

Das Gleichnis vom Schatz und von der Perle

Das Himmelreich gleicht einem im Acker verborgenen Schatz. Ein Mann fand ihn und deckte ihn wieder zu. Voll Freude ging er hin, verkauft alles, was er besaß, und kaufte jenen Acker.

Auch gleicht das Himmelreich einem Kaufmann, der schöne Perlen suchte. Als er aber eine kostbare Perle fand, ging er hin, verkaufte alles, was er besaß, und kaufte sie.

Matthäus 13,44–46

Die Heilung eines Wassersüchtigen am Sabbat

Als Jesus am Sabbat in das Haus eines führenden Pharisäers zum Essen kam – sie beobachteten ihn genau –, da stand ein wassersüchtiger Mann vor ihm. Jesus wandte sich an die Gesetzeslehrer und Pharisäer: Ist es erlaubt, am Sabbat zu heilen oder nicht? Doch sie schwiegen. Da fasste er ihn an, heilte ihn und ließ ihn gehen. Zu ihnen aber sagte er: Wer von euch, dem sein Sohn oder sein Ochse in den Brunnen fällt, wird ihn nicht sofort herausziehen, auch am Sabbat? Darauf konnten sie ihm nichts erwidern. *Lukas 14,1–6*

Das Gleichnis vom Festmahl

Als einer der Tischgenossen dies hörte, sagte er zu ihm: Selig, wer am Mahl im Reich Gottes teilnehmen wird! Jesus sagte zu ihm: Ein Mann veranstaltete ein großes Gastmahl und lud viele ein. Zur Stunde des Gastmahls sandte er seinen Knecht aus, den Eingeladenen zu sagen: Kommt, denn nun ist es bereit. Da fingen mit einem Mal alle an, sich zu entschuldigen. Der Erste sagte zu ihm: Ich habe einen Acker gekauft und muss unbedingt hingehen, ihn anzusehen; ich bitte dich, halte mich für entschuldigt! Ein anderer sagte: Ich habe fünf Joch Ochsen gekauft und gehe gerade hin, sie zu erproben; ich bitte dich, halte mich für entschuldigt! Wieder ein anderer sagte: Ich habe eine Frau genommen und kann daher nicht kommen. Der Knecht kam zurück und berichtete dies seinem Herrn. Da wurde der Hausherr zornig und sagte zu seinem Knecht: Geh schnell hinaus auf die Straßen und Gassen der Stadt und führe die Armen und Krüppel und Blinden und Lahmen hier herein! (Wenig später) meldete der Knecht: Herr, es ist geschehen, wie du befohlen hast, aber es ist immer noch Platz da. Da sagte der Herr zum Knecht: Geh hinaus an die Landstraßen und an die Zäune und nötige sie hereinzukommen, damit mein Haus voll wird! Ich sage euch nämlich: Keiner von jenen Männern, die eingeladen waren, wird an meinem Mahl teilnehmen. *Lukas 14,15–24*

Die Gleichnisse vom verlorenen Schaf und von der verlorenen Drachme

Alle Zöllner und Sünder kamen zu ihm, um ihn zu hören. Die Pharisäer und Schriftgelehrten murrten und sagten: Der nimmt Sünder an und isst mit ihnen.

Da sagte er ihnen dieses Gleichnis: Wer von euch, der hundert Schafe hat und eines von ihnen verliert, lässt nicht die neunundneunzig in der Wüste und geht dem verlorenen nach, bis er es findet? Und wenn er es gefunden hat, nimmt er es voll Freude auf seine Schultern, und wenn er nach Hause kommt, ruft er seine Freunde und Nachbarn zusammen und sagt zu ihnen: Freut euch mit mir; denn ich habe mein Schaf gefunden, das verloren war. Ich sage euch: Ebenso wird im

Himmel mehr Freude sein über einen einzigen Sünder, der umkehrt, als über neunundneunzig Gerechte, die der Umkehr nicht bedürfen.

Oder welche Frau, die zehn Drachmen hat und eine Drachme verliert, zündet nicht ein Licht an und kehrt das Haus und sucht sorgfältig, bis sie sie findet? Und hat sie sie gefunden, so ruft sie ihre Freundinnen und Nachbarinnen zusammen und sagt: Freut euch mit mir; denn ich habe die Drachme gefunden, die ich verloren hatte. Ebenso, sage ich euch, wird bei den Engeln Gottes Freude sein über einen einzigen Sünder, der umkehrt. *Lukas 15,1–10*

Das Gleichnis vom barmherzigen Vater

Ferner sagte er: Ein Mann hatte zwei Söhne. Der jüngere von ihnen sagte zum Vater: Vater, gib mir den Anteil des Vermögens, der mir zukommt. Da teilte er den Besitz unter sie auf. Wenige Tage darauf packte der jüngere Sohn alles zusammen, zog fort in ein fernes Land und vergeudete dort sein Vermögen durch ein verschwenderisches Leben. Nachdem er alles durchgebracht hatte, kam eine schwere Hungersnot über das Land und er fing an, Mangel zu leiden. Da ging er zu einem Bürger jenes Landes und drängte sich ihm auf; der schickte ihn auf seine Felder zum Schweinehüten. Gerne hätte er sich den Magen mit den Schoten gefüllt, die die Schweine fraßen, aber niemand gab sie ihm. Da ging er in sich und sagte: Wie viele Taglöhner meines Vaters haben Brot im Überfluss, ich aber komme hier vor Hunger um. Ich will mich aufmachen und zu meinem Vater gehen und zu ihm sagen: Vater, ich habe gesündigt gegen den Himmel und vor dir. Ich bin nicht mehr wert, dein Sohn zu heißen; halte mich wie einen von deinen Taglöhnern. Dann machte er sich auf und ging zu seinem Vater. Sein Vater sah ihn schon von weitem kommen, wurde von Mitleid bewegt, lief herbei, fiel ihm um den Hals und küsste ihn. Da sagte der Sohn zu ihm: Vater, ich habe gegen den Himmel und gegen dich gesündigt; ich bin nicht mehr wert, dein Sohn zu heißen. Der Vater aber sagte zu seinen Knechten: Holt schnell das beste Kleid heraus und zieht es ihm an und gebt ihm einen Ring an die Hand und Schuhe an die Füße! Holt das Mastkalb und schlachtet es! Wir wollen essen und fröhlich sein; denn dieser mein Sohn war tot und lebt wieder; er war verloren und ist wieder gefunden worden. Und sie begannen, ein Freudenfest zu feiern.

Sein älterer Sohn aber war auf dem Feld. Als er kam und sich dem Haus näherte, hörte er Musik und Tanz. Da rief er einen der Knechte herbei und fragte, was das sei. Der aber sagte ihm: Dein Bruder ist gekommen und dein Vater hat das Mastkalb geschlachtet, weil er ihn gesund wiedererhalten hat. Da wurde er zornig und wollte nicht hineingehen. Doch sein Vater kam heraus und redete ihm zu. Er aber gab dem Vater zur Antwort: So viele Jahre diene ich dir und habe nie dein Gebot übertreten; mir aber hast du nie (auch nur) einen Bock gegeben, damit ich mit meinen Freunden feiern konnte. Jetzt aber, als dieser dein Sohn gekommen ist, der dein Vermögen mit Dirnen verprasst hat, hast du ihm das Mastkalb geschlachtet. Er aber sagte zu ihm: Sohn, du bist allezeit bei mir und alles, was mein ist, ist dein. Feiern aber und uns freuen müssen wir; denn dein Bruder war tot und lebt wieder, er war verloren und ist wiedergefunden worden.

Lukas 15,11–32

Von der Macht des Glaubens

Die Apostel sagten zum Herrn: Stärke unseren Glauben! Der Herr erwiderte: Wenn ihr Glauben hättet wie ein Senfkorn, so würdet ihr zu dem Maulbeerbaum da sagen: Zieh deine Wurzeln heraus und verpflanz dich ins Meer! Und er würde euch gehorchen.

Lukas 17,5–6

Die Heilung der zehn Aussätzigen

Bei seiner Wanderung nach Jerusalem zog er durch das Grenzgebiet von Samarien und Galiläa. Als er in ein Dorf kam, begegneten ihm zehn aussätzige Männer. Sie blieben von fern stehen und riefen: Jesus, Meister, erbarme dich unser! Als er sie sah, sagte er zu ihnen: Geht und zeigt euch den Priestern! Und während sie hingingen, wurden sie rein. Einer aber von ihnen kehrte zurück, als er sah, dass er geheilt worden war, pries Gott mit lauter Stimme, warf sich zu seinen Füßen aufs Angesicht und dankte ihm. Und das war ein Samariter. Da sagte Jesus: Sind nicht zehn rein geworden? Wo sind denn die übrigen neun? Hat sich keiner bereitgefunden, umzukehren und Gott die Ehre zu geben, als nur dieser Fremde? Und er sagte zu ihm: Steh auf und geh! Dein Glaube hat dir Heilung gebracht! *Lukas 17,11–19*

Vom Kommen des Gottesreiches

Als er von den Pharisäern gefragt wurde, wann das Reich Gottes komme, antwortete er ihnen: Das Reich Gottes kommt nicht so, dass man es berechnen könnte. Auch kann man nicht sagen: Seht, hier! oder: Dort! Denn das Reich Gottes ist (schon) mitten unter euch. *Lukas 17,20–21*

Der Pharisäer und der Zöllner

Einigen, die sich selbstsicher für gerecht hielten und die Übrigen verachteten, erzählte er dieses Gleichnis: Zwei Menschen gingen hinauf in den Tempel, um zu beten: Der eine war ein Pharisäer und der andere ein Zöllner. Der Pharisäer stellte sich auf und betete leise so: Gott, ich danke dir, dass ich nicht bin wie die übrigen Menschen: Räuber, Ungerechte,

Ehebrecher, auch nicht wie dieser Zöllner da. Ich faste zweimal in der Woche und ich gebe den Zehnten von allen meinen Einkünften. Der Zöllner aber stand weit entfernt und wollte nicht einmal die Augen zum Himmel erheben, sondern schlug an seine Brust und betete: Gott, sei mir Sünder gnädig! Ich sage euch: Dieser ging gerechtfertigt nach Hause, im Gegensatz zu jenem. Denn jeder, der sich selbst erhöht, wird erniedrigt, wer sich selbst aber erniedrigt, wird erhöht werden. *Lukas 18,9–14*

Jesus und die Kinder

Da wurden Kinder zu ihm gebracht, damit er ihnen die Hände auflegt und (für sie) betete. Die Jünger aber schalten die Leute. Doch Jesus sagte: Lasst die Kinder und hindert sie nicht daran, zu mir zu kommen; denn für solche (wie sie) ist das Himmelreich. Und er legte ihnen die Hände auf und zog weiter. *Markus 10,13–16*

Die Frage eines Reichen nach dem ewigen Leben

Einer von den Führenden fragte ihn: Guter Meister, was muss ich tun, um das ewige Leben zu erlangen? Jesus antwortete ihm: Was nennst du mich gut? Niemand ist gut außer Gott allein. Die Gebote kennst du: Du sollst nicht ehebrechen; du sollst nicht töten; du sollst nicht stehlen; du sollst kein falsches Zeugnis geben; ehre deinen Vater und deine Mutter. Er antwortete: Das alles habe ich von Jugend an befolgt. Als Jesus dies hörte, sagte er zu ihm: Eines fehlt dir noch: Verkaufe alles, was du hast, und teile es aus an die Armen; so wirst du einen Schatz im Himmel haben; dann komm und folge mir nach! Als jener das hörte, wurde er sehr traurig, denn er war sehr reich. Als Jesus ihn so sah, sagte er: Wie schwer kommen die Reichen in das Reich Gottes! Denn leichter geht ein Kamel durch ein Nadelöhr, als dass ein Reicher in das Reich Gottes gelangt. Da fragten die Zuhörer: Wer kann dann gerettet werden? Er antwortete: Was für Menschen unmöglich ist, ist für Gott möglich. *Lukas 18,18–27*

Das Gleichnis von den Arbeitern im Weinberg

Denn mit dem Himmelreich ist es wie mit einem Gutsherrn, der früh am Morgen ausging, um Arbeiter für seinen Weinberg einzustellen. Er vereinbarte mit den Arbeitern einen Denar für den Tag und schickte sie in seinen Weinberg. Als er um die dritte Stunde wieder ausging, sah er andere untätig auf dem Markt stehen und sagte zu ihnen: Geht auch ihr in meinen Weinberg und ich werde euch geben, was recht ist. Und sie gingen hin. Um die sechste und neunte Stunde ging er noch einmal aus und machte es ebenso. Als er um die elfte

Stunde ausging, fand er wieder andere, die dastanden und sagte zu ihnen: Was steht ihr hier den ganzen Tag untätig herum? Sie antworteten ihm: Weil uns niemand eingestellt hat. Da sagte er zu ihnen: Geht auch ihr in den Weinberg. Als es nun Abend geworden war, sagte der Besitzer des Weinbergs zu seinem Verwalter: Ruf die Arbeiter und zahle ihnen den Lohn aus; fange bei den Letzten an bis zu den Ersten. Da kamen die von der elften Stunde und erhielten je einen Denar. Als nun die Ersten kamen, meinten sie, sie würden mehr bekommen. Aber auch sie erhielten je einen Denar. Und als sie ihn erhalten hatten, murrten sie gegen den Gutsherrn und sagten: Diese letzten da haben eine Stunde gearbeitet und du hast sie uns gleichgestellt, die wir die Last des Tages getragen haben und die Hitze. Er aber erwiderte einem von ihnen: Freund, ich tue dir kein Unrecht. Hast du nicht einen Denar mit mir vereinbart? Nimm das Deine und geh! Ich aber will diesem Letzten dasselbe geben wie dir. Oder darf ich mit dem Meinen nicht tun, was ich will? Oder ist dein Auge böse, weil ich gut bin? So werden die Letzten die Ersten sein und die Ersten die Letzten. *Matthäus 20,1–16*

Die Heilung eines Blinden bei Jericho

Als er in die Nähe von Jericho kam, saß ein Blinder am Weg und bettelte. Als der die Menge vorüberziehen hörte, fragte er, was das zu bedeuten hätte. Man sagte ihm, Jesus von Nazaret gehe vorüber. Da rief er: Jesus, Sohn Davids, erbarme dich meiner! Die Vorausgehenden fuhren ihn an, er solle schweigen. Er aber schrie nur noch lauter: Sohn Davids, erbarme dich meiner! Da blieb Jesus stehen und ließ ihn zu sich führen. Als er nahe herangekommen war, fragte er ihn: Was willst du, dass ich dir tun soll? Er sagte: Herr, dass ich wieder sehen kann. Da sagte Jesus zu ihm: Du sollst wieder sehen, dein Glaube hat dir Heilung gebracht. Sogleich sah er wieder, pries Gott und folgte ihm. Und das ganze Volk, das zugesehen hatte, gab Gott die Ehre. *Lukas 18,35–43*

Der Zöllner Zachäus

Dann kam er nach Jericho und zog hindurch. Dort lebte ein Mann mit Namen Zachäus, der war Oberzöllner und reich. Er wollte gern sehen, wer Jesus sei, konnte es aber nicht wegen der Volksmenge; denn er war klein von Gestalt. Da lief er voraus und stieg auf einen Maulbeerfeigenbaum, um ihn zu sehen; denn da musste er vorüberkommen. Als nun Jesus an die Stelle kam, schaute er hinauf und sagte zu ihm: Zachäus, steig schnell herunter, denn heute muss ich in deinem Haus bleiben. Schnell stieg er herunter und nahm ihn mit Freuden auf. Alle, die das sahen, empörten sich und sagten: Bei einem Sünder ist er eingekehrt, um zu wohnen! Zachäus aber wandte sich an den Herrn und sagte zu ihm: Herr, die Hälfte meines Vermögens gebe ich den Armen und wenn ich etwas zu

Unrecht von jemand gefordert habe, gebe ich es vierfach zurück. Jesus sagte zu ihm: Heute ist diesem Haus Heil widerfahren, weil auch dieser Mann ein Sohn Abrahams ist. Denn der Menschensohn ist gekommen, um zu suchen und zu retten, was verloren war. *Lukas 19,1–10*

Der Einzug in Jerusalem

Nach diesen Worten zog er weiter und ging nach Jerusalem hinauf. Als er in die Nähe von Betfage und Betanien an den Berg kam, der Ölberg heißt, sandte er zwei Jünger voraus und sagte: Geht in das Dorf, dass vor uns liegt. Wenn ihr hineinkommt, werdet ihr ein Eselsfohlen angebunden finden, auf dem noch kein Mensch gesessen hat; das bindet los und bringt es her. Und wenn euch jemand fragt: Warum bindet ihr es los?, dann sagt ihm: Der Herr braucht es. Die Abgesandten gingen hin und fanden alles so, wie er es ihnen gesagt hatte. Als sie aber das Fohlen losbanden, sagten seine Besitzer zu ihnen: Was bindet ihr das Fohlen los? Sie antworteten: Der Herr braucht es. Und sie brachten es zu Jesus, warfen ihre Mäntel auf das Fohlen und ließen Jesus aufsitzen. Während er dahinritt, breiteten sie ihre Kleider auf den Weg. Als er sich schon dem Abhang des Ölbergs näherte, begann die ganze Schar der Jünger voll Freude Gott mit lauter Stimme zu loben wegen aller Machttaten, die sie gesehen hatten. Sie riefen: Gepriesen sei er, der kommt, der König, im Namen des Herrn! Friede im Himmel und Herrlichkeit in der Höhe! Einige Pharisäer riefen ihm aus der Menge zu: Meister, verbiete es deinen Jüngern! Da antwortete er: Ich sage euch: Wenn sie schweigen, werden die Steine schreien.

Lukas 19,28–40

Die Tempelreinigung

Als er in den Tempel eingetreten war, begann er, die Verkäufer hinauszutreiben. Er sagte zu ihnen: Es steht geschrieben: Mein Haus soll ein Haus des Gebetes sein; ihr aber habt es zu einer Räuberhöhle gemacht.

Er lehrte täglich im Tempel. Die Hohenpriester, die Schriftgelehrten und die Vornehmen des Volkes aber suchten ihn umzubringen, wussten jedoch nicht, wie sie es zuwege bringen sollten; denn das ganze Volk hing an ihm und hörte auf ihn. *Lukas 19,45–48*

Das Opfer der Witwe

Als er aufblickte, sah er, wie die Reichen ihre Gaben in den Opferkasten warfen. Er sah auch eine arme Witwe, die zwei Lepta einwarf. Da sagte er: Wahrhaftig, ich sage euch: Diese arme Witwe hat mehr hineingeworfen als alle. Denn sie alle haben nur von ihrem Überfluss gegeben; sie aber hat in ihrer Armut alles eingeworfen, was sie zum Leben hatte.

Lukas 21,1–4

Das Gleichnis von den zehn Jungfrauen

Dann wird das Himmelreich zehn Jungfrauen gleichen, die ihre Lampen nahmen und dem Bräutigam entgegenzogen. Fünf von ihnen waren töricht und fünf klug. Die törichten nämlich nahmen zwar ihre Lampen, aber kein Öl mit sich. Die klugen dagegen nahmen zu ihren Lampen auch Öl in Gefäßen mit. Als nun der Bräutigam auf sich warten ließ, nickten alle ein und schliefen. Um Mitternacht aber erscholl der Ruf: Der Bräutigam! Kommt heraus, ihm entgegen! Da standen jene Jungfrauen alle auf und machten ihre Lampen zurecht. Die törichten aber sprachen zu den klugen: Gebt uns von euerem Öl, sonst gehen unsere Lampen aus. Die Klugen aber antworteten: Es könnte für uns und euch nicht reichen. Geht lieber zu den Händlern und kauft euch Öl. Noch während sie zum Einkaufen unterwegs waren, kam der Bräutigam; die bereit waren, gingen mit ihm zur Hochzeit hinein, und die Tür wurde verschlossen. Später kamen auch die übrigen Jungfrauen und riefen: Herr, Herr, mach uns auf! Er aber antwortete: Amen, ich sage euch: Ich kenne euch nicht.

Seid also wachsam! Denn ihr wisst weder den Tag noch die Stunde.

Matthäus 25,1–13

Das Gleichnis vom anvertrauten Geld

Denn es ist wie bei einem Mann, der, als er verreisen wollte, seine Knechte rief und ihnen sein Vermögen anvertraute. Dem einen gab er fünf Talente, dem anderen zwei, dem Dritten eines, jedem nach seinen Fähigkeiten. Dann reiste er ab. Sogleich begann der, der fünf Talente erhalten hatte, mit ihnen zu arbeiten und gewann fünf andere dazu. Ebenso gewann der mit den zweien zwei andere dazu. Der aber das eine erhalten hatte, ging und grub ein Loch in die Erde und verbarg das Geld seines Herrn. Nach langer Zeit kam der Herr jener Knechte zurück und rechnete mit ihnen ab. Da kam der, der die fünf Talente erhalten hatte, brachte fünf weitere Talente und sagte: Herr, fünf Talente hast du mir gegeben. Siehe, fünf weitere Talente habe ich dazugewonnen. Da sagte sein Herr zu ihm: Recht so, du guter und treuer Knecht! Du bist über weniges treu gewesen, ich will dich über vieles setzen. Nimm teil an der Freude deines Herrn! Auch der mit den zwei Talenten kam und sagte: Herr, zwei Talente hast du mir gegeben. Siehe, zwei weitere Talente habe ich dazugewonnen. Da sagte sein Herr zu ihm: Recht so, du guter und treuer Knecht! Du bist über weniges treu gewesen, ich will dich über vieles setzen. Nimm teil an der Freude deines Herrn! Da kam auch der, der das eine Talent erhalten hatte, und sagte: Herr, ich wusste, dass du ein harter Mann bist; du erntest, wo du nicht gesät, und sammelst, wo du nicht ausgestreut hast. Weil ich Angst hatte, verbarg ich dein Talent in der Erde. Da hast du, was dir gehört. Sein Herr antwortete ihm: Du schlechter und fauler Knecht! Du wusstest, dass ich ernte, wo ich nicht gesät, und sammle, wo ich nicht ausgestreut habe? Dann hättest du mein Geld auf der Bank anlegen sollen und ich hätte bei meinem Kommen das Meine mit Zins zurückerhalten. Nehmt ihm also das Talent und gebt es dem, der die zehn Talente hat. Denn jedem, der hat, wird gegeben werden und er wird Überfluss haben. Wer aber nicht hat, dem wird auch das, was er hat, genommen. Und den unnützen Knecht werft in die Finsternis hinaus! Dort wird Heulen und Zähneknirschen sein. *Matthäus 25,14–30*

Das Weltgericht

Wenn der Menschensohn in seiner Herrlichkeit kommt und alle Engel mit ihm, dann wird er sich auf den Thron seiner Herrlichkeit setzen. Und alle Völker werden vor ihm versammelt werden und er wird sie voneinander scheiden, wie der Hirt die Schafe von den Böcken scheidet. Er wird die Schafe zu seiner Rechten stellen, die Böcke aber zu seiner Linken. Dann wird der König zu denen auf seiner Rechten sagen: Kommt, ihr Gesegneten meines Vaters, nehmt das Reich in Besitz, das euch seit Grundlegung der Welt bereitet ist. Denn ich war hungrig und ihr habt mir zu essen gegeben; ich war durstig und ihr habt mir zu trinken gereicht; ich war fremd und ihr habt mich aufgenommen; ich war nackt und ihr habt mich bekleidet; ich war krank und ihr habt mich besucht; ich war im Gefängnis und ihr seid zu mir gekommen. Da werden ihm die Gerechten antworten: Herr, wann sahen wir dich hungrig und haben dir zu essen gegeben oder durstig und haben dir zu trinken gegeben? Wann haben wir dich als Fremden gesehen und aufgenommen oder nackt und dich bekleidet? Wann haben wir dich krank oder im Gefängnis gesehen und sind zu dir gekommen? Und der König wird ihnen antworten: Amen, ich sage euch: Was immer ihr einem dieser meiner geringsten Brüder getan habt, das habt ihr mir getan.

Dann wird er auch zu denen auf der Linken sprechen: Hinweg von mir, Verfluchte, in das ewige Feuer, das dem Teufel und seinen Engeln bereitet ist. Denn ich war hungrig und ihr habt mir nicht zu essen gegeben; ich war durstig und ihr habt mir nicht zu trinken gegeben; ich war fremd und ihr habt mich nicht aufgenommen; ich war nackt und ihr habt mich nicht bekleidet; ich war krank und im Gefängnis und ihr habt mich nicht besucht. Dann werden auch sie antworten und sagen: Herr, wann haben wir dich hungrig oder durstig oder als Fremden oder nackt oder krank oder im Gefängnis gesehen und haben dir nicht geholfen? Da wird er ihnen antworten: Amen, ich sage euch: Was immer ihr einem dieser Geringsten nicht getan habt, das habt ihr auch mir nicht getan. Und sie werden weggehen, diese zur ewigen Strafe, die Gerechten aber in das ewige Leben. *Matthäus 25,31–46*

Der Todesbeschluss

Das Fest der Ungesäuerten Brote, das Pascha heißt, nahte sich aber. Und die Hohenpriester und die Schriftgelehrten suchten nach einer Gelegenheit, ihn beseitigen zu können; denn sie fürchteten das Volk. *Lukas 22,1–2*

Der Verrat durch Judas

Der Satan aber fuhr in Judas, genannt Iskariot, einen von den Zwölf. Er ging zu den Hohenpriestern und Hauptleuten und besprach sich mit ihnen, wie er ihn an sie ausliefern könnte. Da freuten sie sich und kamen mit ihm überein, ihm Geld zu geben. Er sagte zu und suchte eine Gelegenheit, ihn ohne Volksauflauf auszuliefern. *Lukas 22,3–6*

Die Vorbereitung des Paschamahls

Es kam der Tag der Ungesäuerten Brote, an dem das Paschalamm geschlachtet werden musste. Da entsandte er Petrus und Johannes und sagte: Geht und bereitet uns das Paschamahl vor, damit wir es essen. Sie antworteten ihm: Wo willst du, dass wir es vorbereiten? Er antwortete ihnen: Sobald ihr in die Stadt hineinkommt, wird euch ein Mann begegnen, der einen Wasserkrug trägt. Folgt ihm in das Haus, in das er hineingeht, und sagt zum Herrn des Hauses: Der Meister lässt dir sagen: Wo ist das Gemach, in dem ich mit meinen Jüngern das Paschamahl halten kann? Er wird euch ein großes Obergemach zeigen, das mit Polstern belegt ist. Dort bereitet es vor! Da gingen sie und fanden alles so, wie er es ihnen gesagt hatte, und bereiteten das Paschamahl vor. *Lukas 22,7–13*

Das Mahl

Als die Stunde gekommen war, legte er sich zu Tisch und die Apostel mit ihm. Und er sagte zu ihnen: Ich habe mich danach gesehnt, dieses Paschamahl mit euch zu essen, noch bevor mein Leiden beginnt. Denn ich sage euch: Von nun an werde ich es nicht mehr essen, bis es seine Vollendung im Reich Gottes findet. Und er nahm einen Becher, sprach das Dankgebet und sagte: Nehmt ihn und teilt ihn unter euch! Denn ich sage euch: Von nun an werde ich nicht mehr von der Frucht des Weinstocks trinken, bis das Reich Gottes kommt. Und er nahm Brot, sprach das Dankgebet, brach es und gab es ihnen mit den Worten: Das ist mein Leib, der für euch hingegeben wird. Tut dies zu meinem Gedächtnis! Ebenso nahm er nach dem Mahl den Becher: Dieser Becher ist der Neue Bund in meinem Blut, das für euch vergossen wird. Doch seht, die Hand dessen, der mich verrät, ist mit mir auf dem Tisch. Zwar geht der Menschensohn dahin, wie es bestimmt ist; doch wehe dem Menschen, durch den er verraten wird! Da begannen sie zu streiten, wer von ihnen es wohl wäre, der das tun würde. *Lukas 22,14–23*

Ankündigung der Verleugnung und der Umkehr des Petrus

Simon, Simon, der Satan hat verlangt, euch im Sieb zu schütteln wie Weizen. Ich aber habe für dich gebetet, dass dein Glaube nicht wankt. Und wenn du dich bekehrt hast, stärke deine Brüder! Er aber sagte zu ihm: Herr, ich bin bereit, mit dir in Kerker und Tod zu gehen! Jesus erwiderte: Ich sage dir, Petrus: Bevor heute der Hahn kräht, hast du dreimal geleugnet, mich zu kennen. *Lukas 22,31–34*

Jesus am Ölberg

Er ging hinaus und begab sich nach seiner Gewohnheit zum Ölberg; die Jünger folgten ihm. Als er an den Ort gelangt war, sagte er zu ihnen: Betet, dass ihr nicht in Versuchung geratet. Und er trennte sich von ihnen etwa einen Steinwurf weit, kniete nieder und betete: Vater, wenn du willst, lass diesen Kelch an mir vorübergehen. Doch nicht mein, sondern dein Wille soll geschehen. Da erschien ihm ein Engel vom

Himmel und stärkte ihn. Und er geriet in Angst und betete noch inständiger. Sein Schweiß war wie Blut, das auf die Erde tropfte. Als er sich vom Gebet erhob und zu den Jüngern zurückkehrte, fand er sie schlafend vor Traurigkeit. Da sagte er zu ihnen: Was schlaft ihr? Steht auf und betet, damit ihr nicht in Versuchung geratet. *Lukas 22,39–46*

Die Gefangennahme Jesu

Während er noch redete, kam eine Schar und einer von den Zwölf namens Judas ging ihnen voran und näherte sich Jesus, um ihn zu küssen. Jesus aber sagte zu ihm: Judas, mit einem Kuss verrätst du den Menschensohn? Als seine Begleiter sahen, was (ihm) bevorstand, sagten sie: Herr, sollen wir mit dem Schwert dreinschlagen? Und einer von ihnen schlug auf den Knecht des Hohenpriesters ein und hieb ihm das rechte Ohr ab. Jesus aber sagte: Lasst ab! Nicht weiter! Und er berührte das Ohr und heilte ihn.

Zu den Hohenpriestern aber, den Tempelhauptleuten und Ältesten, die zu ihm herangetreten waren, sagte Jesus: Wie gegen einen Räuber seid ihr ausgezogen mit Schwertern und Knüppeln. Als ich täglich bei euch im Tempel war, habt ihr nicht Hand an mich gelegt. Aber das ist euere Stunde und die Macht der Finsternis. *Lukas 22,47–53*

Die Verleugnung durch Petrus

Sie nahmen ihn fest, führten ihn fort und brachten ihn in das Haus des Hohenpriesters. Petrus folgte von weitem. Als sie aber mitten im Hof ein Feuer angezündet und sich zusammengesetzt hatten, setzte sich Petrus mitten unter sie. Da sah ihn eine Magd am Feuer sitzen, blickte ihn genau an und sagte: Der war auch bei ihm. Er aber leugnete und sagte: Frau, ich kenne ihn nicht. Kurz darauf sah ihn ein anderer und sagte: Auch du bist einer von ihnen. Petrus aber sagte: Mann, ich bin es nicht. Ungefähr eine Stunde später behauptete ein anderer: Wahrhaftig, der war auch bei ihm; er ist doch auch ein Galiläer. Petrus aber entgegnete: Mann, ich weiß nicht, was du meinst. Sogleich, während er noch redete, krähte ein Hahn. Da wandte sich der Herr um und blickte Petrus an; und Petrus erinnerte sich an das Wort des Herrn, wie er zu ihm gesagt hatte: Ehe heute der Hahn kräht, wirst du mich dreimal verleugnen. Und er ging hinaus und weinte bitterlich. *Lukas 22,53–62*

Die Verspottung Jesu

Die Männer, die Jesus bewachten, verspotteten und schlugen ihn. Sie verhüllten ihn und fragten ihn: Weissage: Wer hat dich geschlagen? Und noch viele andere Schmähungen stießen sie gegen ihn aus. *Lukas 22,63–65*

Jesus vor dem Hohen Rat

Als es Tag wurde, versammelte sich der Ältestenrat des Volkes, die Hohenpriester und die Schriftgelehrten; sie führten ihn vor ihre Ratsversammlung und sagten: Wenn du der Messias bist, dann sage es uns! Er antwortete ihnen: Wenn ich es euch sage, werdet ihr (mir) nicht glauben; wenn ich aber frage, werdet ihr nicht antworten. Doch von nun an wird der Menschensohn zur Rechten der Macht Gottes sitzen. Da sagten alle: Du bist also der Sohn Gottes? Er antwortete ihnen: Ihr sagt es; ich bin es. Da riefen sie: Was brauchen wir noch Zeugenaussagen? Wir haben es ja selbst aus seinem Mund gehört!

Lukas 22,66–71

Die Auslieferung an Pilatus

Die ganze Versammlung stand auf und man ließ ihn zu Pilatus abführen. Sie brachten ihre Anklagen gegen ihn vor und sagten: Wir haben festgestellt, dass dieser Mann unser Volk aufwiegelt, es davon abhält, dem Kaiser Steuern zu zahlen, und behauptet, er sei der Messias und König. Pilatus fragte ihn: Du bist der König der Juden? Er antwortete ihm: Du sagst es. Da sagte Pilatus zu den Hohenpriestern und zur Menge: Ich finde keine Schuld an diesem Menschen. Sie aber behaupteten immer heftiger: Er bringt das Volk in Aufruhr, in dem er in ganz Judäa lehrt, von Galiläa bis hierher.

Lukas 23,1–5

Die Verurteilung durch Pilatus

Pilatus rief die Hohenpriester, die Führenden und das Volk zusammen und sagte zu ihnen: Ihr habt mir diesen Menschen gebracht, der ein Volksaufwiegler sein soll. Ich habe ihn in euerer Gegenwart verhört, aber an ihm keinen Grund für euere Anklagen gefunden. Ihr seht also: Er hat nichts getan, was den Tod verdient. Daher werde ich ihn geißeln lassen und dann freigeben. [Er musste ihnen aber zum Fest einen freigeben.] Da schrien sie alle zusammen: Weg mit ihm, den Barabbas gib uns frei! Der war nämlich wegen Aufruhr in der Stadt und wegen Mord ins Gefängnis geworfen worden. Pilatus wandte sich nochmals an sie, weil er Jesus freigeben wollte. Sie aber schrien dagegen: Kreuzige, kreuzige ihn! Darauf sagte er zum dritten Mal zu ihnen: Was hat er denn Böses getan? Ich habe keine Todesschuld an ihm gefunden; ich will ihn also geißeln lassen und dann freigeben. Sie aber setzten ihm zu mit großem Geschrei und forderten seine Kreuzigung. Und ihr Geschrei setzte sich durch. Da entschied Pilatus, dass ihrer Forderung stattgegeben werden solle: Er ließ den frei, der wegen Aufruhr und Mord ins Gefängnis geworfen worden war. Jesus aber gab er ihrem Willen preis.

Lukas 23,13–14.15b–25

Die Kreuzigung

Als sie ihn hinausführten, griffen sie einen gewissen Simon aus Zyrene auf, der eben vom Feld kam, und luden ihm das Kreuz auf, damit er es Jesus nachtrage. Eine große Volksmenge folgte ihm und viele Frauen, die ihn beweinten und beklagten. Jesus wandte sich zu ihnen um und sagte: Ihr Töchter Jerusalems, weint nicht über mich; weint vielmehr über euch selbst und über euere Kinder! Denn es kommen Tage, da wird man sagen: Wohl den Unfruchtbaren und den Leibern, die nicht geboren, und den Brüsten, die nicht gestillt haben! Dann wird man zu den Bergen sagen: Fallt auf uns!, und zu den Hügeln: Bedeckt uns! Denn wenn man dies am grünen Holz tut, was wird erst am dürren geschehen? Mit ihm wurden auch noch zwei Verbrecher zur Hinrichtung geführt. Als sie an den Ort kamen, der Schädelstätte genannt wird, kreuzigten sie dort ihn und die Verbrecher, den einen zur Rechten und den anderen zur Linken. Jesus aber betete: Vater, vergib ihnen, denn sie wissen nicht, was sie tun! Dann warfen sie das Los, um seine Kleider unter sich zu verteilen. Das Volk stand da und schaute zu. Aber auch die Führenden höhnten: Anderen hat er geholfen; er helfe sich selbst, wenn er der Messias Gottes ist, der Auserwählte! Auch die Soldaten verspotteten ihn, indem sie hinzutraten, ihm Essig reichten und sagten: Wenn du der König der Juden bist, so hilf dir selbst! Es war auch eine Aufschrift über ihm angebracht: Das ist der König der Juden. Einer der gehenkten Übeltäter verhöhnte ihn: Bist du nicht der Messias? Hilf dir selbst und uns! Doch der andere wies ihn zurecht und sagte: Nicht einmal du fürchtest Gott, obwohl dich doch das gleiche Urteil getroffen hat? Uns allerdings mit Recht; denn wir empfangen, was unsere Taten verdienen; dieser aber hat nichts Unrechtes getan. Dann sagte er: Jesus, denk an mich, wenn du in dein Reich kommst! Jesus antwortete ihm: Amen, ich sage dir: Heute noch wirst du mit mir im Paradies sein. *Lukas 23,26–43*

Der Tod Jesu

Es war schon um die sechste Stunde, als eine Finsternis bis zur neunten Stunde über das ganze Land kam. Die Sonne verlor ihren Schein. Der Vorhang im Tempel riss mitten entzwei. Und Jesus rief laut: Vater, in deine Hände lege ich meinen Geist! Nach diesen Worten verschied er.

Als der Hauptmann sah, was geschehen war, pries er Gott und sagte: Wahrhaftig, dieser Mensch war ein Gerechter! Und die ganze Volksmenge, die zu diesem Schauspiel zusammengekommen war, schlug sich an die Brust, als sie sah, was geschehen war, und kehrte zurück.

Alle seine Bekannten aber, auch die Frauen, die ihm von Galiläa her gefolgt waren, hatten alles von weitem mit angesehen. *Lukas 23,50–56*

Das leere Grab. Die Botschaft der Engel

Am ersten Tag der Woche kamen die Frauen im ersten Morgengrauen zum Grab und brachten den Balsam, den sie bereitet hatten. Da fanden sie den Stein vom Grab weggewälzt und gingen hinein, fanden aber den Leichnam des Herrn Jesus nicht. Während sie noch ratlos davor standen, traten zwei Männer in strahlenden Gewändern zu ihnen. Sie erschraken und senkten den Blick zu Boden. Die Männer aber sagten zu ihnen: Was sucht ihr den Lebenden bei den Toten? Er ist nicht hier, sondern er ist auferweckt worden. Erinnert euch an das, was er euch gesagt hat, als er noch in Galiläa war: Der Menschensohn muss in die Hände der Sünder ausgeliefert und gekreuzigt werden und am dritten Tag auferstehen. Da erinnerten sie sich an seine Worte. Sie kehrten vom Grab zurück und verkündeten alles den Elf und allen übrigen. Maria aus Magdala, Johanna und Maria, die Mutter des Jakobus, und die übrigen, die bei ihnen waren, erzählten es den Aposteln. Doch ihnen kamen diese Worte wie leeres Gerede vor und sie glaubten ihnen nicht. Petrus aber stand auf und lief zum Grab, beugte sich hinein, sah aber nur die Leinentücher. Voll Verwunderung über das, was geschehen war, ging er heim. *Lukas 24,1–12*

Der Gang nach Emmaus

Am gleichen Tag gingen zwei von den Jüngern nach einem Dorf namens Emmaus, das sechzig Stadien von Jerusalem entfernt ist. Sie sprachen miteinander über alles das, was sich zugetragen hatte. Während sie miteinander sprachen und überlegten, kam Jesus hinzu und ging mit ihnen. Ihre Augen aber waren gehalten, dass sie ihn nicht erkannten. Er fragte sie: Was sind das für Reden, die ihr da auf dem Weg miteinander führt? Da blieben sie traurig stehen. Einer von ihnen namens Kleopas antwortete ihm: Bist du der Einzige in Jerusalem, der nicht weiß, was in diesen Tagen dort geschehen ist? Er fragte sie: Was denn? Sie antworteten ihm: Das mit Jesus von Nazaret, der ein Prophet war, mächtig in Tat und Wort vor Gott und dem ganzen Volk, und wie ihn unsere Hohenpriester und Führer zur Todesstrafe verurteilt und ihn gekreuzigt haben. Wir aber hofften, dass er es sei, der Israel erlösen werde. Und nun ist zu alldem heute schon der dritte Tag, seit dies geschehen ist. Aber auch einige Frauen aus unserem Kreis haben uns in Bestürzung versetzt. Vor Tagesanbruch waren sie beim Grab und fanden seinen Leichnam nicht; sie kamen und erzählten, sie hätten eine Erscheinung von Engeln gehabt, die sagten, er lebe. Dann gingen einige von uns zum Grab und fanden es so, wie die Frauen gesagt hatten; ihn selbst aber haben sie nicht gesehen. Da sagte er zu ihnen: Ihr Unverständigen, wie träge ist euer Herz, an alles das zu glauben, was die Propheten gesagt haben! Musste nicht der Messias alles dies erleiden und so in seine Herrlichkeit gelangen? Und er begann, ihnen mit Mose und allen Propheten auszulegen, was sich in der ganzen Schrift auf ihn bezieht. Als sie sich dem Dorf näherten, zu dem sie unterwegs waren, tat er, als wolle er weitergehen. Da drängten sie ihn und sagten: Bleibe bei uns; denn es will Abend werden und der Tag hat sich schon geneigt. Da ging er mit hinein, um bei ihnen zu bleiben. Und als er sich mit ihnen zu Tisch gelegt hatte, nahm er das Brot, sprach das Dankgebet, brach und gab es ihnen. Da wurden ihnen die Augen aufgetan und sie erkannten ihn; er aber entschwand ihren Blicken. Da sagten sie zueinander: Brannte uns nicht das Herz in der Brust, als er auf dem Weg mit uns redete und uns die Schriften erschloss? Noch in derselben Stunde brachen sie auf und kehrten nach Jerusalem zurück. Dort fanden sie die Elf und ihre Gefährten versammelt, die sagten: Wahrhaftig, der Herr ist auferweckt worden und dem Simon erschienen! Da erzählten auch sie, was auf dem Weg geschehen war und wie sie ihn beim Brotbrechen erkannt hatten. *Lukas 24,13–35*

Jesus erscheint den Aposteln in Jerusalem

Während sie noch darüber redeten, stand er selbst in ihrer Mitte und sagte zu ihnen: Friede sei mit euch! Erschrocken und von Furcht ergriffen, meinten sie, einen Geist zu sehen. Da sagte er ihnen: Was seid ihr bestürzt und warum steigen Zweifel in eueren Herzen auf? Seht meine Hände und meine

Füße an: Ich bin es selbst! Fasst mich doch an und seht! Ein Geist hat doch nicht Fleisch und Bein, wie ihr es an mir seht. Als er dies gesagt hatte, zeigte er ihnen seine Hände und seine Füße. Weil sie aber vor Freude noch immer nicht glauben und nur staunen konnten, sagte er zu ihnen: Habt ihr etwas zu essen? Da reichten sie ihm ein Stück gebratenen Fisch. Er nahm es und aß es vor ihren Augen. *Lukas 24,36–43*

Der Missionsbefehl

Da trat Jesus zu ihnen, redete sie an und sagte: Mir ist alle Gewalt gegeben im Himmel und auf der Erde. Darum geht und macht alle Völker zu Jüngern und tauft sie auf den Namen des Vaters und des Sohnes und des Heiligen Geistes, und lehrt sie alles halten, was ich euch aufgetragen habe. Seht, ich bin bei euch alle Tage bis ans Ende der Welt.

Matthäus 28,18–20

Prolog

Im Anfang war das Wort, / und das Wort war bei Gott, / und Gott war das Wort.
Es war im Anfang bei Gott.
Alles ist durch es geworden, / und ohne es ist nichts geworden, was geworden ist.
In ihm war das Leben, / und das Leben war das Licht der Menschen.
Und das Licht scheint in der Finsternis, / und die Finsternis hat es nicht ergriffen.

Ein Mensch trat auf, von Gott gesandt, sein Name war Johannes. Er kam zum Zeugnis, um Zeugnis abzulegen für das Licht, damit alle durch ihn glauben. Er war nicht das Licht, sondern er sollte Zeugnis ablegen für das Licht.

(Das Wort) war das wahre Licht, das jeden Menschen erleuchtet; es kam in die Welt.

Er war in der Welt, / und die Welt ist durch ihn geworden, / und die Welt hat ihn nicht erkannt.
Er kam in sein Eigentum, / und die Seinigen nahmen ihn nicht auf.
Allen aber, die ihn aufnahmen, / gab er Macht, Kinder Gottes zu werden, / denen, die an seinen Namen glauben,
die nicht aus dem Blut, / nicht aus dem Willen des Fleisches, / nicht aus dem Willen des Mannes, / sondern aus Gott geboren sind.

Und das Wort ist Fleisch geworden / und hat unter uns gewohnt
und wir haben seine Herrlichkeit geschaut, / eine Herrlichkeit, wie sie der einzige Sohn vom Vater hat, / voll Gnade und Wahrheit.

Johannes legte Zeugnis für ihn ab und rief: Dieser war es, von dem ich gesagt habe: Er, der nach mir kommt, ist mir voraus, weil er vor mir war.

Aus seiner Fülle haben wir alle empfangen, / Gnade um Gnade.

Denn das Gesetz ist durch Mose gegeben worden, die Gnade und die Wahrheit ist durch Jesus Christus gekommen. Niemand hat Gott jemals gesehen. Der Einzige, der Gott ist und an der Brust des Vaters ruht, er hat Kunde gebracht.

Johannes 1,1–18

Die Hochzeit in Kana

Am dritten Tag fand in Kana in Galiläa eine Hochzeit statt und die Mutter Jesu war dabei. Auch Jesus und seine Jünger waren zur Hochzeit eingeladen. Als der Wein ausging, sagte die Mutter Jesu zu ihm: Sie haben keinen Wein mehr. Jesus erwiderte ihr: Was willst du von mir, Frau? Meine Stunde ist noch nicht gekommen. Da sagte seine Mutter zu den Dienern: Was er euch sagt, das tut! Es standen dort sechs steinerne Wasserkrüge für die bei den Juden übliche Reinigung; sie fassten ungefähr hundert Liter. Jesus sagt zu ihnen: Füllt die Krüge mit Wasser! Und sie füllten sie bis zum Rand. Er sagte zu ihnen: Schöpft jetzt und bringt es dem Tafelmeister. Sie brachten es ihm. Als aber der Tafelmeister von dem zu Wein gewordenen Wasser gekostet hatte, ohne von seiner Herkunft zu wissen – die Diener aber, die das Wasser geschöpft hatten, wussten es –, rief der Tafelmeister den Bräutigam herbei und sagte zu ihm: Jedermann setzt zuerst den guten Wein vor, und wenn sie trunken sind, den geringeren. Du hast den guten Wein bis jetzt zurückgehalten. Damit begann Jesus seine Zeichen in Kana in Galiläa und offenbarte seine Herrlichkeit und seine Jünger glaubten an ihn. *Johannes 2,1–11*

Jesus wandelt auf dem See

Als es Abend geworden war, gingen seine Jünger an den See hinab, bestiegen ein Boot und fuhren auf die gegenüber liegende Seite des Sees nach Kafarnaum. Die Dunkelheit war schon eingetreten und Jesus war noch nicht zu ihnen gekommen. Der See aber wurde unruhig, weil ein starker Wind blies. Als sie etwa fünfundzwanzig oder dreißig Stadien gefahren waren, sahen sie Jesus über den See kommen und dem Boot sich nähern; und sie fürchteten sich. Er aber rief ihnen zu: Ich bin es, fürchtet euch nicht! Sie wollten ihn ins Boot aufnehmen, aber schon war das Boot am Ufer, auf das sie zugehalten hatten. *Johannes 6,16–21*

Die Spaltung unter den Jüngern

Die Worte, die ich zu euch gesprochen habe, sind Geist und sind Leben. Aber es gibt unter euch einige, die nicht glauben. Jesus wusste nämlich von Anfang an, welche es waren, die nicht glaubten, und wer ihn verraten würde. Und er sagte: Deshalb habe ich euch gesagt, dass keiner zu mir kommen kann, wenn es ihm nicht vom Vater gegeben ist. Von da an zogen sich viele von seinen Jüngern zurück und wanderten nicht mehr mit ihm umher.

Da fragte Jesus die Zwölf: Wollt auch ihr weggehen? Simon Petrus antwortete ihm: Herr, zu wem sollen wir gehen? Du hast Worte des ewigen Lebens und wir haben geglaubt und erkannt, dass du der Heilige Gottes bist.

Johannes 6,63b–69

Die Ehebrecherin

In der Frühe erschien er wieder im Tempel und alles Volk kam zu ihm. Er setzte sich und lehrte sie. Da brachten die Schriftgelehrten und die Pharisäer eine Frau herbei, die beim Ehebruch ertappt worden war, stellten sie in die Mitte und sagten zu ihm: Meister, diese Frau ist auf frischer Tat beim Ehebruch ertappt worden. Mose hat uns im Gesetz vorgeschrieben, solche Frauen zu steinigen. Was sagst du dazu? Das sagten sie, um ihn auf die Probe zu stellen, damit sie eine Anklage gegen ihn hätten. Jesus aber bückte sich und schrieb mit dem Finger auf die Erde. Als sie jedoch hartnäckig weiterfragten, richtete er sich auf und sagte zu ihnen: Wer von euch ohne Sünde ist, werfe als Erster einen Stein auf sie. Dann bückte er sich wieder und schrieb auf die Erde. Als sie das gehört hatten, gingen sie weg, einer nach dem anderen, von den Ältesten angefangen. Er blieb allein zurück mit der Frau, die in der Mitte stand. Da richtete sich Jesus auf und sagte zu ihr: Frau, wo sind sie? Hat keiner dich verurteilt? Sie aber antwortete: Keiner, Herr! Da sagte Jesus zu ihr: Auch ich verurteile dich nicht. Geh und sündige von jetzt an nicht mehr!

Johannes 8,2–11

Der gute Hirte

Ich bin der gute Hirt. Der gute Hirt gibt sein Leben für die Schafe. Der Lohnknecht aber, der nicht Hirt ist und dem die Schafe nicht gehören, lässt, wenn er den Wolf kommen sieht, die Schafe im Stich und flieht – und der Wolf raubt und versprengt sie. Denn er ist ein Lohnknecht und an den Schafen liegt ihm nichts. Ich bin der gute Hirt und kenne die Meinen, und die Meinen kennen mich, wie mich der Vater kennt und ich den Vater kenne; ich gebe mein Leben hin für die Schafe. Ich habe noch andere Schafe, die nicht aus diesem Stall sind. Auch sie muss ich führen, sie werden auf meine Stimme hören und es wird eine Herde geben und einen Hirten. Deshalb liebt mich der Vater, weil ich mein Leben hingebe, um es wieder zu nehmen. Niemand nimmt es mir, sondern ich gebe es freiwillig hin. Ich habe Vollmacht, es hinzugeben, und ich habe Vollmacht, es wieder zu nehmen. Diesen Auftrag habe ich von meinem Vater empfangen. *Johannes 10,11–18*

Die Fußwaschung

Es war vor dem Paschafest. Jesus wusste, dass seine Stunde gekommen war, um aus dieser Welt zum Vater hinüberzugehen; und weil er die Seinen, die in der Welt waren, liebte, so liebte er sie bis zum Ende. Man war bei Tisch und der Teufel hatte Judas, dem Sohn des Simon Iskariot, schon ins Herz gelegt, ihn zu verraten. Da erhob sich Jesus, der wusste, dass der Vater ihm alles in die Hände gegeben und dass er von Gott ausgegangen war und nun zu Gott zurückkehrte, vom Mahl auf, legte die Oberkleider ab, nahm ein Leinentuch und band es sich um. Dann goss er Wasser in das Waschbecken und begann, den Jüngern die Füße zu waschen und mit dem Leinentuch abzutrocknen, das er sich umgebunden hatte. Als er zu Simon Petrus kam, sagte der zu ihm: Herr, du willst mir die Füße waschen? Jesus antwortete ihm: Was ich tue, verstehst du jetzt nicht; aber später wirst du es begreifen. Petrus entgegnete ihm: Niemals sollst du mir die Füße waschen! Jesus antwortete ihm: Wenn ich dich nicht wasche, hast du keinen Anteil an mir. Da sagte Simon Petrus zu ihm: Herr, nicht nur meine Füße, sondern auch die Hände und den Kopf! Jesus sagte zu ihm: Wer gebadet ist, hat nicht nötig, sich zu waschen, sondern ist ganz rein und braucht sich nur noch die Füße zu waschen. Auch ihr seid rein; aber nicht alle. Denn er kannte seinen Verräter. Deshalb sagte er: Ihr seid nicht alle rein.

Als er ihnen die Füße gewaschen, seine Oberkleider angelegt und sich wieder zu Tisch gelegt hatte, sagte er zu ihnen: Versteht ihr, was ich an euch getan habe? Ihr sagt zu mir Meister und Herr, und mit Recht tut ihr das; denn ich bin es. Wenn nun ich, der Herr und Meister, euch die Füße gewaschen habe, müsst auch ihr einander die Füße waschen. Denn ich habe euch ein Beispiel gegeben, damit auch ihr tut, wie ich an euch getan habe. *Johannes 13,1–15*

Jesus, der Weg zum Vater

Euer Herz erschrecke nicht. Glaubt an Gott und glaubt an mich! Im Haus meines Vaters sind viele Wohnungen. Wäre es nicht so, hätte ich es euch dann gesagt: Ich gehe, um euch einen Platz zu bereiten? Und wenn ich gegangen bin und euch einen Platz bereitet habe, komme ich wieder und werde euch zu mir nehmen, damit auch ihr seid, wo ich bin. Und wohin ich gehe – den Weg dorthin kennt ihr. Thomas sagte zu ihm: Herr, wir wissen nicht, wohin du gehst. Wie können wir dann den Weg wissen? Jesus sagte zu ihm: Ich bin der

Weg und die Wahrheit und das Leben. Niemand kommt zum Vater außer durch mich. *Johannes 14,1–6*

Der wahre Weinstock

Ich bin der wahre Weinstock und mein Vater ist der Winzer. Jede Rebe an mir, die keine Frucht bringt, entfernt er, und jede, die Frucht bringt, reinigt er, damit sie noch mehr Frucht bringt. Ihr seid schon rein durch das Wort, das ich zu euch gesagt habe. Bleibt in mir, dann bleibe ich in euch. Wie die Rebe aus sich keine Frucht bringen kann, sondern nur, wenn sie am Weinstock bleibt, so könnt auch ihr es nicht, wenn ihr nicht in mir bleibt. Ich bin der Weinstock, ihr die Reben. Wer in mir bleibt und in wem ich, der bringt viel Frucht. Denn ohne mich könnt ihr nichts tun. Wenn einer nicht in mir bleibt, wird er fortgeworfen wie die Reben und verdorrt. Man sammelt sie und wirft sie ins Feuer und sie verbrennen. Wenn ihr in mir bleibt und meine Worte in euch bleiben, dann bittet, um was ihr wollt, und es wird euch zuteil werden. Dadurch wird mein Vater verherrlicht, dass ihr viel Frucht bringt und meine Jünger werdet. *Johannes 15,1–8*

Das leere Grab

Am ersten Tag der Woche kam Maria von Magdala in aller Frühe, als es noch dunkel war, zum Grab und sah, dass der Stein vom Grab weggenommen war. Da kam sie zu Simon Petrus gelaufen und zu dem anderen Jünger, den Jesus liebte, und sagte zu ihnen: Man hat den Herrn aus dem Grab weggenommen, und wir wissen nicht, wohin man ihn gelegt hat. Da machten sich Petrus und der andere Jünger auf und gingen zum Grab. Die beiden liefen miteinander, aber der andere Jünger war schneller als Petrus und kam zuerst an das Grab. Er beugte sich vor und sah die Leinenbinden daliegen; hinein ging er jedoch nicht. Dann kam auch Petrus hinter ihm her. Er ging in das Grab hinein und sah die Leinenbinden daliegen und das Schweißtuch, das seinen Kopf bedeckt hatte; aber es lag nicht bei den Leinenbinden, sondern für sich zusammengefaltet an einer besonderen Stelle. Hierauf ging auch der andere Jünger, der zuerst zum Grab gekommen war, hinein und sah und glaubte. Denn noch hatten sie die Schrift nicht verstanden, dass er von den Toten auferstehen musste. Dann gingen die Jünger wieder nach Hause. *Johannes 20,1–10*

Die Erscheinung Jesu vor Maria aus Magdala

Maria aber stand draußen vor dem Grab und weinte. Während sie weinte, beugte sie sich in das Grab vor und sah zwei weiß gekleidete Engel dasitzen, einen am Kopfende und einen am Fußende der Stelle, wo der Leichnam Jesu gelegen hatte. Sie sagten zu ihr: Frau, warum weinst du? Sie antwortete ihnen: Weil man meinen Herrn weggenommen hat und ich weiß nicht, wohin man ihn gelegt hat. Nach diesen Worten wandte sie sich um und sah Jesus dastehen, wusste aber nicht, dass es Jesus war. Jesus sagte zu ihr: Frau, warum weinst du? Wen suchst du? Sie meinte, es sei der Gärtner, und sagte zu ihm: Herr, wenn du ihn fortgetragen hast, sag mir, wohin du ihn gelegt hast. Dann werde ich ihn holen. Jesus sagte zu ihr: Maria! Da erkannte sie ihn und sagte auf hebräisch zu ihm: Rabbuni!, das heißt: Meister. Jesus sagte zu ihr: Halte mich nicht fest; denn ich bin noch nicht zum Vater hinaufgegangen. Geh aber zu den Brüdern und sag ihnen: Ich gehe hinauf zu meinem Vater und euerem Vater, meinem Gott und euerem Gott. Maria von Magdala ging zu den Jüngern und verkündigte ihnen: Ich habe den Herrn gesehen, und dies habe er ihr gesagt. *Johannes 20,11–18*

Erscheinung vor den Jüngern

Als es an jenem ersten Wochentag Abend geworden war und die Jünger dort, wo sie sich befanden, aus Furcht vor den Juden die Türen verschlossen hatten, kam Jesus, trat in ihre Mitte und sagte zu ihnen: Friede sei mit euch! Als er dies gesagt hatte, zeigte er ihnen seine Hände und seine Seite. Da freuten sich die Jünger, dass sie den Herrn sahen. Da sagte er noch einmal zu ihnen: Friede sei mit euch! Wie mich der Vater gesandt hat, so sende auch ich euch. Als er dies gesagt hatte, hauchte er sie an und sagte zu ihnen: Empfangt Heiligen Geist! Wem ihr die Sünden vergebt, dem sind sie vergeben, und wem ihr sie nicht vergebt, dem bleiben sie unvergeben.

Johannes 20,19–23

Jesus und Thomas

Thomas aber, einer von den Zwölf, Zwilling genannt, war nicht bei ihnen, als Jesus kam. Die anderen Jünger sagten zu ihm: Wir haben den Herrn gesehen. Er entgegnete ihnen: Wenn ich nicht an seinen Händen das Mal der Nägel sehe und meinen Finger in das Mal der Nägel lege und meine Hand in seine Seite lege, glaube ich nicht. Nach acht Tagen waren seine Jünger wieder versammelt und Thomas war bei ihnen. Da kam Jesus bei verschlossenen Türen, trat in ihre Mitte und sagte: Friede sei mit euch! Dann sagte er zu Thomas: Reiche deinen Finger her und sieh meine Hände an und reiche deine Hand her und lege sie in meine Seite, und sei nicht ungläubig, sondern gläubig! Thomas antwortete ihm: Mein Herr und mein Gott! Jesus sagte zu ihm: Weil du mich gesehen hast, glaubst du? Selig, die nicht sehen und doch glauben. *Johannes 20,24–29*

Gemeinde in Jerusalem

Da kehrten sie von dem Berg, der Ölberg heißt und nahe bei Jerusalem liegt, nur einen Sabbatweg entfernt, nach Jerusalem zurück. Als sie hinkamen, gingen sie in das Obergemach hinauf, wo sie sich ständig aufhielten: Petrus und Johannes, Jakobus und Andreas, Philippus und Thomas, Bartholomäus und Matthäus, Jakobus, der Sohn des Alphäus, Simon, der Zelot, und Judas, der Sohn des Jakobus. Sie alle verharrten einmütig im Gebet, zusammen mit den Frauen und Maria, der Mutter Jesu, und mit seinen Brüdern.

Apostelgeschichte 1,12–14

Die Geistsendung an Pfingsten

Als der Pfingsttag angebrochen war, befanden sich alle am gleichen Ort. Da entstand plötzlich vom Himmel her ein Brausen, wie von einem daherfahrenden gewaltigen Sturm, und erfüllte das ganze Haus, in dem sie saßen. Und es erschienen ihnen Zungen wie von Feuer, die sich zerteilten, und ließen sich auf jeden von ihnen nieder. Alle wurden mit Heiligem Geist erfüllt und begannen in fremden Sprachen zu reden, wie der Geist ihnen zu sprechen verlieh.

In Jerusalem aber wohnten Juden, fromme Männer aus jedem Volk unter dem Himmel. Als sich dieses Getöse erhob, kam die Menge zusammen und war bestürzt; denn jeder hörte sie in seiner eigenen Sprache reden. Sie gerieten außer sich und staunten und sagten: Sind nicht alle, die hier reden, Galiläer? Wie kommt es, dass jeder von uns sie in seiner eigenen Muttersprache reden hört?

Wir hören sie in unseren Sprachen die Großtaten Gottes verkünden. Sie gerieten alle außer sich und waren ratlos, und einer sagte zum anderen: Was soll das bedeuten? Andere dagegen spotteten: Sie sind von süßem Wein betrunken.

Apostelgeschichte 2,1–8.11b–13

Die Pfingstpredigt des Petrus

Da trat Petrus mit den Elf vor, erhob seine Stimme und redete sie an: Ihr Juden und alle ihr Bewohner von Jerusalem! Das sollt ihr wissen! Vernehmt meine Worte! Diese da sind nicht betrunken, wie ihr meint; es ist ja erst die dritte Stunde am Morgen. Vielmehr geht hier in Erfüllung, was durch den Propheten Joël gesagt worden ist:

In den letzten Tagen wird es geschehen, spricht Gott: Ich werde von meinem Geist ausgießen über alles Fleisch. Euere Söhne und Töchter werden weissagen und euere jungen Männer werden Visionen haben und euere Greise werden Träume haben.

Selbst über meine Knechte und Mägde werde ich in jenen Tagen von meinem Geist ausgießen und sie werden weissagen. Ich werde Wunder wirken am Himmel oben und Zeichen auf der Erde unten: Blut und Feuer und qualmenden Rauch. Die Sonne wird sich in Finsternis verwandeln und der Mond in Blut, ehe der große und strahlende Tag des Herrn kommt. Und es wird geschehen: Jeder, der den Namen des Herrn anruft, wird gerettet.

Israeliten, hört diese Worte: Jesus den Nazoräer, einen Mann, der von Gott vor euch beglaubigt worden ist durch mächtige Taten, Wunder und Zeichen, die Gott durch ihn in euerer Mitte getan hat, wie ihr selbst wisst, ihn, der nach Gottes festgesetztem Ratschluss und Vorherwissen ausgeliefert wurde, habt ihr durch die Hände der Gesetzlosen kreuzigen und töten lassen.

Diesen Jesus hat Gott auferweckt, dafür sind wir alle Zeugen. Zur Rechten Gottes erhöht, hat er vom Vater den verheißenen Heiligen Geist empfangen und das ausgegossen, was ihr seht und hört.

Mit Gewissheit erkenne also das ganze Haus Israel: Gott hat ihn zum Herrn und Messias gemacht, diesen Jesus, den ihr gekreuzigt habt. *Apostelgeschichte 2,14–23.32–33.36*

Die ersten Bekehrungen

Als sie das hörten, ging ihnen ein Stich durchs Herz. Sie sagten zu Petrus und den übrigen Aposteln: Was sollen wir tun, Brüder? Petrus sagte zu ihnen: Bekehrt euch und ein jeder von euch lasse sich taufen auf den Namen Jesu Christi zur

Vergebung euerer Sünden; dann werdet ihr die Gabe des Heiligen Geistes empfangen. Denn euch gilt die Verheißung und eueren Kindern und allen in der Ferne, so viele der Herr, unser Gott, herbeirufen wird. Noch mit vielen anderen Worten gab er Zeugnis und ermahnte sie: Lasst euch retten aus diesem verkehrten Geschlecht! *Apostelgeschichte 2,37–40*

Die erste Christengemeinde

Sie hielten an der Lehre der Apostel fest und an der Gemeinschaft, am Brotbrechen und an den Gebeten. Jedermann wurde von Furcht ergriffen. Viele Wunder und Zeichen geschahen durch die Apostel. Alle Gläubiggewordenen hatten alles miteinander gemeinsam. Sie verkauften ihr Hab und Gut und verteilten davon an alle, je nachdem einer bedürftig war. Täglich verharrten sie einmütig im Tempel, brachen reihum in den Häusern das Brot und nahmen Speise zu sich in Fröhlichkeit und Lauterkeit des Herzens. Sie priesen Gott und waren beim ganzen Volk beliebt. Der Herr aber mehrte täglich die Zahl derer, die gerettet werden sollten.

Apostelgeschichte 2,42–47

Die Gütergemeinschaft der ersten Christengemeinde

Die Menge der Gläubiggewordenen war ein Herz und eine Seele. Kein Einziger nannte etwas von seinem Besitz sein Eigen, sondern sie hatten alles gemeinsam. Mit großer Kraft legten die Apostel von der Auferstehung des Herrn Jesus Zeugnis ab und große Gnade ruhte auf ihnen allen. Auch gab es keinen Bedürftigen unter ihnen. Denn wer Grundstücke oder Häuser besaß, verkaufte sie, brachte den Erlös und legte ihn den Aposteln zu Füßen. Davon wurde jedem zugeteilt, je nachdem er bedürftig war. *Apostelgeschichte 4,32–35*

Die Verhaftung des Stephanus

Stephanus aber, voll Gnade und Kraft, tat große Wunder und Zeichen unter dem Volk. Doch einige von der so genannten Synagoge der Libertiner, der Zyrener, der Alexandriner und der Leute aus Zilizien und Asien erhoben sich und stritten mit Stephanus. Aber sie vermochten der Weisheit und dem Geist, mit dem er sprach, nicht standzuhalten. Da stifteten sie Männer an, die aussagten: Wir haben ihn Lästerreden gegen Mose und gegen Gott reden hören. So wiegelten sie das Volk, die Ältesten und die Schriftgelehrten auf, dann fielen sie über ihn her und schleppten ihn gewaltsam vor den Hohen Rat. *Apostelgeschichte 6,8–12*

Die Rede des Stephanus

Der Hohepriester fragte: Verhält sich das so? Er antwortete: Ihr Brüder und Väter, hört!

Ihr Halsstarrigen und Unbeschnittenen an Herz und Ohren! Wie euere Väter, so widerstrebt auch ihr immerzu dem Heiligen Geist. Welchen von den Propheten haben euere Väter nicht verfolgt? Sie haben die getötet, die von der Ankunft des Gerechten geweissagt haben, dessen Verräter und Mörder ihr jetzt geworden seid, ihr, die ihr das Gesetz durch Vermittlung von Engeln empfangen, aber nicht gehalten habt.

Apostelgeschichte 7,1–2a.51–53

Die Steinigung des Stephanus

Als sie das vernahmen, packte sie die Wut und sie knirschten mit den Zähnen über ihn. Er aber, erfüllt vom Heiligen Geist, blickte zum Himmel auf, sah die Herrlichkeit Gottes und Jesus zur Rechten Gottes stehen und sagte: Ich sehe die Himmel offen und den Menschensohn zur Rechten Gottes stehen. Da schrien sie laut auf, hielten sich die Ohren zu und stürmten alle miteinander auf ihn los, stießen ihn zur Stadt hinaus und steinigten ihn. Die Zeugen legten ihre Kleider zu den Füßen eines jungen Mannes nieder, der Saulus hieß. So steinigten sie Stephanus, der (den Herrn) anrief und sagte: Herr Jesus, nimm meinen Geist auf! Er kniete nieder und rief mit lauter

Stimme: Herr, rechne ihnen diese Sünde nicht an! Mit diesen Worten starb er.

Saulus aber hatte seiner Ermordung zugestimmt.

Apostelgeschichte 7,54–8,1a

Verfolgung und Zerstreuung der Urgemeinde

An jenem Tag kam eine große Verfolgung über die Gemeinde in Jerusalem. Alle, mit Ausnahme der Apostel, zerstreuten sich über das Gebiet von Judäa und Samarien. Stephanus aber bestatteten gottesfürchtige Männer und hielten eine große Totenklage für ihn. Saulus dagegen versuchte, die Gemeinde zu vernichten. Er drang in die Häuser ein, schleppte Männer und Frauen weg und warf sie in den Kerker.

Apostelgeschichte 8,1b–3

Bekehrung und Taufe des Saulus

Saulus, der noch immer mit Drohung und Mord gegen die Jünger des Herrn wütete, ging zum Hohenpriester und erbat sich von ihm Briefe an die Synagogen in Damaskus, um die Anhänger der (neuen) Glaubensrichtung, die er dort fände, Männer wie Frauen, in Ketten nach Jerusalem zu bringen. Schon war er auf seiner Reise bis in die Nähe von Damaskus gelangt, da umstrahlte ihn plötzlich ein Licht vom Himmel. Er fiel zu Boden und hörte eine Stimme, die ihm zurief: Saul, Saul, warum verfolgst du mich? Er fragte: Wer bist du, Herr? Dieser antwortete: Ich bin Jesus, den du verfolgst. Doch steh auf und geh in die Stadt; dort wird man dir sagen, was du tun sollst. Seine Reisegefährten standen sprachlos da. Sie hörten zwar die Stimme, sahen aber niemand. Saulus erhob sich vom Boden. Als er jedoch die Augen aufschlug, sah er nichts. Da nahmen sie ihn bei der Hand und führten ihn nach Damaskus. Er war drei Tage blind und aß und trank nicht.

In Damaskus lebte ein Jünger mit Namen Hananias. Zu ihm sagte der Herr in einer Vision: Hananias! Er antwortete: Hier bin ich, Herr. Der Herr gebot ihm: Mache dich auf, geh in die Straße, die man die Gerade nennt, und frage im Haus des Judas nach einem Mann namens Saulus aus Tarsus. Er betet gerade und hat in einer Vision gesehen, wie ein Mann mit Namen Hananias bei ihm eintritt und ihm die Hände auflegt, damit er wieder sehen kann. Hananias entgegnete: Herr, ich habe von vielen gehört, wie viel Böses dieser Mann deinen Heiligen in Jerusalem angetan hat. Auch hier hat er von den Hohenpriestern Vollmacht, alle in Ketten zu legen, die deinen Namen anrufen. Der Herr erwiderte ihm: Geh; denn dieser Mann ist mein auserwähltes Werkzeug, um meinen Namen vor Völker und Könige und vor die Söhne Israels zu tragen. Ich werde ihm zeigen, wie viel er um meines Namens willen leiden muss. Da machte sich Hananias auf und ging in das Haus; er legte Saulus die Hände auf und sagte: Bruder Saul! Der Herr hat mich gesandt, Jesus, der dir auf dem Weg erschienen ist, den du gekommen bist. Du sollst wieder sehen und mit dem Heiligen Geist erfüllt werden. Sofort fiel es wie Schuppen von seinen Augen. Er sah wieder, stand auf und ließ sich taufen. Dann nahm er Nahrung zu sich und kam wieder zu Kräften.

Er blieb noch einige Tage bei den Jüngern in Damaskus und sogleich verkündigte er in den Synagogen, dass Jesus der Sohn Gottes sei. Alle, die ihn hörten, staunten: Ist das nicht derselbe, der in Jerusalem alle, die diesen Namen anrufen, vernichten wollte? Ist er nicht hierher gekommen, um sie in Fesseln vor die Hohenpriester zu führen? Saulus aber wurde noch mehr mit Kraft erfüllt und brachte die Juden in Damaskus in Verwirrung, weil er bewies, dass Jesus der Messias sei.

Apostelgeschichte 9,1–22

Saulus in Damaskus und Jerusalem

Einige Zeit später fassten die Juden den Plan, ihn zu töten. Doch ihr Anschlag wurde Saulus bekannt. Tag und Nacht bewachten sie die Stadttore, um ihn zu töten. Aber seine Jünger nahmen ihn und ließen ihn bei Nacht in einem Korb die Stadtmauer hinab.

In Jerusalem angekommen, versuchte er, sich den Jüngern anzuschließen. Alle aber fürchteten sich vor ihm, weil sie nicht glaubten, dass er ein Jünger war. Da nahm sich Barnabas seiner an, führte ihn zu den Aposteln und erzählte ihnen, wie Saul auf dem Weg den Herrn gesehen, wie dieser mit ihm geredet und wie er dann in Damaskus freimütig im Namen Jesu gepredigt habe. So ging er in Jerusalem bei ihnen ein und aus und predigte freimütig im Namen des Herrn. Auch redete und disputierte er mit den Hellenisten. Diese aber planten, ihn zu töten. Als die Brüder das erfuhren, geleiteten sie ihn nach Cäsarea hinab und schickten ihn von dort nach Tarsus.

Die Gemeinde hatte nun in ganz Judäa, Galiläa und Samarien Frieden. Sie baute sich auf und lebte in der Furcht des Herrn und mehrte sich durch den Zuspruch des Heiligen Geistes. *Apostelgeschichte 9,23–31*

Die Vision des Hauptmanns Kornelius in Cäsarea

In Cäsarea lebte ein Mann mit Namen Kornelius, Hauptmann in der so genannten Italischen Kohorte. Er war mit seinem ganzen Haus fromm und gottesfürchtig, gab dem Volk reichlich Almosen und betete beständig zu Gott. Er sah um die neunte Stunde in einer Vision deutlich, wie ein Engel Gottes bei ihm eintrat und zu ihm sagte: Kornelius! Er blickte ihn an und fragte voll Furcht: Was ist, Herr? Er antwortete ihm: Deine Gebete und Almosen sind zu Gott gelangt und er hat ihrer gedacht. Jetzt schicke Männer nach Joppe und lass einen gewissen Simon mit dem Beinamen Petrus kommen. Er hält sich bei einem Gerber Simon auf, der ein Haus am Meer hat.

Als der Engel, der mit ihm geredet hatte, weggegangen war, rief er zwei seiner Sklaven und einen frommen Soldaten aus seiner Umgebung, erzählte ihnen alles und schickte sie nach Joppe. *Apostelgeschichte 10,1–8*

Die Vision des Petrus in Joppe

Am folgenden Tag, während sie sich auf ihrer Reise der Stadt näherten, stieg Petrus auf das Dach, um zu beten. Es war um die sechste Stunde.

Inzwischen hatten die Boten des Kornelius das Haus des Simon bereits erfragt und standen am Tor. Sie erkundigten sich laut rufend, ob Simon mit dem Beinamen Petrus sich dort aufhalte. Petrus dachte noch immer über die Vision nach. Da sagte der Geist zu ihm: Drei Männer fragen nach dir. Mach dich auf, geh hinab und zieh ohne Bedenken mit ihnen; denn ich habe sie gesandt. Petrus ging also zu den Männern hinab und sagte: Ich bin es, den ihr sucht. Was führt euch hierher? Sie antworteten: Hauptmann Kornelius, ein rechtschaffener und gottesfürchtiger Mann, der bei der ganzen jüdischen Bevölkerung hoch geschätzt wird, hat von einem heiligen Engel den Auftrag erhalten, dich in sein Haus holen zu lassen und zu hören, was du ihm zu sagen hast. Da hieß er sie eintreten und nahm sie gastfreundlich auf.

Apostelgeschichte 10,9.17b–23a

Die Taufe des Kornelius

Am folgenden Tag machte er sich auf und reiste mit ihnen. Einige Brüder aus Joppe begleiteten ihn. Einen Tag später kam er nach Cäsarea. Kornelius erwartete sie und hatte seine Verwandten und vertrauten Freunde eingeladen. Als Petrus eintrat, ging ihm Kornelius entgegen, fiel ihm zu Füßen und bekundete ihm seine Verehrung. Petrus aber richtete ihn auf und sagte: Steh auf, auch ich bin nur ein Mensch. Im Gespräch mit ihm ging er hinein und fand viele Leute versammelt. Da sagte er zu ihnen: Wie ihr wisst, ist es einem Juden nicht erlaubt, mit einem Heiden zu verkehren oder zu ihm zu gehen. Mir aber hat Gott gezeigt, dass man keinen Menschen unheilig und unrein nennen darf. Deshalb bin ich auch ohne Bedenken mitgegangen, als man nach mir schickte. Nun frage ich: Warum habt ihr mich rufen lassen?

Jetzt stehen wir alle vor Gott da, um alles zu hören, was dir vom Herrn aufgetragen worden ist.

Da ergriff Petrus das Wort und sagte: Nun erkenne ich in Wahrheit, dass Gott nicht auf die Person sieht, sondern ihm in jedem Volk willkommen ist, wer ihn fürchtet und tut, was recht ist. Er hat sein Wort an die Söhne Israels gesandt, indem er Frieden durch Jesus Christus verkünden ließ. Er ist der Herr aller.

Während Petrus noch redete, kam der Heilige Geist auf alle herab, die das Wort hörten. Die Gläubigen aus der Beschneidung, die mit Petrus gekommen waren, wunderten sich sehr, dass die Gabe des Heiligen Geistes auch über die Heiden ausgegossen wurde. *Apostelgeschichte 10,23b–29.33b–36.44–45*

Petrus in Jerusalem

Die Apostel und die Brüder in Judäa erfuhren, dass auch die Heiden das Wort Gottes angenommen hatten. Als nun Petrus nach Jerusalem hinaufkam, machten die aus der Beschneidung ihm Vorwürfe und sagten: Du bist zu Unbeschnittenen gegangen und hast mit ihnen gegessen.

Wenn nun Gott ihnen, nachdem sie zum Glauben an den Herrn Jesus Christus gekommen sind, die gleiche Gabe verliehen hat wie uns: Wer bin ich, dass ich vermocht hätte, Gott zu hindern?

Als sie das hörten, beruhigten sie sich. Sie priesen Gott und sagten: Also hat Gott auch den Heiden die Umkehr zum Leben geschenkt. *Apostelgeschichte 11,1–3.17–18*

Die Hinrichtung des Jakobus. Haft und Befreiung des Petrus

Um jene Zeit ließ König Herodes einige Mitglieder der Gemeinde verhaften und misshandeln. Jakobus, den Bruder des Johannes, ließ er mit dem Schwert hinrichten. Da er bemerkte, dass das den Juden gefiel, ließ er auch Petrus festnehmen. Es war in den Tagen der Ungesäuerten Brote. Er ließ ihn ergreifen, in den Kerker werfen und durch eine vierfache Wache von je vier Soldaten bewachen. Nach dem Paschafest wollte er ihn dann dem Volk vorführen. So wurde Petrus im Kerker gehalten. Die Gemeinde aber betete ohne Unterlass für ihn zu Gott.

In der Nacht, bevor Herodes ihn vorführen lassen wollte, schlief Petrus, mit zwei Ketten gefesselt, zwischen zwei Soldaten; Posten hielten vor der Tür Wache. Plötzlich trat ein Engel des Herrn ein und Licht erstrahlte in der Zelle. Er stieß Petrus in die Seite, weckte ihn und sagte: Steh sogleich auf! Da fielen die Ketten von seinen Händen. Der Engel fuhr fort: Gürte dich und zieh deine Sandalen an! Er tat es. Weiter gebot er ihm: Wirf deinen Mantel um und folge mir! Er folgte ihm und ging hinaus. Er wusste nicht, dass es Wirklichkeit war, was durch den Engel geschah, sondern meinte, eine Erscheinung zu sehen. Sie schritten an der ersten und zweiten Wache vorüber und kamen an das eiserne Tor, das in die Stadt führte; es öffnete sich ihnen von selbst. Sie traten hinaus und gingen eine Gasse weit. Plötzlich verschwand der Engel von seiner Seite. Da kam Petrus zu sich und sagte: Nun weiß ich wirklich, dass der Herr seinen Engel gesandt und mich der Hand des Herodes und allem, was das Volk der Juden erwartet, entrissen hat.

Als er zu dieser Erkenntnis gekommen war, begab er sich zum Haus der Maria, der Mutter des Johannes mit dem Beinamen Markus. Dort waren viele zum Gebet versammelt.

Petrus aber fuhr fort zu klopfen. Nun machten sie auf, sahen ihn und staunten. Er winkte ihnen mit der Hand, sich still zu verhalten. Dann erzählte er ihnen, wie der Herr ihn aus dem Kerker befreit hatte. Er sagte: Berichtet dies Jakobus und den übrigen Brüdern! Dann machte er sich auf und begab sich an einen anderen Ort.

Als es Tag wurde, waren die Soldaten nicht wenig darüber bestürzt, was wohl mit Petrus geschehen sei. Herodes ließ nach ihm suchen. Als man ihn nicht fand, stellte er mit den Wachen ein Verhör an und ließ sie abführen.

Apostelgeschichte 12,1–6.16b–19a

Die Apostelversammlung in Jerusalem

Es kamen einige Leute von Judäa herab und lehrten die Brüder: Wenn ihr euch nicht nach dem Brauch des Mose beschneiden lasst, könnt ihr nicht gerettet werden. Darüber gerieten Paulus und Barnabas mit ihnen in Zwist und heftigen Streit und man beschloss, Paulus und Barnabas und einige andere von ihnen sollten wegen dieser Streitfrage zu den Aposteln und Ältesten nach Jerusalem hinaufgehen. Von der Gemeinde eine Strecke weit begleitet, zogen sie durch Phönizien und Samarien, erzählten von der Bekehrung der Heiden und bereiteten damit allen Brüdern große Freude. In Jerusalem angekommen, wurden sie von der Gemeinde, den Aposteln und Ältesten empfangen. Sie berichteten, was Gott durch sie getan hatte. Aber einige, die aus der Partei der Pharisäer zum Glauben gekommen waren, traten auf und sagten: Man muss sie beschneiden und von ihnen verlangen, dass sie am Gesetz des Mose festhalten.

Darauf kamen die Apostel und Ältesten zusammen, um über die Sache zu beraten. Als ein heftiger Streit entstand, erhob sich Petrus und sagte zu ihnen: Brüder! Wie ihr wisst, hat Gott schon längst hier bei euch die Entscheidung getroffen, dass die Heiden durch meinen Mund das Wort des Evangeliums hören und zum Glauben kommen sollen. Und Gott, der die Herzen kennt, hat für sie Zeugnis abgelegt, indem er ihnen ebenso wie uns den Heiligen Geist gab. So hat er zwischen uns und ihnen keinen Unterschied gemacht; denn er hat ihre Herzen durch den Glauben gereinigt. Was wollt ihr also Gott versuchen und den Jüngern ein Joch auf den Nacken legen, das weder unsere Väter noch wir zu tragen vermochten? Wir glauben im Gegenteil, durch die Gnade des Herrn Jesus gerettet zu werden, auf dieselbe Weise wie jene. Die ganze Versammlung schwieg. Sie hörte Barnabas und Paulus zu, wie sie erzählten, welch große Zeichen und Wunder Gott durch sie unter den Heiden getan hatte.

Apostelgeschichte 15,1–12

Anschrift und Gruß

Paulus, Knecht Christi Jesu, berufener Apostel, ausgesondert für das Evangelium Gottes, das er im voraus durch seine Propheten in den heiligen Schriften verheißen hat, das Evangelium von seinem Sohn, der nach dem Fleisch aus dem Geschlecht Davids hervorgegangen, machtvoll nach dem Geist der Heiligkeit aufgrund der Auferstehung von den Toten als Sohn Gottes eingesetzt ist, von Jesus Christus, unserem Herrn. Durch ihn haben wir Gnade und Apostelamt empfangen, um zur Ehre seines Namens den Glaubensgehorsam unter allen Heiden zu erwecken, zu denen auch ihr, Berufene Jesu Christi, gehört.

An alle in Rom, die von Gott geliebt sind, die berufenen Heiligen: Gnade sei euch und Friede von Gott, unserem Vater, und dem Herrn Jesus Christus. *Römer 1,1–7*

Das Verlangen aller nach der Herrlichkeit

Ich bin überzeugt, dass die Leiden der gegenwärtigen Zeit in keinem Verhältnis stehen zu der Herrlichkeit, die an uns offenbar werden soll. Denn die Schöpfung wartet sehsüchtig auf das Offenbarwerden der Söhne Gottes. Wurde doch die Schöpfung nicht aus eigenem Willen der Nichtigkeit unterworfen, sondern durch den, der sie unterworfen hat, mit der Hoffnung, dass auch die Schöpfung von der Knechtschaft der Vergänglichkeit befreit werde zur Freiheit der Herrlichkeit der Kinder Gottes. Wir wissen ja, dass die gesamte Schöpfung bis jetzt seufzt und in Wehen liegt. Und nicht nur das, auch wir, die wir als Erstlingsgabe den Geist haben, auch wir seufzen in unserem Herzen und erwarten die Sohnschaft, Erlösung unseres Leibes. Denn zur Hoffnung sind wir gerettet worden. Hoffnung aber, die man schon erfüllt sieht, ist keine Hoffnung. Wie kann man auf etwas hoffen, was man sieht? Hoffen wir aber auf das, was wir nicht sehen, dann erwarten wir es in Geduld. Ebenso nimmt sich auch der Geist unserer Schwachheit an. Wir wissen ja nicht, um was wir bitten sollen, wie es sich gehört. Da tritt der Geist selbst für uns ein mit unaussprechlichem Seufzen. Der aber die Herzen erforscht, kennt das Anliegen des Geistes, dass er nämlich nach Gottes Willen für die Heiligen eintritt. Wir wissen auch, dass Gott denen, die ihn lieben, alles zum Guten wirkt, denen, die nach seinem Ratschluss berufen sind.

Römer 8,18–28

Die alles überwindende Liebe Gottes in Jesus Christus

Was sollen wir nun dazu sagen? Ist Gott für uns, wer ist dann gegen uns? Er hat seinen eigenen Sohn nicht verschont, sondern ihn für uns alle hingegeben. Wie sollte er uns mit ihm nicht alles schenken? Wer kann gegen die Auserwählten Gottes Anklage erheben? Gott selbst ist es ja, der rechtfertigt.

Wer kann sie verurteilen? Christus Jesus, der gestorben ist, mehr noch: der auferweckt wurde, der zur Rechten Gottes sitzt, er ist es, der für uns eintritt. Was kann uns scheiden von der Liebe Christi? Trübsal oder Bedrängnis oder Verfolgung oder Hunger oder Blöße oder Gefahr oder Schwert?

Denn ich bin gewiss: Weder Tod noch Leben, weder Engel noch Mächte, weder Gegenwärtiges noch Zukünftiges, weder Kräfte, weder Höhe noch Tiefe noch irgendeine andere Kreatur können uns scheiden von der Liebe Gottes, die in Christus Jesus ist, unserem Herrn. *Römer 8,31–35.38–39*

Leben aus dem Geist

Die Liebe sei ungeheuchelt. Verabscheut das Böse, haltet fest am Guten! In der Bruderliebe seid einander herzlich zugetan; ein jeder komme dem anderen in Ehrerbietung zuvor! Lasst nicht nach im Eifer, lasst euch vom Geist entflammen und dient dem Herrn! Seid fröhlich in der Hoffnung, geduldig in der Bedrängnis, beharrlich im Gebet! Nehmt Anteil an den Nöten der Heiligen, gewährt eifrig Gastfreundschaft! Segnet, die euch verfolgen; segnet und verflucht nicht! Freut euch mit den Fröhlichen, weint mit den Weinenden! Seid eines Sinnes untereinander, strebt nicht nach dem Hohen, sondern lasst euch zum Geringen herab! Haltet euch nicht selbst für weise! Vergeltet niemand Böses mit Bösem! Seid allen Menschen gegenüber auf das Gute bedacht! Soweit es möglich ist und soviel an euch liegt, lebt mit allen Menschen in Frieden! Rächt euch nicht selber, ihr Lieben, sondern gebt dem Zorn Gottes Raum! Es steht ja geschrieben: Mein ist die Rache, ich will vergelten, spricht der Herr. Vielmehr, wenn dein Feind hungert, gib ihm zu essen; wenn er Durst hat, gib ihm zu trinken. Wenn du dies tust, wirst du glühende Kohlen auf sein Haupt sammeln. *Römer 12,9–20*

Aufruf zur Einmütigkeit in der Gemeinde

Wir, die Starken, müssen die Schwächen der Schwachen tragen und dürfen nicht nach unserem Belieben handeln. Jeder von uns sei dem Nächsten gefällig zum Guten, zur Auferbauung der Gemeinde.

Der Gott der Hoffnung aber erfülle euch mit aller Freude und mit allem Frieden im Glauben, auf dass ihr von Hoffnung in der Kraft des Heiligen Geistes überströmt.

Römer 15,1–2.13

Die rechte Feier des Herrenmahls

Denn ich habe vom Herrn empfangen, was ich euch auch überliefert habe: Der Herr Jesus nahm in der Nacht, in der er verraten wurde, Brot, sprach das Dankgebet, brach es und sagte: Das ist mein Leib für euch. Tut dies zu meinem Gedächtnis! Ebenso nahm er nach dem Mahl den Becher und sprach: Dieser Becher ist der Neue Bund in meinem Blut. Tut dies, sooft ihr daraus trinkt, zu meinem Gedächtnis!

Denn sooft ihr von diesem Brot esst und aus dem Becher trinkt, verkündet ihr den Tod des Herrn, bis er kommt. Wer also unwürdig von dem Brot isst oder aus dem Becher des Herrn trinkt, macht sich schuldig am Leib und Blut des Herrn. Jeder prüfe sich aber selbst und dann esse er von dem Brot und trinke aus dem Becher. Denn wer davon isst und trinkt, der isst und trinkt sich das Gericht, wenn er den Leib des Herrn nicht unterscheidet. Deshalb gibt es unter euch so viele Schwache und Kranke und viele sind schon entschlafen. Wenn wir aber selbst mit uns ins Gericht gingen, so würden wir nicht gerichtet. Wenn wir jedoch vom Herrn gerichtet werden, so werden wir in Zucht genommen, damit wir nicht zusammen mit der Welt verdammt werden. Also, meine Brüder, wenn ihr zum Mahl zusammenkommt, wartet aufeinander!

1 Korinther 11,23–33

Vielerlei Gaben, aber ein Geist

Brüder, was die Geistesgaben angeht, so will ich euch darüber nicht in Unkenntnis lassen.

Es gibt verschiedene Gnadengaben, aber es ist derselbe Geist. Es gibt verschiedene Ämter, aber es ist derselbe Herr. Es gibt verschiedene Kräfte, aber es ist derselbe Gott, der alles in allen wirkt. Jedem aber wird die Offenbarung des Geistes verliehen zum allgemeinen Nutzen. Dem einen wird durch den Geist das Wort der Weisheit gegeben, einem anderen durch denselben Geist das Wort der Erkenntnis, einem anderen in demselben Geist Glaubenkraft, einem anderen die Gabe, Krankheiten zu heilen in ein und demselben Geist, einem anderen machtvoll wirkende Kräfte, einem anderen die Prophetengabe, einem anderen die Fähigkeit zur Unterscheidung der Geister, wieder einem anderen verschiedene Arten der Zungenrede, einem anderen schließlich die Gabe der Auslegung der Zungenreden. Alles das aber wirkt ein und derselbe Geist, indem er einem jeden zuteilt, wie er will.

1 Korinther 12,1.4–11

Vielerlei Glieder, aber ein Leib

Wie nämlich der Leib nur einer ist und doch viele Glieder hat, alle Glieder des Leibes aber trotz ihrer Vielheit einen einzigen Leib bilden, so ist es auch mit Christus. Denn durch einen

Geist sind auch wir alle zu einem Leib getauft worden, ob Juden oder Griechen, ob Sklaven oder Freie; und alle wurden wir mit einem Geist getränkt. Besteht doch auch der Leib nicht aus einem Glied, sondern aus vielen. Würde der Fuß sagen: Weil ich keine Hand bin, gehöre ich nicht zum Leib!, so gehört er doch zum Leib. Und würde das Ohr sagen: Weil ich kein Auge bin, gehöre ich nicht zum Leib!, so gehört es doch zum Leib. Wäre der ganze Leib Auge, wo bliebe das Gehör? Wäre er ganz Gehör, wo bliebe der Geruchssinn? Nun aber hat Gott die Glieder dem Leib eingefügt, jedes Einzelne von ihnen so, wie er es wollte.

Wenn aber das Ganze nur ein Glied wäre, wo bliebe dann der Leib? So aber sind zwar viele Glieder da, jedoch nur ein Leib. Das Auge kann nicht zur Hand sagen: Ich brauche dich nicht!, ebenso wenig der Kopf zu den Füßen: Ich brauche euch nicht! Nein, ganz im Gegenteil, gerade die Glieder des Leibes, die als schwächere gelten, sind notwendig, und die Glieder des Leibes, die wir für weniger geachtet halten, umgeben wir mit besonderer Ehre, und dem, was wir an uns für unanständig halten, begegnen wir mit größerem Anstand; die anständigen Teile brauchen das nicht. Nein, Gott hat bei Zusammensetzung des Leibes dem Minderbeachteten größere Ehre verliehen, damit im Leib kein Zwiespalt entsteht, sondern alle Glieder einträchtig füreinander sorgen. Und wenn ein Glied leidet, leiden alle mit; wenn ein Glied ausgezeichnet wird, freuen sich alle Glieder mit. Ihr aber seid der Leib Christi, jeder einzelne ist ein Glied an ihm.

Die einen hat Gott in der Gemeinde bestimmt erstens zu

Aposteln, zweitens zu Propheten, drittens zu Lehrern; ferner gibt es da Wunderkräfte, weiter Heilungsgaben, Gaben zu Diensten, Leitungsaufgaben und zu verschiedenen Arten der Zungenrede. Sind etwa alle Apostel, alle Propheten, alle Lehrer? Besitzen alle Wunderkräfte? Haben alle Heilungsgaben? Reden alle in Zungen? Verstehen sich alle auf die Auslegung von Zungenreden? Strebt aber nach den höheren Gnadengaben! *1 Korinther 12,12–31a*

Das Hohelied der Liebe

Nun zeige ich euch noch einen Weg, weit darüber hinaus:

Wenn ich mit Menschen-, ja mit Engelszungen redete, hätte aber die Liebe nicht, so wäre ich tönendes Erz oder eine gellende Schelle. Und wenn ich die Prophetengabe hätte und alle Geheimnisse wüsste und alle Erkenntnis und wenn ich allen Glauben hätte, sodass ich Berge versetzen könnte, hätte aber die Liebe nicht, so wäre ich nichts. Und wenn ich alle meine Habe verschenkte und wenn ich meinen Leib zum Verbrennen hingäbe, hätte aber die Liebe nicht, so nützte es mir nichts.

Die Liebe ist langmütig, gütig ist die Liebe, sie ist nicht eifersüchtig, die Liebe prahlt nicht, sie bläht sich nicht auf. Sie handelt nicht taktlos, sie sucht nicht den eigenen Vorteil, sie lässt sich nicht erbittern, sie trägt das Böse nicht nach. Sie freut sich nicht über das Unrecht, freut sich vielmehr mit an der Wahrheit. Alles erträgt sie, alles glaubt sie, alles hofft sie, alles duldet sie.

Die Liebe hört niemals auf. Prophetisches Reden nimmt einmal ein Ende, Zungenrede verstummt, Erkenntnis vergeht. Denn Stückwerk ist unser Erkennen und Stückwerk unser Prophezeien. Wenn aber das Vollendete kommt, dann wird das Stückwerk abgetan. Als ich ein Kind war, redete ich wie ein Kind, dachte wie ein Kind, urteilte wie ein Kind. Als ich ein Mann wurde, legte ich ab, was kindlich an mir war. Jetzt sehen wir in einem Spiegel alles rätselhaft, dann aber von Angesicht zu Angesicht. Jetzt erkenne ich stückweise, dann aber werde ich ganz erkennen, so wie auch ich ganz erkannt worden bin.

Jetzt bleiben Glaube, Hoffnung, Liebe, diese drei; doch am größten unter ihnen ist die Liebe. *Korinther 12,31b–13,13*

Die Botschaft von der Auferstehung

Brüder, ich erinnere euch an das Evangelium, das ich euch verkündet habe, das ihr auch angenommen habt, in dem ihr auch feststeht und durch das ihr auch das Heil erlangt, wenn ihr euch an den Wortlaut haltet, wie ich es euch verkündet habe; es sei denn, ihr hättet den Glauben unüberlegt angenommen.

Denn vor allem habe ich euch überliefert, was auch ich empfangen habe: Christus ist für unsere Sünden gestorben gemäß der Schrift, er ist begraben worden und am dritten Tag auferweckt worden gemäß der Schrift und er ist dem Kephas erschienen, dann den Zwölf. Danach ist er mehr als fünfhundert Brüdern zugleich erschienen; die meisten von ihnen leben jetzt noch, einige aber sind entschlafen. Danach ist er dem Jakobus erschienen, dann allen Aposteln. Zuletzt aber von allen ist er auch mir erschienen, gleichsam der Fehlgeburt. *1 Korinther 15,1–8*

Vorrede

Was von Anfang an war, was wir gehört und mit unseren Augen gesehen haben, was wir geschaut und was unsere Hände berührt haben vom Wort des Lebens – und das Leben ist erschienen und wir haben gesehen und bezeugen und verkündigen euch das ewige Leben, das beim Vater war und uns erschienen ist, – was wir also gesehen und gehört haben, das verkündigen wir auch euch, damit auch ihr Gemeinschaft mit uns habt. Unsere Gemeinschaft aber ist eine Gemeinschaft mit dem Vater und mit seinem Sohn Jesus Christus. Dies schreiben wir, damit unsere Freude vollkommen ist.

1 Johannes 1,1–4

Halten der Gebote

Geliebte, kein neues Gebot schreibe ich euch, sondern ein altes Gebot, das ihr von Anfang an hattet. Das alte Gebot ist das Wort, das ihr gehört habt. Andererseits schreibe ich euch damit ein neues Gebot. Das erweist sich als wahr an ihm und an euch; denn die Finsternis weicht und das wahre Licht leuchtet bereits. Wer behauptet, im Licht zu sein, aber seinen Bruder hasst, ist bis jetzt noch in der Finsternis. Wer seinen Bruder liebt, bleibt im Licht, und daran ist kein Anstoß zu nehmen. Wer aber seinen Bruder hasst, ist in der Finsternis und lebt in der Finsternis und weiß nicht, wohin er geht, weil die Finsternis seine Augen blind gemacht hat. *1 Johannes 2,7–11*

Die Zuversicht der Kinder Gottes

Daran werden wir erkennen, dass wir aus der Wahrheit sind und wir werden unser Herz vor ihm beruhigen.

Und das ist sein Gebot: Wir sollen an den Namen seines Sohnes Jesus Christus glauben und einander lieben, wie er es uns aufgetragen hat. Wer seine Gebote hält, bleibt in Gott und Gott in ihm. Und daran erkennen wir, dass er in uns bleibt: an dem Geist, den er uns gegeben hat.

1 Johannes 19.23–24

Die Unterscheidung der Geister

Geliebte, schenkt nicht jedem Geist Glauben, sondern prüft die Geister, ob sie aus Gott sind; denn viele falsche Propheten sind in die Welt gegangen. Daran erkennt ihr den Geist Gottes: Jeder Geist, der bekennt: Jesus Christus ist im Fleisch gekommen, ist aus Gott. Und jeder Geist, der Jesus nicht bekennt, ist nicht aus Gott. *1 Johannes 4,1–3a*

Die Vollendung des Glaubens in der Liebe

Geliebte, wir wollen einander lieben; denn die Liebe ist aus Gott und jeder, der liebt, stammt von Gott und erkennt Gott. Wer nicht liebt, hat Gott nicht erkannt; denn Gott ist die Liebe. Darin ist die Liebe Gottes unter uns erschienen, dass Gott seinen einzigen Sohn in die Welt gesandt hat, damit wir durch ihn leben. *1 Johannes 4,7–9*

Vorwort

Offenbarung Jesu Christi, die Gott ihm gegeben hat, damit er seinen Knechten zeigt, was bald geschehen muss; und er hat sie durch seinen Engel, den er sandte, seinem Knecht Johannes gezeigt. Dieser hat das Wort Gottes und das Zeugnis Jesu Christi bezeugt, alles, was er geschaut hat. Selig der Leser und die Hörer der prophetischen Worte und jene, die sich an das halten, was geschrieben steht; denn die Zeit ist nahe.

Offenbarung 1,1–3

Gott unter den Menschen

Dann sah ich einen neuen Himmel und eine neue Erde; denn der erste Himmel und die erste Erde sind vergangen, auch das Meer ist nicht mehr. Und die heilige Stadt, das neue Jerusalem, sah ich von Gott her aus dem Himmel herabsteigen, bereit wie eine Braut, die sich für ihren Mann geschmückt hat. Und ich hörte eine gewaltige Stimme vom Thron her rufen: Seht, das Zelt Gottes unter den Menschen! Er wird in ihrer Mitte wohnen und sie werden seine Völker sein und er selbst, Gott mit ihnen, wird ihr Gott sein. Er wird jede Träne von ihren Augen abwischen und es wird keinen Tod mehr geben; auch keine Trauer, keine Klage, keine Mühsal wird es mehr geben; denn das Frühere ist vergangen.

Und er, der auf dem Thron saß, sprach: Seht, ich mache

alles neu. Und er sagte: Schreib, denn diese Worte sind zuverlässig und wahr. *Offenbarung 21,1–5*

Das neue Jerusalem

Da entrückte er mich im Geist auf einen großen, hohen Berg und zeigte mir die heilige Stadt Jerusalem, wie sie von Gott her aus dem Himmel herabstieg, im Besitz der Herrlichkeit Gottes. Ihr Lichtglanz war wie der eines kostbaren Edelsteins.

Einen Tempel sah ich nicht in ihr; denn der Herr, ihr Gott, der Allherrscher, ist ihr Tempel, er und das Lamm. Auch braucht die Stadt weder Sonne noch Mond, damit sie ihr leuchten; denn die Herrlichkeit Gottes hat sie erleuchtet und ihre Leuchte ist das Lamm. In ihrem Licht werden die Völker einhergehen und die Könige der Erde werden ihre Herrlichkeit in sie hineintragen. Ihre Tore werden tagsüber nicht geschlossen; Nacht wird es ja dort nicht mehr geben. Und man wird die Schätze und die Kostbarkeiten der Völker zu ihr bringen. Aber niemals wird irgendetwas Unreines in sie hineinkommen oder einer, der Abscheuliches treibt und lügt, sondern nur die, die im Lebensbuch des Lammes eingetragen sind.

Nacht wird es nicht mehr geben und sie brauchen weder Lampenlicht noch Sonnenlicht; denn Gott, der Herr, wird leuchten über ihnen und sie werden herrschen in alle Ewigkeit. *Offenbarung 21,10–11a.22–27; 22,5*

Texte zum Jakobsweg

Der heilige Jakobus
Kupferstich von Martin Schongauer aus dem 15. Jahrhundert

Einführung

Der Pilgerweg nach Santiago de Compostela lebt von den Geschichten und Legenden, die sich um ihn ranken und von den Begegnungen mit anderen Menschen, sich selbst und mit Gott.

Die in der „Jakobsbibel" zusammengestellten Texte lassen etwas von dieser Faszination spüren. In den häufig schon jahrhundertelang weiter getragenen Legenden, Wundergeschichten und Pilgerliedern wird – oft auch auf humorvolle Weise – die anhaltende Anziehungskraft Santiagos lebendig. Die Meditationen laden den Leser ein, sich zu sammeln, um sich selbst und seiner Lebenssituation nachzuspüren. Die Gedichte, Gebete und Segenssprüche bieten Impulse für alle, die sich auf den Weg gemacht haben oder den Weg im Herzen tragen.

Die letzten Seiten dieser „Jakobsbibel" bieten Raum, um eigene Gedanken, Erfahrungen und Begegnungen festzuhalten.

Die Jacobs Brůder.

Wie der Heilige Jakobus durch Spanien zog und der Tröstungen Mariens bedurfte

Die langen Wege durch die Fremde

„Gehet hin in alle Welt und verkündet die Heilsbotschaft allen Geschöpfen. Wer glaubt und sich taufen lässt, wird gerettet werden. Wer aber nicht glaubt, wird verdammt werden." Den Verkündigungsauftrag des auferstandenen Jesus nahm sich Jakobus zu Herzen und säte die Worte Gottes in Judäa und Samaria. Dann schiffte er sich in Joppe ein und begab sich auf lange Fahrt. Es war ein Hochsommertag, als das Boot nach zehrenden Wochen in eine tiefe Bucht des Mittelmeers segelte. Rund um den Einschnitt warfen sich Bergflanken auf, die Erde wirkte kahl und karg. Am Hafen herrschte geschäftiges Treiben. Jakobus stand kurz vor der Ankunft in Nova Carthago, Cartagena, einer alten Siedlung der Karthager, die längst in die Hände der Römer übergegangen war. Am Ende der Bucht hielt das Boot nicht auf die Hauptmolen zu, sondern auf die Ostseite mit einem Strand, dem man später den Namen Santa Lucía gab. Jakobus stieg von Bord und watete durch das Wasser. Endlich war er in *Hispania* angelangt, der Iberischen Halbinsel, auf die später auch Paulus zu reisen gedachte.

Jakobus beobachtete die Fischer, die mühsam ihre Netze einholten, und fühlte sich an seine Herkunft erinnert, seine Heimat, den See Gennesaret. Ein Mädchen kam und schenkte ihm einen Fisch. Am Tag darauf strich der Apostel erwartungsvoll durch Nova Carthago, machte sich mit Molen und Märkten vertraut, den Straßen und Plätzen. Er sah umtriebige Händler, Sklaven, die Ein- und Ausfahrt der Boote, die Tempel und Mauern. Der Heilige spürte indes, dass viele einen großen Bogen um ihn schlugen, ihm von Beginn an mit Misstrauen und Ignoranz begegneten. Die Menschen schienen wie ein Spiegel der abweisend schroffen Landschaft. Jakobus blieb nicht lange in Cartagena. Er schloss sich einem Händlerzug ins heutige Granada an.

In Granada fühlte er sich ebenso wenig willkommen wie in Nova Carthago. Kaum jemand schenkte ihm Gehör, um von Christus zu erfahren. Kaum jemand unterbrach seine Tätigkeit, um seinen Reden von Güte und Nächstenliebe zu lauschen. Über Nacht zog sich Jakobus an die Abhänge eines nahen Hügels zurück, den „Heiligen Berg" Sacromonte, wo ihm Höhlen willkommenen Unterschlupf boten. Hier schöpfte er neue Kraft aus der Ruhe und aus Gebeten. Über Tag predigte er unablässig weiter, doch spürte er seine Worte nutzlos verhallen.

Jakobus brach erneut auf und bewegte sich auf dem gut ausgebauten römischen Straßennetz fort. Über Itálica, Mérida, Coimbra und Braga gelangte er im Nordwesteck der Iberischen Halbinsel in eine Siedlung namens Iria Flavia. Ob er eine düstere Vorahnung spürte, dass er Jahre später als Toter in diese Gegend Galiciens zurückkommen würde? Bei Iria Flavia stieg er eine Anhöhe hinauf, später als Santiaguiño do Monte bekannt, die mit klobigen Felsbrocken übersät war und von den Altvordern für Fruchtbarkeitsriten genutzt wurde. Jakobus stellte sich gut sichtbar auf einen der Felsen und hielt eine wortgewaltige Predigt, die einige Leute zumindest für kurze Zeit aufhorchen ließ, ehe sie sich wieder ihrer Feldarbeit zuwandten. Nicht anders verhielt es sich mit den Fischer an den Stränden auf dem Weg zum Kap Finisterre, dem „Ende der Welt". Leidenschaftlich verkündete Jakobus das Evangelium, aber kaum jemand dankte ihm mit Aufmerksamkeit.

Nagende Zweifel machten sich in Jakobus breit. Er wanderte weiter und rastete eines Mittags nahe dem Auslauf einer Bucht. Verloren sank er auf eine Felsplatte, sah aufs Meer hinaus und verfolgte das Spiel der Wellen. Plötzlich wurde er ein Schiff gewahr, das genau auf seinen Platz zusteuerte. Jakobus erhob sich, kniff die Augen zusammen und konnte kaum glauben, was er sah. Es war ein Boot aus Stein, gesteuert von den Engeln und mittendrin eine Lichtgestalt, die niemand anders sein konnte als die heilige Jungfrau und Gottesmutter Maria.

„Zweifle nicht", sprach Maria zu Jakobus, nachdem das Boot gut angelandet war, und beschwor ihn: „Halte an deinem Auftrag fest. Du wirst sehen, dass früher oder später alles gut wird."

Maria verschwand, das Boot zerbrach in drei große Teile. Jakobus blieb in der Einsamkeit zurück, die ihm nun weit weniger trostlos vorkam. Er fasste neuen Mut, setzte seine Missionsmühen fort und kam in ein Dorf, das man heute A Fonsagrada nennt. Hier fand er Aufnahme bei einer Frau, die in bitterer Armut lebte. Sie war Witwe und wusste Tag für Tag nicht, wie sie ihre Kinder satt bekommen sollte. Aus Dank für die Gastfreundschaft verwandelte Jakobus das Wasser der Quelle vor der Hütte in frische Milch für ihre Kinder. Dann zog er weiter.

Jakobus und die Säulenjungfrau

Bedrückt und müde stand Jakobus eines Wintertags vor den Toren von Caesaraugusta, einer Stadt an einem großen Strom, dem heutigen Zaragoza am Río Ebro. Wie zu seinen Anfangszeiten in *Hispania,* so trug er schwer daran, dass die Menschen sich bei seinen Predigten teilnahmslos abwandten oder gar nicht erst hingingen. Abermals und abermals hatten sich die Ereignisse wiederholt. Ebenso oft umkreisten seine Gedanken den scheinbaren Misserfolg seiner Mission. In Caesaraugusta angekommen, ließ sich Jakobus in der Nähe des Flusses nieder und gab sich seinen Zweifeln hin. Es war ein kalter Tag, doch nicht nur deshalb fröstelte ihn.

„Was habe ich bislang bewirkt?", fragte er sich. „Und was werde ich in Zukunft ausrichten können? Macht alles überhaupt noch Sinn?"

Im selben Augenblick riss ihn ein Lichterglanz aus der Selbstversunkenheit. Ihm schien, als würde der Himmel auf ihn stürzen. Ein warmes Leuchten erfüllte die eisige Luft. Jakobus schaute auf und erblickte Maria, die heilige Mutter Gottes, inmitten eines gleißenden Strahlenkranzes. Langsam schwebte sie auf einer Wolke zu ihm hinab, getragen von Engeln. Zwei andere Engel hielten eine Säule in Händen und stellten sie vor dem Apostel auf. Ergeben kniete sich Jakobus nieder, als die Engel Maria behutsam hoch oben auf der Säule absetzten. Dann vernahm er ihre tröstenden Worte:

„Es gibt keinen Grund zu wanken und zu zweifeln. Glaube an dich und dein Werk und glaube an die anderen. Werde nicht müde, die Worte des Herrn zu verkünden. Bedenke, dass nichts vergebens ist."

Überwältigt verharrte Jakobus vor der Säule. Mehr als die Kälte ließ in das Wunder des Augenblicks zittern. Tränen traten ihm in die Augen.

„Dort, wo du die meisten Menschen von deiner Botschaft überzeugst", fuhr Maria fort, „dort errichte mir zu Ehren ein Heiligtum."

Maria und die Engel entschwanden. Zurück blieb die Säule.

Jakobus fühlte sich beflügelt wie niemals zuvor und ging mit frischem Eifer ans Werk. In Caesaraugusta glückte es ihm tatsächlich, mehr Anhänger als andernorts für den neuen Glauben zu gewinnen. Am Ort der Erscheinung begründete er eine kleine Kapelle, die erste auf spanischem Boden und das erste Marienheiligtum der Christenheit, so sagt man. Der Kirchbau bekam den Namen *Nuestra Señora del Pilar,* „Unsere liebe Frau von der Säule".

Wie der Heilige Jakobus zu Lebzeiten letzte Wunder vollbrachte und sein Martyrium erlitt

Jakobus und der Zauberer Hermogenes

Nach langen Jahren der Mission verließ Jakobus Spanien und schiffte sich am Mittelmeer zurück in die Heimat ein. Der Erfolg seines Wirkens war dürftig gewesen, die Zahl seiner Jünger am Ende an kaum zwei Händen abzuzählen. Treu an seiner Seite standen Theodorus und Athanasius. Hinzu kamen die *Siete Varones Apostólicos,* die „Siebenmänner", die in Spanien die Evangelisierung vorantreiben sollten: Caecilius, Eufrasius, Indalecius, Secundus, Tisephonus, Torquatus und Esicius. Einige von ihnen nahm Jakobus mit, um sie weiter zu unterrichten, und verkündete in Judäa erneut den Glauben. Dies kam einem ketzerischen Zauberer zu Ohren, Hermogenes, der seinen Schüler Philetus und einige weitere Gefolgsmänner nach Jakobus aussandte.

„Überführt diesen Mann", wies er sie an, „er verbreitet nichts weiter als Lügen."

Philetus ging zu Jakobus, der ihm Augen und Ohren öffnete. Überwältigt von der Ausstrahlung und Wunderkraft des Apostels, kehrte er zu Hermogenes zurück. Voll Freude überbrachte Philetus ihm die frohe Botschaft und wollte auch ihn für die neue Lehre gewinnen:

„Meister, höre, es besteht kein Zweifel, dass Jakobus der Apostel des Jesus von Nazaret war. Er ist ein Diener Gottes, der alle heiligen Schriften auswendig kennt und viele Wunder bewirkt. Ich habe selber gesehen, wie er in Gottes Namen die Teufel aus den Körpern der Besessenen getrieben, Blinde sehend und Aussätzige gesund gemacht hat. Folge meinem Rat, gehe zu ihm und bitte ihn um Verzeihung. Und sei von mir in Kenntnis gesetzt, dass ich mich ihm anschließen werde und ihn bitte, sein Schüler zu sein."

Hermogenes geriet in hellen Zorn und sprach eine Zauberformel, mit der er die Gliedmaße des Philetus lähmte.

„Nicht einen Schritt wirst du mehr tun", sprach der Meister, lehnte sich selbstgefällig zurück und schloss mit den Worten: „Warten wir ab, was dein Freund Jakobus ausrichten kann, deine Lähmung zu lösen."

Philetus beorderte rasch seinen Knecht zu Jakobus, um diesem von seiner Not zu berichten. Der Heilige hörte sich die Kunde an, übergab dem Boten ein Schweißtuch und trug ihm auf: „Lasse Philetus das Tuch berühren und richte ihm aus, er möge sagen: ‚Der Herr richtet all jene auf, die zerschlagen am Boden und löst die, die gebunden sind.'"

In dem Moment, in dem Philetus den Stoff anfasste, erlosch der Zauber.

„Was sind deine Künste, Hermogenes, gegen die meines neuen Herrn?", spottete Philetus und machte sich auf zu Jakobus.

Hermogenes war tief getroffen ob des Hohns und geriet in Raserei. Er schwor bittere Rache und rief die Dämonen herbei. Es waren Gestalten mit teuflischen Fratzen, langen Flügeln und dicken Schwänzen.

„Holt mir die beiden!“, tönte er. „Und schafft sie gefesselt vor mich!“

Die bösen Geister schwärmten aus, doch eine unbekannte Glut setzte ihnen zu. Sie irrlichterten hin und her, erlitten schwere Verbrennungen und gelangten zu guter Letzt zu Jakobus.

„Was führt euch zu mir?“, fragte Jakobus und tat erstaunt.

„Hermogenes hat uns ausgesandt, dich und Philetus zu greifen“, antworteten sie und setzten schmerzerfüllt hinzu: „Dann ist ein Engel aufgetaucht, der hat uns Feuerketten angelegt und großes Leid angetan. Wir bitten dich, habe Gnade mit uns!“

„Ich will dem Engel Gottes Einhalt gebieten“, beruhigte Jakobus die Dämonen und trug ihnen auf, Hermogenes in Fesseln zu legen. „Dann bringt ihn zu mir, doch wehe, ihr fügt ihm Schmerzen zu!“

Die bösen Geister taten, wie ihnen geheißen, und sannen auf Strafe für den Zauberer.

„Er ist jener, der uns ins Verderben geschickt hat. Lasse uns mit ihm anrichten, was er verdient, und auch dich rächen“, machten sie vor Jakobus geltend.

Der Heilige hielt die Dämonen zurück und wandte sich statt dessen an Philetus:

„Die Menschen müssen verstehen, dass Böses mit Gutem vergolten werden muss, wie es der Herr uns gelehrt hat. Deshalb, Philetus, binde ihn los."

„Du bist frei", sagte Jakobus zu Hermogenes. „Ziehe, wohin du willst. Niemand soll gegen seinen Willen zur Annahme unseres Glaubens gezwungen werden."

Verlegen stand der Zauberer da. In seine Scham mischte sich tödliche Furcht.

„Wenn ich gehe, Jakobus, werde ich dem Ingrimm der Dämonen ausgesetzt sein", entgegnete Hermogenes ängstlich. „Sie werden mich richten. Ich bitte dich, gib mir etwas von dir mit, was mich zu schützen vermag."

„Nimm diesen Stab hier, der mir auf langen Wanderschaften gute Dienste erwiesen hat, und gib Acht", sagte Jakobus und reichte seinem Gegenüber einen Stock, der die Dämonen von ihrem Ansinnen abhielt. Hermogenes, von tiefem Dank erfüllt, stopfte all seine Zauberbücher in Säcke, brachte sie vor den Apostel und bat, sie zu verbrennen. Jakobus, der allzu starken Rauch und Gestank befürchtete, wies ihn an, Blei und Steine in die Säcke zu füllen und die Schriften auf dem Meeresgrund zu versenken.

Hermogenes befolgte den Auftrag, trat erneut vor Jakobus, sank ehrfürchtig nieder und flehte:

„Bitte, Befreier der Seelen, nimm diesen in Ungnade Gefallenen, der seine Taten bereut und vor deinen Füßen kniet, in deine Gemeinschaft auf."

„Wenn du vor Gott wahre Reue bezeigst, wirst du auch seine wahre Vergebung erhalten", sagte Jakobus und gebot:

„Und nun, Hermogenes, suche die Häuser derjenigen auf, deren Wege zu Gott zu versperrst hattest. Lehre sie, dass Wahrheit ist, was du Lüge genannt und Lüge, was du Wahrheit genannt. Zerstöre das Götzenbild, das du angebetet, und verwende die Gelder, die du durch deine bösen Künste eingestrichen hast, für gute Werke!“

Ergeben führte Hermogenes aus, was ihm aufgetragen.

Die letzte Stunde

Die Bekehrung des Zauberers Hermogenes, den man gemeinhin für unbeugbar gehalten hatte, schien vielen Menschen nicht geheuer. In Scharen rückten sie an, Jakobus zu strafen, doch dieser wurde nicht müde, die neue Lehre zu verbreiten und gewann weitere Anhänger. Dies kam dem Hohepriester Abiathar zu Ohren, der einen Aufstand unter dem Volke auslöste. Er ließ Jakobus gewaltsam festnehmen, einen Strick um den Hals legen und vor Herodes Agrippa bringen. Der Dynast zögerte nicht lange.

„Enthaupten“, befahl er, „sofort enthaupten!“

Jakobus und seine Häscher bahnten sich in Jerusalem den Weg durch die Menge. Am Wege zur Richtstätte lag ein Gelähmter, der dem Heiligen seine Hände hoffnungsvoll entgegenstreckte.

„Heile mich, bitte mache mich gesund!“, bat er inständig.

„Im Namen Christi, in dessen Namen ich gepredigt habe und für den ich nun leiden werde wie er gelitten hat“, sagte Jakobus, „stehe auf und gehe heim. Der Herr segne dich.“

Da erhob sich der Lahme vom Boden, lobte den Herrn und ging nach Hause. Das sah Josias, ein Schriftgelehrter, der das Seil führte und Jakobus voranzog. Er befreite ihn von dem Strick und warf sich vor dem Heiligen nieder.

„Bitte, verzeihe mir", flehte Josias.

Jakobus spürte, dass das Herz des Josias aufrichtig gerührt und sein Weg vorgezeichnet war.

„Glaubst du, dass mein Herr Jesus Christus, der am Kreuze gerichtet worden ist, der Sohn des wahren und lebendigen Gottes ist?", fragte Jakobus.

„Ja, ich glaube es", entgegnete Josias. „Ich bitte dich, lasse mich teilhaben an deiner Gemeinschaft, jetzt und hier."

Als der Hohepriester die Worte vernahm, ließ er Josias ergreifen.

„Wenn du dich nicht von dem Gefangenen entfernst und alledem abschwörst, was du gerade gesagt, sollst du zusammen mit ihm enthauptet werden!", gebot Abiathar.

„Ich kann es kaum erwarten, Abiathar!", erwiderte Josias standhaft. „Verfluchet seiest du, und verflucht seien all deine Götter, aber der Name meines Herrn Jesus Christus sei in alle Ewigkeit gelobt!"

Abiathar befahl den Begleitern, Josias mit Fäusten zu schlagen, und holte die Erlaubnis des Herodes Agrippa ein, ihm gleichfalls das Haupt abzutrennen. Der Herrscher willigte ein.

Als sie die Richtstätte erreichten, erbot sich Jakobus einen letzten Willen aus.

„Lasse mir etwas Wasser bringen", bat er den Henker.

Die Umstehenden waren zu überrascht, um sofort zu reagieren, als Jakobus den Krug mit Wasser nahm und sich an Josias wandte:

„Glaubst du an den allmächtigen Gott, den Schöpfer des Himmels und der Erde?"

„Ja, ich glaube", antwortete dieser.

„Glaubst du an Jesus Christus, seinen einzigen Sohn, unseren Herrn, der auferstanden ist und zur Rechten des Vaters sitzt?"

„Ja, ich glaube."

„Glaubst du an den Heiligen Geist, an die Vergebung der Sünden und das Leben nach dem Tode?"

„Ja, ich glaube."

Jakobus schüttete dreimal Wasser über das Haupt des Josias, nahm in die unauflösbare Gemeinschaft mit Gott hinein und sagte:

„Und nun, mein Sohn, gib mir den Kuss des Friedens."

Erst dann unterbanden die Häscher den für sie so seltsamen Ritus.

Zu Lebzeiten des Jakobus war die Taufe des Josias sein letztes Werk.

Der Heilige schaute zum Himmel auf und betete. Er entledigte sich seines Umhangs, kniete nieder und streckte dem Henker seinen freigelegten Hals entgegen.

„Möge die Erde meinen Leib empfangen in der Hoffnung aufzuerstehen", sagte Jakobus laut und vernehmlich.

Dann ging das blitzende Schwert des Schinders nieder. Einmal, zweimal. Kurz darauf enthaupteten sie auch Josias.

Wie der Heilige Jakobus nach seinem Tode nach Galicien reiste und sein Grab auf wundersame Weise wiederaufgefunden wurde

Ein Engelsschiff nach Galicien und das erste Muschelwunder

Nach den Martyrien des Jakobus und des Josias wandten sich die Häscher und die meisten Gaffer ab. Einige wenige Schaulustige blieben, konnten sie sich doch dem sonderbaren Anblick nicht entziehen, den der Leichnam des Apostels bot. Der gerichtete Körper des Jakobus verharrte auf Knien. Der abgetrennte Kopf war nicht zu Boden gefallen, sondern von den Armen aufgefangen worden. Nun hielten die Hände des Heiligen das eigene Haupt in der Armbeuge fest umklammert und gaben es nicht frei, so sehr man sich mühte. Auf einmal bebte die Erde, der Himmel öffnete sich, Blitze zuckten nieder. Es grollte und donnerte. Über der Richtstätte erhob sich ein Leuchten, begleitet vom Gesang der Engelschöre. Entsetzt suchten die Verbliebenen das Weite. Manche, so sagt man, wurden auf dem Weg nach Hause vom Erdgrund verschluckt …

Nach Einbruch der Dunkelheit näherten sich zwei Gestalten dem Schauplatz des Märtyrertodes. Es waren Theodorus und Athanasius, zwei Jünger des Apostels, die den Heiligen in unveränderter Stellung vorfanden. Behutsam wickelten sie Körper und Kopf in feines Leder, dem die herrlichsten Aromen entstiegen, und schafften Jakobus heimlich von Jerusalem nach Joppe. Am Hafen stand ein Boot bereit, ein denkbar kleines Gefährt, das zwar ein Segel, aber kein Ruder besaß. Theodorus und Athanasius brachten die sterbliche Hülle des Heiligen an Bord, das Schiff legte umgehend ab und trieb aufs offene Meer hinaus. Die Jünger vertrauten ganz der göttlichen Fügung und wachten an der Seite ihres Herrn, für den sie eine würdige Grabstätte suchen wollten. Ein Engel, so heißt es, lenkte das Boot wie mit unsichtbarer Hand. Er ließ sie gefährliche Riffe umschiffen und drohenden Stürmen ausweichen, bewahrte sie vor Strömungen und schäumenden Wellen. Nach sieben Tagen geriet die zergliederte Küste Galiciens in Sicht. Wälder und Sandbänder zogen vorüber, Buchten, Klippen und Felseninseln, von denen das Geschrei von Seevögeln zu den Reisenden drang. Es war helllichter Tag, als der Wind merklich nachließ und das Boot ganz langsam in eine Bucht hineintrieb. In Sichtweite eines Strandes machten Theodorus und Athanasius eine Hochzeitsgesellschaft aus. Zu hören waren Musik und fröhliches Stimmengewirr, das den Bräutigam umringte, einen galicischen Ehrenmann hoch zu Ross. Irgendetwas versetzte das Tier auf einmal in Unruhe. Es spitzte die Ohren, bäumte sich auf, war mit wenigen Sätzen im Wasser und stürzte in die Fluten hinein. Mit erstarrten Mienen verfolgten die Hochzeitsgäste, wie sich der Reiter krampfhaft an die Mähne klammerte und auf dem Rücken des Pferdes in der See versank. Luftblasen stiegen auf, lähmendes Entsetzen machte sich breit. Minuten zog sich die Stille dahin, als es draußen in der Bucht plötzlich schäumte. Neben dem Boot tauchten die Köpfe des Tieres und des Mannes und dann die restlichen Körper auf. Der Bräutigam schaute auf den aufgebahrten Leib des Apostels an Deck, tauschte wortlose Blicke mit den Jüngern und preschte über das Wasser zurück zu den Seinen. Freudiger Jubel brandete auf, als er das Ufer erreichte. Kaum jemand mochte glauben, was er gesehen hatte noch was er nun sah. Der Mann und das Pferd waren gänzlich mit den Schalen großer Muscheln bedeckt, die man später Jakobsmuscheln nennen sollte.

„Ein Wunder!", entfuhr es einem der Anwesenden.

Dann hallte es aus aller Mund zusammen über die Bucht: „Ein Wunder!"

Im selben Moment zog Wind zog auf und blähte das Segel des Apostelbootes. Theodorus und Athanasius lächelten, wohl ahnend, dass ihre Ankunft kurz bevorstand.

Die Jünger, die Wölfin und die Stiere

Gespannt und voller Zuversicht saßen Theodorus und Athanasius an Bord des Engelsschiffes, ihre Reise sollte bald ein Ende haben und der Leib des Apostels die letzte Ruhe finden. Der Engel steuerte das Boot bis zum Ende eines Meeresarms, den man später Ria de Arousa nannte. Dort, wo das Salzwasser mit einem Flüsschen, dem Ulla, verschmolz, ging es ein Stück flussaufwärts. Als das Boot im Uferschlick zu stehen kam, stimmten die Jünger einen Lobgesang an und machten ihr Gefährt an einem Felsblock fest. Dann nahmen sie Jakobus auf und legten ihn auf einen großen Stein, der sich wie Wachs um den Leichnam legte und zu einem Sarg formte. Ein paar Neugierige kamen herbei und schauten auf den aufgebahrten Toten. Ob man sie in diesem einsamen Landstrich erwartet hatte? Theodorus und Athanasius ließen sich in die hinterliegende Siedlung führen, die, so erfuhren sie, Iria Flavia hieß. Die Dörfler empfingen sie mürrisch und gaben zu verstehen, dass in dieser Gegend eine mächtige Königin herrschte, Lupa, und ihre Residenz einen guten Tagesmarsch entfernt liege. Dorthin mögen sie sich wenden. Lupa bedeutete „Wölfin“, doch verschwieg man den Jüngern, dass ihr der Ruf einer bösen, verschlagenen Frau nachhing. Die beiden schulterten den Sarkophag und begaben sich auf den Weg zur Monarchin. Im Palast geleitete sie ein Diener zum Empfang. Widerwillig nahm Lupa die Geschichte zur Kenntnis, die Theodorus und Athanasius mit den Worten schlossen:

„Verehrte Königin, Ihr habt die göttliche Vorsehung vernommen, die uns hierhin geführt hat. Nun erbitten wir einen angemessenen Platz, um unseren Herrn zu bestatten."

„Was erlauben sich diese Fremdlinge?", entrüstete sich Lupa leise und sann darauf, wie sie sich die ungebetenen Gäste vom Halse schaffen könnte.

„Hört: Am besten, ihr geht zum Regenten einer nahen Stadt, die Dugium heißt, und tragt ihm eure Bitte vor. Ganz gewiss wird er euch mit offenen Armen empfangen und guten Rat geben", sprach Lupa mit falscher Zunge, wohl wissend, dass er der grausamste Mensch war, den sie jemals kennengelernt hatte.

In blindem Vertrauen folgten die Jünger dem Rat der Lupa, während ein Bote vorauseilte und dem Oberhaupt von Dugium die Kunde des anstehenden Besuches zutrug. Theodorus und Athanasius fühlten sich freundlich empfangen, als der lokale Gebieter ihnen Gehör schenkte, doch führte er nichts anderes im Schilde, als sie am Ende ihrer Rede in Ketten abführen und ins Gefängnis zu werfen zu lassen. Während der Stadtherrscher zufrieden zu Tische saß und die Wachen mit anderen Dingen beschäftigt waren, füllten sich die düsteren Tiefen des Kerkers mit Licht. Ein Engel erschien und führte die Jünger in die Freiheit. Nach kurzer Zeit erfuhr der Regent davon, geriet in Rage und schickte berittene Krieger zu einer Hetzjagd aus. Mühelos nahmen die Männer die Spur auf und erspähten in der Ferne alsbald die Jünger, die mit dem Sarkophag auf den Schultern über eine Flussbrücke gingen. Des geringen Vorsprungs und der raschen Erfüllung ihres Auftrags gewiss, trieben sie ihre Pferde an. In dem Moment, da der Trupp den Fluss überqueren wollte, stürzte die Brücke unter ihnen ein. Niemand kam mit dem Leben davon. Wer nicht von den herabstürzenden Steinmassen erschlagen wurde, ertrank im Strom.

Der Lärm schreckte Theodorus und Athanasius auf. Sie blickten sich kurz um und wussten um die göttliche Strafe für die Verfolger, die dem Stadtherrscher zu Ohren kam. Im Laufe des Tages holte die beiden ein Bote des Regenten ein und bewegte sie zur Umkehr. Die Jünger mögen ihm verzeihen, richtete der Überbringer der Nachricht aus. Er wolle ihnen alles geben, was sie verlangten. Theodorus und Athanasius schlugen den Weg zurück nach Dugium ein, wo sie den reumütigen Regenten und alle Bewohner der Stadt zum christlichen Glauben bekehrten und Gott einen vormaligen Götzentempel weihten. Was fehlte, war eine geeignete Stelle für die Ruhe für Jakobus.

Ihr Weg führte sie abermals zu Königin Lupa, die sie um ein kleines Stück Land für die Grabstätte baten. Lupa, verschlagener noch als zuvor, suchte einen neuen Weg, um sich der Jünger endgültig zu entledigen.

„Ich sehe eure gute Absicht, die ihr mit aller Entschlossenheit verfolgt, so will ich euch gerne helfen“, sagte sie. „Wenn ihr hinauf geht in die Berge, stoßt ihr nach einer Weile auf eine Weide mit zahmen Ochsen. Es sind brave Tiere, die mir gehören. Fangt sie ein und schirrt sie an einen Wagen, den ihr dort findet. Ladet Euren Herrn auf und fahrt zu, bis ihr einen Ort ausfindig macht, der euch würdig erscheint."

Hinter den Worten der Königin Lupa stand ein gänzlich anderer, ein heimtückischer Plan. In den Hügeln nämlich hauste ein riesiger Drache, der mit einem einzigen Feuerhauch das Leben eines Dutzend Menschen auszulöschen vermochte. Und die Ochsen waren nichts anderes als gefährliche Stiere, die mit ihren spitzen Hörnern alles durchbohrten, was ihnen in die Quere kam. Niemals, so glaubte Lupa, könne es gelingen, die Tiere einzufangen und vor einen Karren zu spannen. Und wenn doch, so würden sie den Wagen umwerfen, ein Unglück, bei dem sich die Begleiter todsicher das Genick brächen.

Theodorus und Athanasius waren ahnungslos und erfreut, als Lupa ihnen Proviant mit auf die Reise gab. Dankbar brachen sie auf und stiegen die nahen Hügel hinauf, als sie plötzlich ein gewaltiges Zischen und Fauchen vernahmen. Hinter einer Kuppe lauerte ein Feuer speiender Drache, der auf sie zuhielt. Geistesgegenwärtig legten Theodorus und Athanasius den Sarkophag ab, erhoben die Hände und schlugen ein Kreuzzeichen.

„Im Namen Gottes und unseres Herrn, Jakobus!", riefen sie.

Im selben Augenblick zerbarst der Körper des Ungeheuers.

Theodorus und Athanasius hoben die Augen zum Himmel, dankten dem Herrn und setzten den Weg in die Berge fort. Als sie eine Weide erreichten, sahen sie in der Ferne, wie massige Tiere aufeinander zustürmten und Staub aufwirbeln. Die Kolosse hoben die Köpfe, nahmen Witterung auf und stürzten den Jüngern unter fürchterlichem Gebrüll entgegen.

„Ob das die braven Ochsen sind?", fragten sich die beiden. Als sie die tödliche Gefahr ahnten, war es fast zu spät. Sie schlugen erneut ein Kreuz. Da begannen die Stiere gemächlich zu trotten, hielten vor den Jüngern inne und schmiegten sich wie Kälbchen an sie. Im Schatten einer Steineiche entdeckten Theodorus und Athanasius einen Karren, schirrten die zutraulich gewordenen Bestien an und luden den Sarkophag des Apostels auf die hölzerne Ladefläche. Darauf rollte der Wagen ins Tal und geradewegs in den Palast der Königin hinein. Lupa erbleichte und verstand die wundersamen Signale. Im Nu nahm sie den christlichen Glauben an, vernichtete alle Götzenbilder. Ihr weiteres Leben, so wird berichtet, verbrachte sie ohne Ausnahme mit guten Werken.

Hoch auf dem Stierkarren sitzend und den Leichnam des heiligen Jakobus hinter ihnen, hielten Theodorus und Athanasius an ihrem Auftrag fest. Unbeirrbar vertrauten sie der Fügung, bis der Wagen in einem entlegenen Wald zum Stillstand kam. Die Zugtiere bückten sich, um zu trinken, und gingen nicht weiter. Für die Jünger war dies ein untrügliches Zeichen. Hier also sollte sich der Wille Gottes erfüllen – sie konnten es kaum erwarten. In der Nähe entdeckten sie ein Götzenbild, das sie zerstörten, und einen verlassenen Unterschlupf voller Gerät von Steinmetzen. Mit den Werkzeugen meißelten sie einen Steinsarg für ihren Meister, hoben den

Boden aus und setzten die Grundmauern für eine Krypta. Die unterirdische Grabkammer überspannten sie mit Bögen aus Marmor und gaben Jakobus einen Ehrenplatz. Darüber errichteten sie einen Altar und eine kleine Kirche und sangen nach vollendeter Arbeit Gott Lieder des Lobes.

Im Laufe der Jahre lockte das Kirchlein viele Gläubige an, die den Heiligen verehrten. Man schmückte das kleine Heiligtum mit Mosaiken und Wandmalereien aus und entzündete Öllämpchen neben dem Altar. Theodorus und Athanasius hielten Jakobus die Treue. Tag und Nacht bewachten sie das Grab bis zu ihrem Tod. Dann erfüllte man ihren letzten Willen und bestattete die treuen Schüler an der Seite des Apostels, einen zur Rechten und einen zur Linken. Noch mochte niemand erahnen, dass unruhige Zeiten bevorstanden. Zeiten, in denen das Apostelgrab im Strudel des Vergessens unterging und inmitten dichter Vegetation versank …

Jakobus unter den Sternenlichtern

Es trug sich zu tiefster Nachtzeit zu, als Pelagius aus den Träumen gerissen wurde. Mit einem Mal bemerkte er einen Schimmer, der durch die Holzritzen bis zu seinem kärglichen Nachtquartier drang. Schlaftrunken erhob er sich, trat vor seine Einsiedlerhütte in den Hügeln und mochte kaum glauben, was er dort sah. Über einem Waldstück, ganz in der Nähe, hing ein geheimnisvolles Leuchten. Pelagius, der sich seit geraumer Zeit dem Gebet und der Buße in der Einsamkeit hingab, hatte schon manches Naturschauspiel am Firmament verfolgt, aber einen solch grellen Widerschein niemals gesehen. Es waren Sternenlichter, die über den Wipfeln der Bäume standen, sich trichterförmig verengten und auf eine ganz bestimmte Stelle hinzudeuten schienen. Der Eremit verspürte eine unergründliche innere Unruhe und ließ das Gefunkel nicht aus den Augen, bis es im ersten Schein der aufgehenden Sonne verschwand. In der Nacht darauf wiederholte sich das Phänomen. Pelagius ahnte, dass er handeln musste, und brach am Morgen danach zu einem langen Tagesmarsch nach Iria Flavia auf. Die Siedlung, an den Ufern des Ulla gelegen und vor vielen Jahrhunderten Landeplatz des Apostelbootes mit der sterblichen Hülle des Jakobus, war Sitz des Bischofs Theodemir. Sicher würde er einen Rat wissen. Theodemir hörte sich den Bericht des Einsiedlers an und versprach, ihn zurückzubegleiten, um sich selber ein Bild von den merkwürdigen Vorgängen zu machen. Ohne es näher bestimmen zu können, befiel den Bischof die Vorahnung, dass ein einzigartiges Ereignis bevorstand.

Tags darauf brachen Theodemir und Pelagius ins Inland zur Einsiedlerkate auf und beobachteten in der Nacht die mysteriösen Lichterbündel über dem Wald. Theodemir sinnierte, begann ein dreitägiges Fasten und ging am dritten Tag nach Sonnenuntergang alleine dem Wald entgegen. Gestützt auf seinen Bischofsstab, war er fest entschlossen, das Geheimnis zu lüften. Wieder flammte das Leuchten auf, wieder senkten sich die Strahlen auf denselben Punkt wie zuvor. Es war taghell, als er den Waldsaum erreichte. Plötzlich tauchte ein Engel auf und führte ihn tief in den Forst hinein, bis er die Reste eines Bauwerks gewahr wurde. Umrankt von Gestrüpp und mitten im Sternenlichtfeld, erkannte Theodemir die Umrisse eines kleinen, zum Teil verfallenen Heiligtums. Er sah Mauern, einen Altar, einen Abgang. Mit seinem Stab schob er Äste und Ranken beiseite und stieg mit Hilfe des Engels hinab in die Krypta. Unter den Resten der Bögen sah er drei Grabstätten, eine große und zwei kleinere. „Theodorus, Athanasius, Jakobus", ging es ihm durch den Kopf, als er an die alten Überlieferungen dachte. Für den Bischof bestand nicht der geringste Zweifel. Im Beisein des Engels sank Theodemir ergriffen auf die Knie. Das Grab des Apostels war wiederentdeckt …

Wie der Heilige Jakobus zahllosen Pilgern zur Hilfe und zum guten Beispiel wurde

Der vereitelte Tod des unschuldig erhängten Pilgers

Eine kleine deutsche Pilgergruppe wählte einstmals den Jakobsweg über Toulouse, Knotenpunkt vieler Santiago-Wallfahrer auf der Via Tolosana. Dem Grüppchen gehörte eine Familie an, Vater, Mutter und der halbwüchsige Sohn. Im Gegensatz zu vielen anderen Pilgern machten sie nicht den Anschein Bedürftiger und verrieten allzu deutlich, dass sie gewisse Rücklagen mit auf die Reise genommen hatten. Als sie nach einem langen Tagesabschnitt in Toulouse einzogen, trat ihnen ein wohlgekleideter Mann entgegen, hieß sie willkommen und sagte freundlich:

„Ich sehe, dass ihr nicht zu den Ärmsten gehört und sicher nicht in einem der Elendsquartiere absteigen wollt. Ich bin ein angesehener reicher Bürger und lade euch ein, zu mir zu kommen, wie ich es auch von euch in eurer Stadt erwarten würde. Wir Vermögende müssen zusammenhalten, nicht wahr?“

Die arglosen Pilger stimmten zu, der Mann fuhr fort:

„Bei mir findet ihr ausreichend Schlafplätze und müsst keine Sorge vor Diebstahl und üblem Gesindel haben. Später werde ich euch bewirten lassen, damit ihr frische Kräfte schöpft für den morgigen Tag."

Das Angebot klang zu verlockend, um es auszuschlagen. Wann waren sie schon einmal so empfangen worden? Überglücklich ob solcher Gastfreundschaft willigten die Pilger ein und folgten dem Mann zu seinem Haus, ein stattliches Domizil mit vielen Zimmern und Dienstpersonal. Bald nach der Ankunft fanden sie eine reich gedeckte Tafel vor, an der man ihnen allerlei Köstlichkeiten servierte. Man trug Fisch und Fleisch auf, Gemüse und Käse, getrocknetes Obst und Süßspeisen. Dazu gab es reichlich Wein, der ständig nachgeschenkt wurde. Er verabscheue nichts so sehr wie leere Becher, sagte der Gastgeber, lachte und munterte sie ein ums andere Mal zum Trunk auf. Dass er selber nur Wasser zu sich nahm, bemerkte niemand. Der Mann erzählte Begebenheiten von seinen weiten Reisen, die Pilger berichteten von ihren Erlebnissen seit dem Verlassen der Heimat. Es war eine lustige Runde, die bis in die späten Abendstunden zusammensaß. Allmählich machte sich Müdigkeit unter den Pilgern breit, denen die Strapazen des Tages und der Weinkonsum erheblich zugesetzt hatten. Bettschwer suchten sie die vorbereiteten Kammern auf und fielen in tiefen Schlaf. Als der Mann die gleichmäßigen Atemzüge seiner Gäste vernahm, schlich er in eines der Zimmer, durchwühlte vorsichtig ein Bündel und versteckte tief unten einen silbernen Becher. Zufrieden begab er sich zur Ruhe.

Am Morgen bekamen die Santiago-Pilger eine weitere stärkende Mahlzeit und konnten beim Abschied gar nicht genügend Worte des Dankes finden. Kurz nach dem Aufbruch hallten aufgeregte Schreie hinter ihnen her.

„Gebt mir mein Silber zurück! Gebt mir sofort mein Silber zurück!“

War das nicht die Stimme ihres freundlichen Gastgebers? Als sie sich umschauten, sahen sie, wie er in Begleitung bewaffneter Schergen gelaufen kam.

„Dort sind sie, die Diebe!“, rief er und deutete auf die Pilger.

Überrascht hielt das Grüppchen inne.

„Irgendeiner von euch hat mich bestohlen“, hielt ihnen der scheinheilige Gastgeber vor. „Mir fehlt ein silberner Becher.“

„Wie kommst du dazu?“, fragte einer der Pilger. „Wir sind kein Geschmeiß, wir haben genügend Mittel dabei!“

„So fordere ich all eure Wertsachen ein, falls ich den Becher bei einem von euch finde“, entgegnete der Mann und setzte hinzu: „Und der Dieb möge vor den Richter kommen.“

„Wenn das dein Wille ist, so soll er erfüllt werden“, sagte der Pilger im Namen der anderen.

Die Helfer des Mannes durchsuchten aller Gepäck und wurden im Bündel der Familie fündig. Es war der Reisesack von Vater und Sohn. Die Mutter brach in Tränen aus, als man die beiden abführte und dem Gericht übergab.

„Keine Frage, auf Diebstahl steht der Tod am Galgen“, befand der Richter, dem nicht ganz wohl bei der Sache war. Die beiden Pilger hatten, glaubhaft wie niemals Angeklagte zuvor, ihre Unschuld beteuert. Der Richter verspürte Mitgefühl und sagte:

„Nur einer von euch kann der Dieb gewesen sein und kommt an den Strang, den anderen spreche ich frei."

Da wollte sich der Vater für den Sohn aufopfern, doch dieser entgegnete:

„Nein, geliebter Vater, das ist nicht gerecht. Mutter braucht dich mehr als mich. Ich nehme die Strafe auf mich."

Im Beisein von zahlreichen Schaulustigen wurde der junge Pilger öffentlich gehängt. Die Eltern verließen die Stadt voller Gram und zogen mit ihren Gefährten nach Santiago de Compostela, wo sie am Altar des Apostels für ihren Sohn beteten. Viele Wochen später kamen sie auf dem Rückweg nach Deutschland erneut durch Toulouse und sahen, dass ihr Sohn, verschont von Fäulnis, noch immer am Galgen hing.

„Unser Junge, unser geliebter Junge, unser Ein und Alles", schluchzte der Vater, stürzte auf den Henkerspfahl zu und warf sich auf die Knie in den Staub. „Niemals werde ich mir verzeihen, wie ich zulassen konnte, dass du für mich gestorben bist!"

„Was heißt gestorben?", vernahm er eine allzu bekannte Stimme.

Entgeistert schaute er auf und traute weder Augen noch Ohren. War es möglich, dass sein Sohn, die Schlinge um den Hals, zu ihm sprach?

„Vater, Mutter, trauert nicht", sagte der Sohn mit fröhlicher Stimme. „Schaut her, ich atme, ich lebe und fühle mich wohl wie niemals in meinem bisherigen Leben. Jakobus, der gütige Heilige, der Helfer in aller Not, hält mich mit seinen Händen. Seht ihr ihn denn nicht? In all der Zeit seit eurem Weggang hat er mich mit sanften Worten getröstet!“

Aufgebracht stürmte der Vater durch die Straßen und verkündete das Wunder. Die Menschen liefen herbei, auch der Richter. Unter Freudenschreien nahm man den Pilger vom Henkerspfahl ab und gab ihn den Eltern zurück. Nun wussten alle, dass der Junge zu Unrecht verurteilt worden war und wer mit seiner unersättlichen Gier die Schuld trug.

„Hier ist er!“, rief plötzlich jemand und deutete auf den reichen Mann, der ebenfalls gekommen war und sich im Gewühl versteckt hielt. Da packten sie ihn und machten kurzen Prozess. Unter dem Jubel der Menge hängte man den niederträchtigen Gastgeber auf.

Man schrieb das Jahr 1090, als sich diese Geschehnisse zutrugen. Die Kunde vom Galgenmirakel verbreitete sich wie ein Lauffeuer über den Jakobsweg …

Altes Pilgerlied

Oh wie froh waren wird doch
in Santo Domingo,
als wir den Hahn krähen hörten
und das Gegacker der Henne.
Wir traten vor das Gericht:
Sechsunddreißig Tage hing
der Sohn am unrechten Galgen.
Aber der Vater fand ihn noch lebend,
als er zurückkam von Santiago.

Der Esel, der ein Engel war

Im Jahre 1100, da in der Provinz Poitou ein Graf namens Wilhelm herrschte, wurde jener Landstrich im Westen Frankreichs von der Pest heimgesucht. Die Seuche breitete sich in tödlicher Schnelle aus und brachte ganze Geschlechter ins Grab. Während sich andere ihrem Schicksal ergaben, wollte ein Ehrenmann nicht abwartend zusehen, wie das grausame Sterben seine Nächsten erfasste. Zusammen mit seiner Frau und den zwei kleinen Söhnen begab er sich auf den Jakobsweg, um seine Familie zu retten und den Heiligen in Santiago de Compostela um Hilfe für die in der Heimat Zurückgebliebenen zu bitten.

Der Pilger nahm alles mit, was ihm auf der langen Reise dienlich sein könnte. Dazu gehörte ein Säckel voll Münzen sowie eine treue Stute, auf deren Rücken seine Frau und die beiden Söhne manch beschwerliche Passage hinter sich brachten. Um die Gesundheit der Mutter war es zunehmend schlechter bestellt, erste Fieberschübe und Schüttelfrost gaben Anlass zur Sorge.

Unter argen Entbehrungen überquerten sie die Pyrenäen und erreichten Pamplona, die erste größere Stadt in Spanien. Dort fand die Pilgerfamilie Unterschlupf in einer Herberge, in der sich der Zustand der Frau bedrohlich verschlimmerte.

Es gab keine Rettung mehr. Sie verstarb. Listig machte sich der Gastwirt die Umstände zunutze, die Trauer, die Verständigungsprobleme, die bis zum Begräbnis verstreichende Zeit. Am Ende forderte er von dem Fremden für die Mahlzeiten und das Quartier eine maßlos übertriebene Summe. Der Witwer zog all seine Münzen hervor, aber das war dem betrügerischen Wirt nicht genug. Dieser rieb sich erst zufrieden die Hände, nachdem er dem Mann das Reittier als Gegenwert für die restlichen Schulden abgezwungen hatte.

In tiefer Betrübnis nahm der Pilger seine Kinder an die Hand, ließ die Mauern Pamplonas hinter sich und zog mühevoll weiter gen Santiago. Er wusste, dass sie nichts weiter besaßen als die Kleider auf dem Leib und fortan auf milde Gaben angewiesen waren. Kurz darauf begegnete ihnen ein anderer Pilger. Dieser ritt auf einem kräftigen Esel voran, war von respektablem Aussehen und trug wohlgeordnete Kleidung. Die beiden Männer kamen ins Gespräch.

„Endlich jemand, der mir zuhört“, dachte der Mann aus dem Poitou und schüttete seinem Gegenüber das Herz aus. In einem fort erzählte er von der Geißel in seiner Heimat, vom Tod seiner geliebten Frau, seinem Schmerz, dem ausbeuterischen Wirt, den Sorgen um seine Kinder und ob sie es ohne ihre Stute bis Santiago schaffen würden. Als der Mann geendet sagte, sagte der Fremde:

„Ich kann deine Ängste gut verstehen. Um wohlbehalten ans Ziel zu gelangen, will ich dir meinen Esel borgen. Es ist ein starkes Tier, das deine beiden Söhne gut tragen kann. In

Santiago, dort, wo ich wohne, wirst du mir den Esel zurückgeben."

Er habe nichts, womit er ihm danken könne, entgegnete der Familienvater und fragte den Fremden:

„Wo werde ich dich in Santiago finden?"

„Sorge dich nicht, ich werde mich zu gegebener Zeit zu erkennen geben", sagte dieser und verschwand.

Wochen später trafen der Pilger aus dem Poitou und seine Kinder in Santiago ein. In der Basilika erwies er dem heiligen Jakobus die angemessene Ehre und betete für seine Frau und die Erkrankten daheim. Als er in der Kirche an der Nachtwache teilnahm und, wie alle anderen um ihn herum, eine Kerze in Händen hielt, bemerkte er, wie sich von der Seite eine Gestalt in einem leuchtenden Gewand näherte. Es war ein Mann, der leise an ihn herantrat und flüsterte:

„Erkennst du mich nicht wieder, Bruder?"

„In gewisser Weise, ja, doch, du kommst mir bekannt vor", stammelte der Wallfahrer überrascht, der tief in seine Gedanken versunken gewesen war und nun versuchte, sie zu ordnen.

„Lass mich dir helfen", sagte der andere, „ich bin der Apostel Christi, dem du hinter Pamplona begegnet bist. In deinen Stunden tiefsten Schmerzes habe ich dir meinen Esel geliehen. Und nun borge ich dir den Esel erneut, damit ihr unbesorgt nach Hause zurückkehren könnt. Zudem sei gesagt, dass der Gastwirt seine gerechte Strafe erhalten wird, überzeuge dich davon in Pamplona."

Überwältigt von diesem Ereignis, verneigte sich der Pilger voller Ehrfurcht und wollte die Füße des Heiligen küssen, doch dieser war ebenso schnell verschwunden wie er gekommen war.

Bei Sonnenaufgang des kommenden Tages verließen der Pilger, die beiden Knaben und der Esel die Stadt Santiago. Ihre Reise verlief ohne Zwischenfälle. In Pamplona erfuhren sie, dass der böse Gastwirt bei einem Unglück ums Leben gekommen war. Dann zogen sie über die Pyrenäen zurück in die Heimat und erreichten ihr Haus. Als die Kinder vor der Türe abstiegen, löste sich der Esel in Luft auf. Viele, die dies den Jakobspilger aus dem Poitou später erzählten hörten, mochten nicht glauben, dass es ein richtiger Esel war. Nein, sagten sie, es muss ein Engel in der Gestalt eines Esels gewesen sein, den der Herr all jenen schickt, die dringend seiner Hilfe bedürfen.

Das Münzenmirakel

Überwältigt von den Eindrücken am Jakobsweg und den allseits berichteten Wundern des Jakobus, traf einmal ein Pilger in Santiago de Compostela ein. Es war ein Kleriker aus fremden Landen, der nicht nur des Lesens und Schreibens, sondern vieler Sprachen kundig war. In ihm keimte der innigste Wunsch, die Geschichten um den heiligen Apostel und seine Mirakel in Schriftform mit nach Hause zu nehmen, selbst wenn es seine letzten Geldreserven erforderte und er auf dem Rückweg darben müsste. Fest entschlossen suchte er in Santiago einen Lohnschreiber auf und bat ihn, die überlieferten Erzählungen festzuhalten und als Büchlein zu gestalten. Dies erfordere beträchtlichen Aufwand und habe seinen Preis, der sofort zu entrichten sei, entgegnete der Schreiber. Er witterte ein gutes Geschäft und forderte zwanzig Münzen, eine gewaltige Summe, die dem Geistlichen tatsächlich kaum etwas übrig ließ für den anstehenden Rückweg. Trotzdem willigte er ein.

Der Schreiber machte sich an die Arbeit und erstellte ein Buch, das genau den Vorstellungen des Klerikers entsprach. Als er das fertige Werk in Händen hielt, erfüllten Stolz und tiefes Glück den Pilger. Behutsam strich er mit der Fingern über den ledernen Einband und betrachtete eingehend Seite für Seite. Kurz vor seinem Abschied aus Santiago besuchte der Kleriker noch einmal die Basilika des Jakobus, in Händen das Buch, das er hütete wie seinen Augapfel. Umgeben vom Widerhall der Gesänge und dem Gemurmel der anderen

Gläubigen, stellte er sich in ein stilleres Eck und schlug den wertvollen Band auf. Er spürte, so meinte er, die leibhaftige Gegenwart des Heiligen und vertiefte sich ganz besonders in die Geschichten. Dann klappte er das Buch zu und schloss kurz die Augen. Als er sie wieder öffnete, erstarrte er. War es zu glauben, was er dort sah? Auf dem Buchdeckel lagen zwanzig Münzen …

Pilger auf ihrem Weg
Stich nach Breughel aus dem 18. Jahrhundert

Meditationen

Aufbruch

Wir brechen auf, lassen vieles hinter uns. Wir öffnen uns auf Kommendes hin – bereiten unser Inneres für die Begegnung mit dem, was vor uns liegt …

Der Anfang wirklicher Erfahrung ist die Ganzwahrnehmung. Was am Anfang einer Pilgerschaft besonders wichtig, aber nicht einfach ist, das ist die Übung, alles ganz wahrzunehmen. Ganz im Hier und Jetzt zu sein, ganz bei sich zu sein, ganz im Leib und im Geist anwesend zu sein und zu bleiben, das ist nicht ganz einfach. Geben wir es ruhig zu: es fällt uns schwer. Wahrnehmen – das bedeutet auch: Wahrheit annehmen über die Dinge, wie sie sind, über mich, so, wie ich mich vorfinde.

Wir kommen aus einer Welt der Schnelllebigkeit, der Hektik und Oberflächlichkeit, der Informationsüberflutung und passiven Berieselung. In uns ist mehr Lärm als Ruhe, mehr „hüpfendes" Interesse an allem und jedem, als die Fähigkeit zur Konzentration auf das Wesentliche. Der Lärm in uns ist noch immer da, und weil Lärm in uns ist, darum machen wir Lärm. Darum fällt es uns so schwer still zu werden – zu schweigen im Sinne eines tieferen, freiwilligen, nicht von außen aufgezwungenen Zur-Ruhe-Kommens; der Stille in uns eine Chance zu geben – jeden Tag, jeden Morgen aufs Neue. Damit beginnt die Wahrnehmung, damit beginnt Kontemplation. Damit beginnt jede Reise nach innen.

Wir müssen es zugeben und anschauen: So vieles in uns sehnt sich nach dieser Stille. Eine Stille, in der sich eine andere Ordnung, eine andere Gewichtung der Dinge ankündigt. So vieles in uns sehnt sich nach Ruhe, Ordnung und Maß. Wagen wir die Stille – jeden Morgen, jeden Tag aufs Neue.

Die Pilgerschaft kann uns dieser inneren Ordnung, dem Maß, das aus der Stille kommt, näher bringen. Dem Fußpilger hilft das Maß der Schritte. Autopilger brauchen andere Hilfen – zum Beispiel die täglich neue Einübung in die Wahrnehmung aller Dinge um mich her.

Mir hilft das bewusste Sich-öffnen für die Dinge, die da sind, die ich mit meinen Sinnen wahrnehmen kann:

Wie bin ich jetzt da? Wie sitze ich? Atme ich gelassen, gelöst, frei, dankbar für jeden Atemzug, dankbar für diesen einmaligen, neuen, unwiederholbaren Tag?

Nehme ich dankbar wahr, was mir gehört, worüber ich verfügen darf: Meine Sinne – Augen, Gehör, Gespür, Wärme, Kühle –, meine Erinnerungen, meine Freude, meine Sorgen, die ich jeden Tag neu in Gottes machtvolle Fürsorge abgeben darf – gerade jetzt, auf der Pilgerschaft …

Dann die Dinge der Schöpfung: die Landschaft, die draußen vorbei zieht, die Bäume, Hügel und Täler, Wege und Straßen, Flüsse und Seen, Brücken, Tiere, Farben, Horizonte, Wolken, Regen und Sonne, die Weite, die uns empfängt … Diese Fülle an Bildern …

Mit jeder Minute, mit jedem Kilometer wächst der Abstand zum Gestern … weg von unserem bisherigen äußeren Behaustsein in unserer Heimat … zum Neuen, zum Kommenden hin. Im Sich-einlassen auf die vorüber ziehende Landschaft mit ihren Bildern und Eindrücken und im Hereinlassen dieser Bilder finde ich allmählich auch zur Betrachtung meiner „inneren Landkarte“: Da ist vieles, was hinter mir liegt – Vergangenes, Unveränderbares. Ich lasse es zurück wie die Heimat. Ich lasse los, hänge mich jetzt, wo ich aufgebrochen bin, nicht mehr daran. Es wäre nur Ballast. Ich will mich „los und ledig machen“ von allem, was ich geordnet zurücklasse, aber auch von allen noch „ungeordneten Anhänglichkeiten“ (Ignatius), und ich will, ja, ich will mich jetzt öffnen auf Neues hin …

Der Atem hilft mir dabei: Nichts festhalten, sondern dem Neuen, Kommenden mit einer wachen und zugleich unverstellten, kindlichen Neugierde entgegengehen, das Unverfügbare, nicht Machbare mit einem gewissen Staunen, mit gelassener Erwartung annehmen …

Jetzt bin ich unterwegs, jetzt beginnt Neues, mit jedem Schritt, mit jeder Minute, mit jedem Atemzug …

Dieses Gedicht atmet etwas von der Bereitschaft, sich mit allen Sinnen auf den Weg zu machen:

Pilgerschaft

Zieh aus – in weite, freie Räume,
auf Wegen, die dich an sich ziehen,
sie sind dein Ziel und dein Zuhaus.
Entflieh dem Labyrinth
der Mauern, Zäune,
Einbahnstraßen,
lass dich mit ungehemmtem Schritt
nur noch vom Weg umarmen,
der dich sich auserwählt'.
Erlausche
der neuen Schritte Melodie,
der Worte, Weisen und Gesänge
Urgebärden.
Leg ab die Fesseln
ausgetretener Pfade
und fliehe vor den Lebenslügen.
Heb auf dein Herz zur Sonne
in himmelweite Fernen
zum Sternenweg!
Durchstoß der Ängste Nebelschleier,
tauch in die Hoffnung ein

des neuen Aufbruchs,
lass deiner Seele
weite Flügel wachsen,
lass deinen Atem
zum Schöpfgefäß der Tiefe werden,
trau und gehorche
der sel'gen Kraft in deinem Pilgern.
Der Weg wird auferstehn
durch deine Spur!

Sich öffnen auf Neues hin bedeutet auch, das Unbekannte, Fremde, vielleicht Unbequeme zulassen und kommen lassen ohne Scheu, ohne Angst. Dem Risiko der Konfrontation nicht vorschnell ausweichen, was weh tut, nicht verdrängen, sondern anschauen, es befragen auf den tieferen Grund hin. Es gilt in der Pilgerschaft immer auch, „Wüste" zu wagen, damit neues Leben gelingen kann.

Und auch dies kommt uns jeden Tag neu in den Blick: Wir sind miteinander auch unterwegs zu Gott. Da bleibt nichts, wie es war, denn Pilgerschaft braucht auch die Einwilligung ins Gewandelt-werden. Es bleibt nichts, wie es war, und jede und jeder darf dennoch so sein, wie er oder sie ist. Mit jedem Schritt, mit jedem Kilometer, mit jedem Atemzug ändern sich die Landschaften um uns und in uns. Der Weg – das Unterwegssein – verändert uns …

Am Ende unserer Pilgerschaft werden wir nicht mehr die gleichen sein wie heute, beim Aufbruch …

Ansehen

Sich anschauen lassen – sich der Einmaligkeit des eigenen Selbst bewusst werden – ich habe „Ansehen" vor Gott – dieses Angeschaut-werden verlangt Antwort

Normalerweise sind die Dinge des Lebens für uns das, was sie durch unsere Betrachtungsweise sind. Ein Baum ist ein Baum, weil ich ihn als solchen erkenne und bezeichne. Ich betrachte ein Bild und beurteile es nach meinem Erkenntnisvermögen. Wenn es mir in seiner Aussage, in seinem Stil oder in seiner Farbkomposition nicht gefällt oder fremd erscheint, bleibt es mir verschlossen, und ich gehe daran vorbei, ohne zu fragen, ob es mir nicht vielleicht doch eine Botschaft hätte vermitteln können, wenn ich ihm eine Zeit des Verweilens und der mehr von innen her geöffneten Sinne geschenkt hätte.

Auf unser Unterwegssein übertragen, lade ich heute dazu ein, die „Bilder" des Tages – zu denen wir ja immer auch selbst gehören – näher an uns heran kommen zu lassen, indem wir öfters, auch tagsüber, versuchen, mehr ins Hören, ins Lauschen zu finden als in nur äußerliches, analysierendes, oberflächliches Betrachten. Allein der Gedanke, dass nicht nur ich die vorbeiziehende Landschaft betrachte, sondern dass auch ich selbst von ihr „angeschaut" bin, lässt mich tiefer spüren. Wir sagen manchmal: Dieses Bild spricht mich an, es spricht zu mir, es löst in mir Reaktionen, Gefühle, Antworten aus. Bilder können starke Gefühle in uns hervorrufen, manchmal können sie uns sogar zu Tränen rühren.

Wenn wir auf unserem Pilgerweg so oft über Brücken wandern oder fahren, könnten auch sie Sinn-Bilder für uns sein, die Auftrag und Verheißung zugleich enthalten: Schau, so wie ich dich trage und hinüberführe an ein neues Ufer, so kannst auch du zur Brücke werden für die Menschen neben dir. Kennst du die Kraft in Dir? Die Kraft zu tragen und zu ertragen? Die Kraft, auszuhalten unter Belastungen? Die Gabe zu leiten, zu ermutigen, hinüber zu führen an neue Ufer? Solche und andere Bilder entlang unseres Pilgerweges wollen mit uns und zu uns sprechen – oft genug sagen sie uns sehr direkt:

Mensch, denke daran, dass Du einmalig bist, und dass dich Gott genau so liebt, wie du bist – aber zugleich auch so, wie du noch werden kannst. Lass das Neue in dir, das noch nicht zum Leben erwacht ist, zum Vorschein kommen. Du bist geliebt, gewollt, getragen, geborgen von einem großen, umfassenden, Mut machenden JA. Weil du angeschaut bist, hast du Ansehen vor Gott, eine Würde, die dich unendlich kostbar macht.

Und weil es Gott nicht um kleinliches Festhalten an Normen oder Geboten geht, sondern immer um die Antwort der Liebe, schenkt auch er sich immer großzügig und ganz.

Es geht ums Ganze, es geht um Ganzheit, um Ganzwerden, nicht um das Festhalten des Jetzt. Im Bewusstsein des

Angeschautwerdens, des Lebens unter dem liebenden Blick Gottes, werde ich ganz frei von allem ängstlichen Michselbst-festhalten-müssen, kann ich weitergehen auf dem Weg der großen Sehnsucht, der sein Ziel, seine Erfüllung im großen Ankommen findet bei dem, der zu dir und mir sagt: Wie gut, dass du da bist, wie gut, dass es dich gibt!

Wir sind auf dem Weg zu einer großen Entdeckung!

Jetzt

Ich muss nichts tun – nichts lassen
nur bleiben hier und jetzt.
Wo ich den Fuß gesetzt,
mein Schweiß die Erde netzt,
da will mich Neues fassen.

Den neuen Raum durchmessen
das will ich suchen, wagen,
mich keiner Müh' versagen,
nicht scheuen Weh und Klagen
in neuem Sein genesen.

Jetzt ist es Zeit zu hören
was gilt und führt und trägt,
was Herz und Sinn bewegt,
was neue Fährten legt,
was hilft, sich zu bekehren.

Berührungen

Wir werden berührt – vom Weg, von Wind und Wetter, von Schöpfung und Kunst, von der Nähe, die wir uns schenken. In allem: Sich berühren lassen vom Geheimnis Gottes …

Wer das Ziel des Jakobsweges, die Stadt Santiago de Compostela im nordwestlichsten Zipfel Spaniens erreicht, weiß sich hineingenommen in einen jahrhundertealten Strom von Menschen, die aus allen Teilen Europas und der Welt den gleichen Weg unter die Füße genommen hatten, und die hier, am „Ende der Welt" auch an einer Grenze ihres Lebens angekommen waren, an einer Wegscheide zwischen ihrem bisherigen und dem künftigen Leben.

Schon vom „Monte del gozo" – dem Berg der Freude – aus, von dem sie – in 8 km Entfernung – zum ersten Mal die Türme der Kathedrale von Santiago erblickten, in die Knie sanken und das *Te deum* anstimmten, ergriff sie ein unbeschreibliches Gefühl der Freude, ein Schauer des Ergriffensein, in das sich Dankbarkeit und Stolz gleichermaßen mischten, den ‚Weg der großen Sehnsucht' bestanden zu haben.

Schließlich, wenn heute wie damals die Pilger über die „Puerta del Camino" am Rand der Altstadt Santiagos die letzten Schritte zur ehrwürdigen Kathedrale gehen, singend, schwatzend, voller Erwartung die Treppen vor dem Portal hinaufschreiten, eintreten: Da berührten – eher: ergriffen – sie die Mittelsäule, die den Portico de la gloria teilt, auf deren Kapitell der Heilige Apostel Jakobus wie ein Hausherr trohnt, der die Pilger willkommen heißt. In dieser Mittelsäule ist die Wurzel Jesse, der Stammbaum Jesu, dargestellt, und darin befinden sich in Schulterhöhe – oder sollte ich besser sagen: in Herzhöhe – fünf Vertiefungen, in die genau die Finger einer Menschenhand passen. In diese Vertiefungen legte jeder Pilger seine Hand, zum Zeichen: Ich bin da. Jetzt bin ich angekommen. Es war wie eine sanfte, scheue Inbesitznahme der Kathedrale: Nun gehöre ich auch dazu. Auch ich bin ein Glied der Menschenkette durch die Jahrhunderte, gläubig oder suchend, wissend oder zweifelnd. Auch ich bin Sohn oder Tochter Abrahams, Bruder oder Schwester Christi – und also auch des Jakobus Freund und Weggenosse. Ich berühre, ergreife diesen Ort mit allen Sinnen, und ich lasse mich berühren und ergreifen von der Aura des Heiligtums.

Der Pilger tritt in die Halle der Kirche ein, durchschreitet sie bis zum Hauptaltar, beugt die Knie und betritt dann von der Seite das Treppchen, das zur silberumkleideten Jakobusfigur hinauf führt. Hier vollzieht man, was manche Leute den Pilgern auf dem Camino nachrufen: „*Un abrazo al apóstol!*“ Umarme für mich den Apostel!

Er wird umarmt und geküsst – den ganzen Tag über. Tausende steigen täglich hinauf und hinab, um am Schluss auch noch in der Krypta unter dem Hauptaltar das Apostelgrab zu besuchen und kurze, stille Einkehr vor dem Silberschrein zu halten.

Das Heilige braucht nicht nur geistige Verehrung, den ehrfürchtigen Abstand, die stille Scheu. Es braucht auch die Berührung, das sinnenhafte Begreifen; es ist gut und tut gut, das Heilige oder wenigstens sein Bild zu umarmen und zu liebkosen. *„Denn"*, so sagt Ignatius von Loyola, *„nicht das Vielwissen sättigt und befriedigt die Seele, sondern das Verkosten der Dinge von innen her"*.

Die äußere Berührung wird auch in Santiago allmählich zur inneren Verkosten. Wenn der Pilger immer wieder in das mystische Halbdunkel der Kathedrale eintritt, wenn allmählich die körperliche Ermüdung und die innere Erregung zur Ruhe kommt, sich die Sinne dem Hiersein öffnen, dann kann auch der äußerliche Kontakt die Seele zum Jubeln bringen im Gebet, im Mitfeiern der Gottesdienste, oder einfach im schweigenden Verweilen. Nicht zuletzt auch in der Freude am Schauspiel, wenn das riesige Rauchfass, der *„Botafumeiro"* an Festtagen durch das Mittelschiff schwingt. Alles wird für den Pilger zur Berührung, lässt in ihm das „Lied in allen Dingen" erklingen und drückt ihm das unauslöschliche Siegel der Pilgerschaft auf: Ich bin hinein genommen in die Gemeinschaft der Heiligen, in die Schar der Erlösten, in die Familie Gottes. Ich bin zu Hause.

Was sich in Santiago de Compostela ereignet, kann ähnlich auch an jedem anderen Pilgerziel – und wohl auch auf anderen Pilgerwegen – gefunden und erlebt werden. Die Erfahrung und Weisung des Heiligen Ignatius, dass man in allen Dingen Gott suchen und finden kann, dürfte vor allem jenen Pilgern eine Hilfe sein, die in Santiago keine große innere Erfahrung machen konnten und sich vielleicht enttäuscht auf den Heimweg begeben. Und schon mancher hat erst in Finisterre – nach weiteren drei Tagesmärschen – im Blick auf den Atlantik, etwas von der Großen Berührung Gottes verspürt.

Jeder Pilger, gleich ob er zu Fuß oder mit Auto nach Santiago kommt, ob als Glaubender – oder auch als gläubig Suchender – jeder braucht ein wenig Zeit. Berührungen brauchen Zeit. Gönnen wir sie uns. Denn das große Du, das uns erwartet, wird sich uns nicht aufdrängen. Aber es lässt sich finden.

Das Tor zum Wesen

Wie viele Schritte noch zu gehn,
wie viel Traum muss noch verwehn,
bis mir ein Licht aufgeht,
was auf dem Spiele steht?

Kündet neue Zeit sich an,
bricht neues Leben mir die Bahn
im Zweifeldämmerlicht?
Soll ich es schauen nicht?

Ich lasse falsche Götter fallen,
dass meines Herzens leere Hallen
nur eines noch erwählen:
Dir, Gott, sich zu vermählen.

Erwache, neuer Lebenskeim,
zum großen Staunen insgeheim,
und wage jetzt den Sprung
in die Vergöttlichung!

Es ist ein Sieg – von Gott geschenkt,
in meine Freiheit eingesenkt
für Zeit und Ewigkeit.
Jetzt bin ich ganz bereit.

Weitergehen

Pilgerschaft ist ein Weg der Wandlung: von der Neugierde zum Staunen, vom Sehen zum Schauen, vom Wahrnehmen zum Erkennen …

Manche Pilger, die den Jakobsweg durchschritten oder durchfahren haben, vergleichen den Weg mit einem Labyrinth. Ein sehr treffliches Symbol, weil eine besonders schöne Deutung des Wortes in der Erfahrung der Pilgerschaft anklingt: *labor interior* – nach innen arbeiten. Wer in das „Labyrinth der Wege" eintritt, tut es sehr oft mit dem Ziel, sich einer inneren Wandlung auszusetzen, vieles in der eigenen Lebens- oder Glaubensgeschichte zu bearbeiten und auf seine Echtheit und Tragfähigkeit hin zu überprüfen.

Nicht erst, wenn der Pilger sich – trotz guter Wander- oder Straßenkarten – einmal verirrt oder einen vielleicht vermeidbaren Umweg gemacht hat, merkt er, wie leicht man in ein „Labyrinth der Wege" geraten kann, und dann begegnet man vor allem den Rätseln der Wege, den Widerwärtigkeiten falscher Wegzeichen und der Anfälligkeit vermeintlicher Sicherheiten. Wenn man Glück hat, entdeckt man vielleicht auch, dass trotz der auf Irrwegen oder Umwegen verschlissenen Kräfte so ganz unnütz solche Wege nicht sind. Gerade sie vermitteln oft überraschende Einsichten und Ausblicke – und manchmal auch Wunder! Auch Umwege oder Irrwege können zu weiterführenden „Wegen nach innen" werden.

Auf der Pilgerschaft geht vielen Menschen auf, wer sie selber sind, welches die tragenden Gründe sind, aus denen sie leben, welche Last sie am meisten drückt, wofür sie besonders zu danken, worum sie am meisten zu bitten haben, welchen Ballast sie am besten abwerfen sollten. Mancher, der seinen Weg als Tourist begonnen hat, hat mit Erstaunen am Ziel entdeckt, dass aus ihm ein Pilger geworden ist – ein Mensch, den der Weg verwandelt hat.

Vom hl. Kolumban, dem großen irischen Wandermönch (543–615) ist uns dieses Wort überliefert:

„Was ich bin, das war ich nicht und werde ich nicht sein. Zu jeder Stunde bin ich ein anderer, niemals bleibe ich stehen. Immerzu laufe ich vom Tag der Geburt zum Tag des Todes. An allen einzelnen Tagen meines Lebens ändere ich mich, und was geändert wird und wie es geändert wird, sehe ich nicht. Niemals kann ich mein ganzes Leben in eins zusammen sehen. Was ich gestern war, bin ich heute nicht, so wie ich morgen nicht sein werde, was ich heute bin. Immerzu werde ich in den restlichen Lebensabschnitten beweglich und veränderlich sein. Von Augenblick zu Augenblick, vom Augenblick zur Stunde, von Stunden zu Tagen, mit allen ungewissen Altersphasen eile ich dem Tod entgegen. Dann werde ich, was für mich hier unmöglich ist, das Sichere und Wahre sehen und alles zugleich in einem."

Wer auf dem Felsen von Finisterre steht und auf die endlose Weite des Ozeans hinaus schaut, kann sich an die Worte des 18. Psalms erinnern, in dem es heißt: „Du, o Gott, führst mich hinaus ins Weite – du machst meine Finsternis hell … Du schaffst meinen Schritten weiten Raum, und meine Knöchel wanken nicht. Mit dir erstürme ich Wälle, mit meinem Gott überspringe ich Mauern …“

Das ist ein gutes Wort für jeden, der zur Wandlung auf dem Weg sein JA dazugibt.

Finisterre

Wir zogen lang durch fremdes Land
zum heilgen Schreine der Legenden,
zu spüren ganz mit Geist und Händen
der Gottheit Glanz uns zugewandt.

Dann blickten wir von hoher Zinne
am Felsenende alter Welt
hinaus, wo nichts das Auge hält
von einzigartiger Tribüne.

Der Wasser Weite, ew’ges Sein
weist uns, die Sinne auszuleeren,
doch Ufers Grund will uns belehren,
dem Dasein unser Herz zu weih’n.

Du Sehnsuchtsort, Refugium,
du birgst, was ewig uns zu eigen;
entlass uns neu, der Welt zu zeigen:
im Aufbruch wird uns Heiligtum.

Der heilige Jakobus
Kupferstich von Israel von Meckenheim

zugvogel

du
hast
den ruf
gehört

die sehnsucht
treibt dich
geheimnisvolle
bestimmung

und du
fliegst
der heimat
entgegen

flügelschlag
um flügelschlag
deiner Bestimmung
folgend

sich hineingeben
in das nichts
das alles ist
und sich finden
in der verlorenheit
die den Weg
zeigt

Andrea Schwarz

Sehnsucht

Das unruhige Herz ist die Wurzel
der Pilgerschaft. Im Menschen lebt
eine Sehnsucht.

Augustinus

am beginn
eine Sehnsucht
eine unruhe
ein umgetrieben sein

spüren das
kann doch nicht
alles gewesen sein

und dann ein erstes aufbrechen
in mir
ein suchen und tasten

und dann vielleicht
ein buch ein film
ein erzählen und hören

ein weg
ein ort
warum eigentlich nicht

und eine idee
eine sehnsucht
wird

Andrea Schwarz

Weg des Lebens

Möge der Weg der Pilgerschaft
eure Augen öffnen, dass der Jakobsweg
für den Weg des Lebens steht.
Ihr werdet mit Schwierigkeiten
zu kämpfen haben, mit den Unbilden
des Wetters, mit Blasen an den Füßen.
Ihr werdet Freude und Leid erleben,
ihr werdet Menschen
verschiedenster Länder kennenlernen,
vielleicht Freundschaften
für ein ganzes Leben schließen.
Mögen wir schweigen lernen.
Die Einkehr in die Stille erschließt uns den Weg.
Möge der Herr uns segnen.
Möge der Herr uns helfen.
Möge der Herr uns seinen Frieden schenken.

Nach einem Segen aus der Kirche
Santa María del Palacio in Logroño

Die Wunder betrachten

Möge trotz aller Härte und Mühsal
die Wallfahrt für jeden
ein persönlicher Weg werden,
auf dem die Pilger dem Beispiel
des Apostel Jakobus folgen
und selbst zu unerschrockenen Boten werden.
Möge der Weg alle in Gebet und Schweigen
der vertraulichen Nähe
des göttlichen Herrn überlassen,
während sie gestützt auf den Stab seines Wortes,
die Wunder betrachten,
die der Schöpfer gestaltet hat,
und eingeladen sind, mit nur kargem Proviant
und leichtem Gepäck
das Reich Gottes zu verkünden.

Nach einer Botschaft von Papst Johannes Paul II.

Segen aus Samos

Möge der heilige Erzengel Raphael
euch auf eurem Weg begleiten,
wie er Tobias begleitet hat.
Möge euch der Schutz
der Heiligen von Samos,
San Julián und Santa Basilisa,
zuteil werden.
Möge der Herr
euch weiter Begleiter sein.
Glücklichen Weg!

Segensworte aus dem
Benediktinerkloster von Samos

Gebet des Jakobuspilgers

O Gott, der du Abraham aus seinem Land hast aufbrechen lassen
und ihn sicher und heil auf seiner Wanderung bewahrt hast,
gewähre uns, deinen Kindern, den gleichen Schutz.

Stärke uns in den Gefahren, erleichtere unsere Wege.
Sei uns Schatten gegen die Sonne,
Mantel gegen Regen und Kälte.
Trage uns, wenn wir müde sind, und
verteidige uns gegen alle Gefahr.
Sei du der Stab, der den Sturz hindert,
und der Hafen, der die Schiffbrüchigen aufnimmt:

Damit wir, durch dich geführt, sicher unser Ziele erreichen
und wohlbehalten in unsere Heimat zurückkehren.

Abtei Sainte-Foy, Conques

ankommen

das ziel
in erreichbarer nähe

werde ich zunehmend
langsamer

und schneller
zugleich

irgendwie will ich nicht
und will doch

was
wenn das ziel

ganz anders ist
als meine Träume

was
wenn das Ziel enttäusch

was
wenn mein ankommen

gar kein
ankommen ist

aber ich kann nicht nur
unterwegs sein

ich freue mich
auf eine badewanne

ein weißes sweat-shirt
auf drei tage an einem ort

auf ein bisschen
geborgenheit

nach all dem
ungeborgensein

und so sitze ich
der kathedrale gegenüber

und versuche
meine seele ankommen zu lassen

ankommen

gar nicht
so einfach

wenn man
ein ziel erreicht hat

man ist
nicht mehr

unterwegs

Andrea Schwarz

Der heilige Jakobus als Streiter
Aquarell aus dem 19. Jahrhundert

Alte Pilgerlieder

Eh' ich die Reise beginne,
Tut not es, dass ich mich
Auf mich selber besinne.
An die Mauer stoße, bis diese fällt
Und mich nicht mehr
Gefangen hält.
In Zeiten der Sünde
Bin ich gefangen.
Sobald ich mich auf dem Bußweg befinde,
Werde ich Hilfe erlangen.

Bevor ich losziehe,
Mach ich als weiser Mann,
Was so ein Weiser
Nur machen kann.
Ich beichte reuig
Und bekomm als Beweis
Ein Papier meines Pfarrers
Mit auf die Reis.

Als wir das schöne Vitoria sahn,
Sahn wir nur blühendes Grün.
Wir pflückten Lavendel und Thymian
Von den Feldern und Rosmarin.

Als wir die schwankende Brücke betraten,
Deutsche, Wallonen, so dreißig Mann,
Da kam's, dass wir einander flehentlich baten:
Mein Freund, geh' du doch voran!

Pilgergedicht ohne e

Nun hink' ich schon, am Fuß ganz wund
und schläfrig' Aug' tut mir wohl kund;
dass Ruh' gar nötig ich bald hab'.
Ach säh' ich doch Jakobus' Grab!
Noch nützlich Marschstab hart mich stützt;
ich bitt', dass mich Sankt Jakob schützt.

J. N. Gurgand (deutsch von M. Drewsen)

Wir waren in Rabanal,
Da wurde mein Freund begraben.
Ich trauere sehr um ihn.
Ich kramte in seiner Tasche
Und fand ein Stück weißes Papier
Für den Brief an die Eltern.
Ich schrieb ihn, den Brief.

Zu einer Kapelle sollst du gehn,
Sie wird auf dem Berg der Freude stehn.
Dort gibt es Steine ohne Zahl,
Und du siehst Santiago zum ersten Mal.
Und du kriegst, das wird jeder dir sagen,
Einen Ablass von hundert Tagen.

Sie kamen aus Compostela zurück,
Ein Tauber, ein Stummer zusammen.
Der Stumme schwatze in seinem Glück,
Da rief der Taube verzweifelt den Namen
Des heiligen Jakob:
Ach gib mir doch meine Taubheit zurück!

Karten

Palästina
im Alten Testament
Teilung des Reiches in der Königszeit
im Norden: ISRAEL
im Süden: JUDA
wasserführende Flussläufe
periodisch wasserführende Flussläufe (Wadis)
HAUPTORTE
bedeutendere Orte
Orte
0 10 20 30km
DAMASKUS
Sarepta
BET RECHOB
Hermon
2814
S Y R I E N
BET MAAKA
Jordanqu.
Dan
TYRUS
Kana
1227
PHÖNIKIEN
ASSER
Kadesch
Misrephot
Jordan
Hule-See
BASAN
Hazor
NAFTALI
GESUR
Rama
Merom
MANASSE
Akko
(Ptolemais)
Afek
Kabul
Kinneret
See Gennesaret
-212
Karnajim
SEBULON
Arbela
Aschtarot
Golan
Afek (?)
Karmel
Bet(h)lehem
Rimmon
Jarmuk
Daberat
Tabor
588
497
Jokneam
En-Dor
TOB
Edrei
MITTEL-
Dor
ISSACHAR
Meggido
Schunem
Jesreel-Ebene
Jesreel
Gilead
Caesarea Maritima
(C. Palaestinae)
Taanach
Gilboa
Ramot
Bet Schean
Jibleam
Scharon-Ebene
GILEAD
Dotan
Abel-Mehola
LÄNDISCHES
MANASSE
Jabesch Gilead
I S R A E L
Geb. Gilead
GAD
SAMARIA
Tirza
Ebal 940
Sichem
Garizim
881
Pirston
Sukkot
Penuel
Jabbok
AMMON
Mehanajim
Afek
904
Geb. Efraim
Adam
MEER
Jaffa
EFRAIM
Schilo
1096
Jordan
Jaser
Rabba (Ammon)
Jabne Jam
Modin
Bet El
Ai
Bet Choron
Michmas
Gibbeton
Gezer
Aftspa
Jericho
Elteke
Rama
Geba
Abel-Schittim
Ajalon
Gibeon
DAN
Kirjat-Jearim
Gibea (?)
BENJAMIN
Gilgal (?)
Anatot
Bet
Peor
Heschbon
Eschtaol
Ekron
JERUSALEM
Ölberg
Bet Hogla
Bet Jeschimot
Nebo 806
Ramot
Aschdod
Timna
Aseka
PHILISTER
Schefela
Gat
Bet Schemes
Bet(h)lehem
Baal
Medeba
Aschkelon
-392
Bet Baal-Meon
Adullam
Geb. Abarim
RUBEN
Maresa
Bet Zur
Juda
Tekoa
Lachisch
Mamre
1010
Totes
Meer
(Salzmeer)
Adorajim
Hebron
Wüste Juda
Dibon
Kedemot
Gaza
JUDA
Sif
Aroer
Jutta
Debir
Arnon
Geb. Juda
Ziklag
1065
Gerar
J U D A
Scheruhen
Beerscheba
Arad
Rabba (Moab)
Chorma
SIMEON
M O A B
Negev
-392
Kir-Heres
Rechobot
Soar
Sared
E D O M

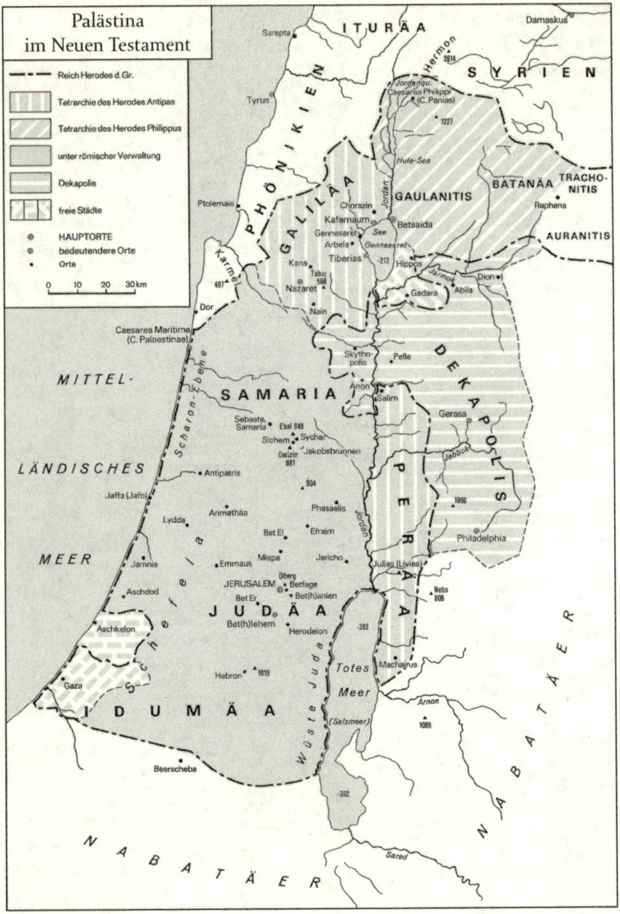
Palästina
im Neuen Testament
Reich Herodes d. Gr.
Tetrarchie des Herodes Antipas
Tetrarchie des Herodes Philippus
unter römischer Verwaltung
Dekapolis
freie Städte
HAUPTORTE
bedeutendere Orte
Orte
0 10 20 30 km
ITURÄA
SYRIEN
Damaskus
Sarepta
Hermon
2814
Tyrus
PHÖNIKIEN
Jordanqu.
Caesarea Philippi
(C. Panias)
1227
Hule-See
BATANÄA
TRACHONITIS
Raphana
AURANITIS
GAULANITIS
GALILÄA
Ptolemais
Chorazin
Kafarnaum
Betsaida
Gennesaret
See
Genneseret
Arbela
Tiberias
-212
Hippos
Jordan
Kana
Tabor
588
Nazaret
Karmel
497
Jarmuk
Dion
Abila
Gadara
Nain
Dor
Caesarea Maritima
(C. Palaestinae)
Skythopolis
Pella
DEKAPOLIS
MITTEL-
LÄNDISCHES
MEER
Scharon-Ebene
SAMARIA
Änon
Salim
Sebaste, Samaria
Ebal 940
Sichem
Sychar
Garizim 881
Jakobsbrunnen
Gerasa
Jabbok
Antipatris
934
PERÄA
1090
Jaffa (Jafo)
Lydda
Arimathäa
Phasaelis
Bet El
Efraim
Jordan
Philadelphia
Schefela
Jamnia
Emmaus
Mispa
Jericho
Julias (Livias)
Ölberg
JERUSALEM
Betfage
Bet(h)anien
Nebo
806
Aschdod
Bet Er
JUDÄA
Bet(h)lehem
Herodeion
-392
Aschkelon
Wüste Juda
Totes
Meer
(Salzmeer)
Machärus
Hebron
1019
Gaza
IDUMÄA
Arnon
1065
Beerscheba
-392
NABATÄER
Sared
NABATÄER

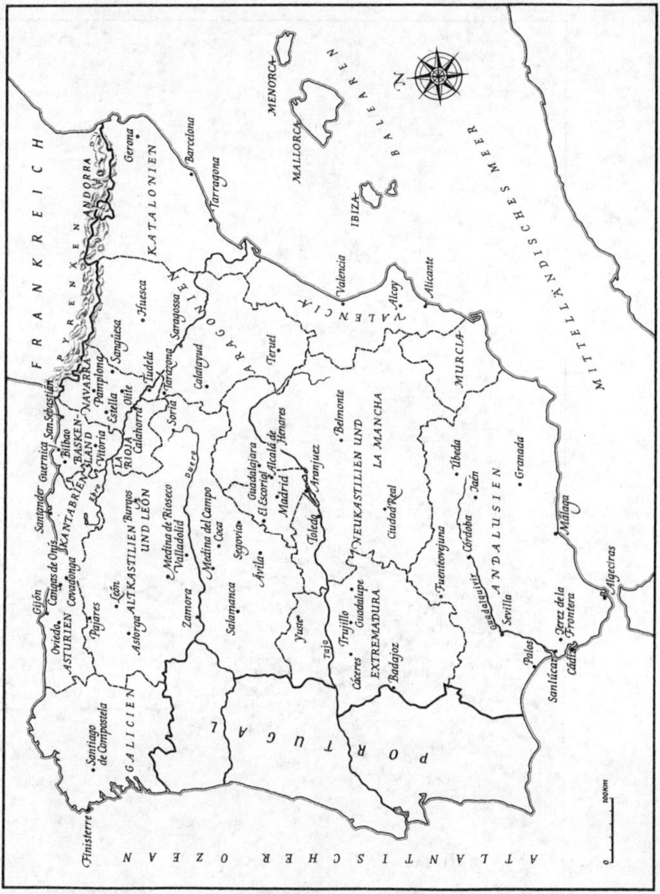

Die spanischen Regionen

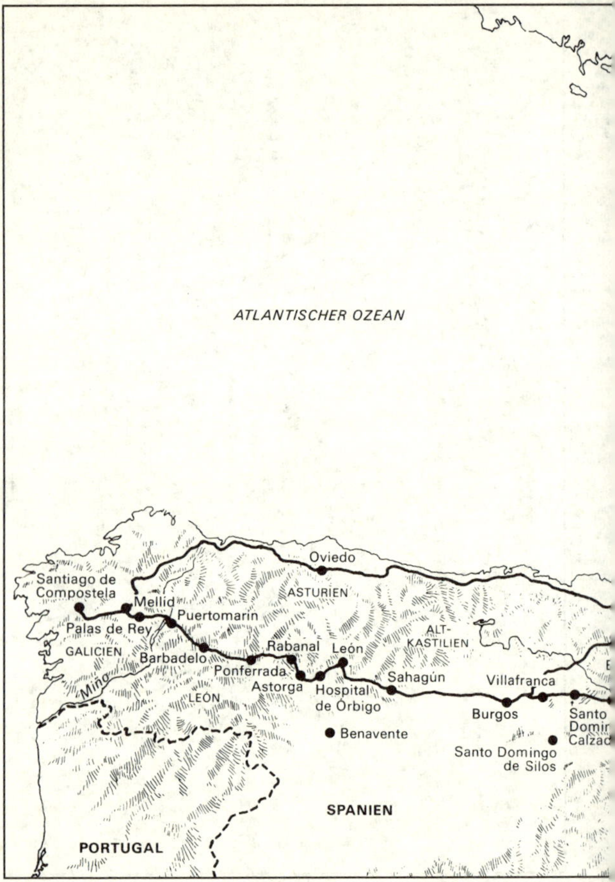
ATLANTISCHER OZEAN
Oviedo
Santiago de Compostela
Mellid
ASTURIEN
Puertomarin
Palas de Rey
GALICIEN
Barbadelo
Rabanal
León
ALT-KASTILIEN
Ponferrada
Astorga
Hospital de Órbigo
Sahagún
Villafranca
Miño
LEÓN
Burgos
Santo
Benavente
Santo Domingo de Silos
SPANIEN
PORTUGAL

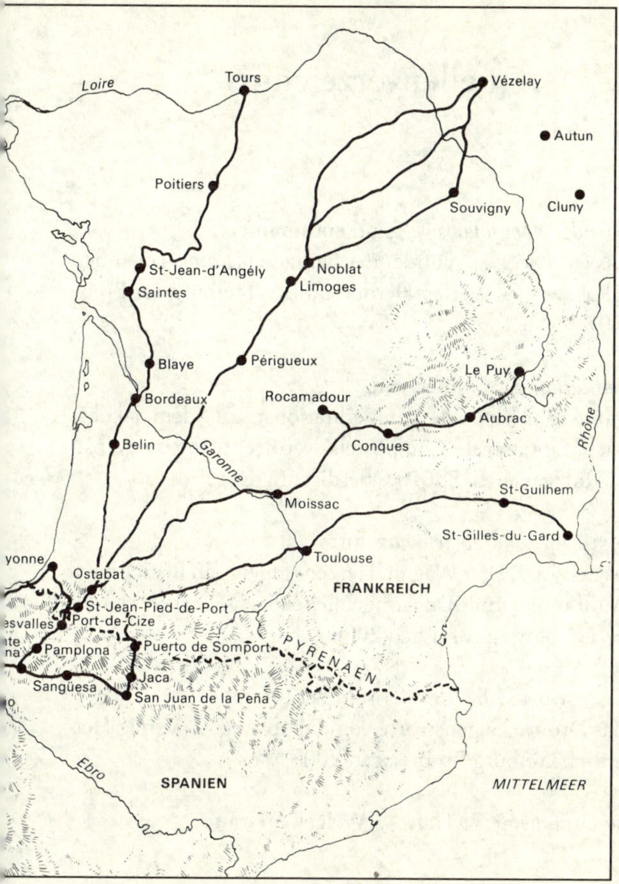

Die Pilgerwege nach Santiago de Compostela

Quellenverzeichnis

Die *Legenden vom Jakobsweg* sind entnommen:
Andreas Drouve, Die Wunder des heiligen Jakobus. Legenden vom Jakobsweg, © Verlag Herder GmbH, Freiburg im Breisgau 2007.

Die *Meditationen* stammen von:
Wolfgang Schneller, Morgenmeditationen auf dem Jakobsweg nach Santiago de Compostela, veröffentlicht im Selbstverlag (Holzgasse 15, 89610 Oberdischingen)

Alle Texte von *Andrea Schwarz* aus:
Andrea Schwarz, Den Weg im Herzen tragen. Ein Begleitbuch für Wallfahrer und Daheimgebliebene, © Verlag Herder GmbH, Freiburg im Breisgau 2006.

Die Segensworte (S. 479–481) sind entnommen:
Andreas Drouve, Segensworte vom Jakobsweg, © Verlag Herder GmbH, Freiburg im Breisgau 2008.

Für die *Ornamente:* © Hans G. Weigel, Freiburg